U0633712

国家社科基金项目成果

世界贸易组织
争端解决中的
审查标准研究

罗文正 ◎ 著

中国社会科学出版社

图书在版编目(CIP)数据

世界贸易组织争端解决中的审查标准研究／罗文正著. —北京：中国
社会科学出版社，2020.3
ISBN 978-7-5203-4539-2

Ⅰ.①世… Ⅱ.①罗… Ⅲ.①世界贸易组织—国际贸易—国际争端—
检查—标准—研究 Ⅳ.①F743.1

中国版本图书馆 CIP 数据核字(2019)第 110694 号

出 版 人	赵剑英	
责任编辑	任　明	
责任校对	周　昊	
责任印制	郝美娜	

出　　版	中国社会科学出版社	
社　　址	北京鼓楼西大街甲 158 号	
邮　　编	100720	
网　　址	http://www.csspw.cn	
发 行 部	010-84083685	
门 市 部	010-84029450	
经　　销	新华书店及其他书店	

印刷装订	北京君升印刷有限公司	
版　　次	2020 年 3 月第 1 版	
印　　次	2020 年 3 月第 1 次印刷	

开　　本	710×1000　1/16	
印　　张	16	
插　　页	2	
字　　数	258 千字	
定　　价	85.00 元	

凡购买中国社会科学出版社图书，如有质量问题请与本社营销中心联系调换
电话：010-84083683

序

世界贸易组织的争端解决机制被誉为世界贸易组织皇冠上的明珠，它创设了作为人类社会第一个国家间争端的上诉机制，为在国际社会打破丛林法则，构建国际法治作出了卓越贡献。该机制创设二十五年来争端解决案号已经排到了 592 号，成功就 200 多个争端作出裁决，那些成功化解的争端案例已载入史册，为多边贸易体制的安全性和可预见性提供了可靠的保障。WTO 专家组和上诉机构报告通常会引用大量案例，目的是保证法律适用的统一性，这些报告已经成为国际法学习的宝库。

在世界贸易组织争端解决机制中，除程序性机制外，裁决的审查标准是一个关键性法理问题，它不仅关系到专家组对国内政策法规措施的理解，还关系到当事方的实际贸易利益，它对于确保司法过程各个参与方的权力平衡具有决定性的意义。如何科学合理地确定世界贸易组织争端解决的审查标准，对于保证 WTO 协定的有效和统一实施，维护成员方的主权和利益都均具有重要的意义。与此同时，学界对审查标准的理解存在不同看法，实践中对审查标准的判定也存在不确定性。因此，作者选取这一问题进行系统研究无疑具有重要的理论和实践价值，其选题也具有一定的挑战性和开创性。

作者用十章篇幅从宏观层面较为系统、全面地探讨了世界贸易组织争端解决机制中审查标准问题。通过本书的分析，对审查标准的概念进行了细致的界分，提出了较完整的定义；在审查标准的作用及实质方面提出了 WTO 成员方相互博弈及 WTO 内部机构权力分配的理论；从司法克制与司法能力、条约解释、比例原则和善意原则挖掘出隐藏于审查标准背后中的司法原理；对 WTO 体制下审查标准的图谱进行了创新性描绘，并且还得出了 DSU 第 11 条与《反倾销协定》第 17 条第 6 款具有同一性，共同构成了世界贸易组织争端解决中的审查标准，有效避免了 WTO 争端解决机制碎片化可能性的结论；对于 GATT/WTO 乌拉圭回合就审查标准的谈判历史梳理，也有助于认清、检讨与探寻世界贸易组织争端解决中审查标准的缘由与实质。这些都体现了该书具有较重要的理论价值。同时，该书对 GATT/WTO 体制下审查标准在案例中的实践也进行了较细致的考察，具有较重要的应用价值。

总之，本书从审查标准的概念入手，结合案例，对 GATT/WTO 体制下有关审查标准的理论与实践进行了系统的探索，具有很多创新的思路、方法和内容，是一部值得一读的力作。

是为序。

湖 南 师 范 大 学 法 学 院　　欧福永
副院长、教授、博士生导师
2019 年 12 月 10 日于岳麓山下

目　　录

第一章 绪论

第一节 问题的缘起

本书旨在讨论世界贸易组织（World Trade Organization，WTO）争端解决中的审查标准（standard of review）[①] 问题。随着通信和运输技术的发展，国际经济关系日益相互依赖与交融，由于各国政府掌握资源的有限性，他们想要单独规制跨越国界的经济交往似乎越来越力不从心。诸如跨国人口流动、跨国经济犯罪和欺诈、环保标准、贸易规则管制以及货币利率政策等问题不得不由各国携手共同处理，以至于西方有学者称"一切经济问题都具有国际性"[②]。越来越多的国家通过缔结国际条约、参加国际组织的方式分享全球经济一体化所带来的利益。

除了建立世界贸易组织以外，乌拉圭回合谈判所达成的成果还有一整套实体和程序规则。这是国际社会为了应对经济全球化在国际贸易和国际法治方面所做出的努力。[③] 其中，"最为独特的贡献"是 WTO 规则

[①] 目前国内关于 standard of review 的译法并不统一，有的译成"审查标准"，有的译成"复审标准"，有的译成"评审标准"。本书采用"审查标准"的译法，因为专家组的"review"其实就是国际层面的"judicial review"，而这一术语一般译为"司法审查"，因此，笔者在本书采用了这一习惯性的译法。

[②] Croley, Steven P. AND Jackson, "WTO Dispute Settlement Panel Deference to National Government Decisions: The Misplaced Analogy to the U. S. Chevron Standard - Of - Reivew Doctrine", in Ernst - Ulrich Petersmann (ed.), *International Trade Law and the GATT/WTO Dispute Settlement System*, Kluwer Law International, 1997, p. 187.

[③] 赵维田:《"审查标准": WTO 司法体制中的一个难题》,《外国法译丛》1997 年第 3 期。

体系中的一整套具有强制管辖权的争端解决规则，这些规则主要被写入了一个叫《关于争端解决规则与程序的谅解》（Understanding on Rules and Procedures governing the Settlement of Disputes，以下简称"DSU"）的法律文件。在国际公法上 DSU 最为独特的贡献是，它赋予了争端解决机构在争端解决方面的强制性管辖权并强调了以"法律方式"解决争端的重要性。

众所周知，目前世界贸易组织中绝大多数争端解决是通过"专家组—上诉机构"两级准司法性质的裁决机构完成的。[①] 当一个成员方提出申诉时，获得强制性管辖权的 WTO 准司法性质的裁决机构就不可避免地要对被诉方的立法或者主管当局的措施进行审查（review）。而这种审查就存在一个强度和分寸问题，也就是所谓"审查标准"问题。在世界贸易组织的争端解决过程中审查标准问题被赋予了前所未有的政治意义和体系（systematic）意义。[②] 谈到 WTO 争端解决体系，我们就不可避免地要谈到审查标准问题。不同的案件，不同的主管当局有不同的诉求，但是审查标准却是一个不变的议题。在每一个案件中，专家组和上诉机构都要考虑对于主管当局采取的各种措施应适用多严格的审查标准；对于主管当局的结论又应在多大程度上给予尊重，所以审查标准在贸易方面扮演着界定国家权力的中心角色。本书的目的旨在分析和讨论世界贸易组织的裁判机构在审查成员方的立法或措施时什么样的审查标准才是合适的。

在专家组审查成员方被指控的立法和政策以决定与世界贸易组织适用协定的规定是否相符时就会产生审查标准问题。虽然审查标准问题产生于 WTO 争端解决的司法程序之中，但是更为关键的是它也涉及 WTO 成员与 WTO 裁判机构（专家组和上诉机构）之间的权力分配和平衡，以防止世界贸易组织裁判机构滥用权力的 WTO "宪制"问题。在诸如美国这样的国家或该国某些既得利益集团的眼中，审查标准问题与"国

---

① 关于世界贸易组织争端解决机制的性质究竟是司法性还是政治性的，在学术界还存在着相当的争议。本书作者倾向于认为该争端解决机制具有准司法性质，故将世界贸易组织专家组和上诉机构统称为"世界贸易组织裁判机构"。

② Matthias Oesch, "Standards of Review in WTO Dispute Resolution", *Journal of International Economic Law*, Vol. 6, No. 3, 2003, p. 635.

家主权"密切相关而备受关注，甚至非议颇多。① 美国著名的国际经济法专家约翰·杰克逊（John Jackson）教授就曾经深刻地指出，在关贸总协定时期，特别是在其后期，审查标准问题已成为 GATT/WTO 体系与"主权"信念之间关系的主要"战场"。②

为了应对经济全球化所带来的诸多问题需要切实加强国际合作，这就需要主权国家将原本属于自己的贸易争端解决权让渡出来，交给国际机构来行使。此外，出于维护自身利益的角度出发，这些主权国家又不得不尽可能想办法去保留更多的权力，以切实保障他们实现其国内既定政策的能力。这必然带来主权国家与国际机构在权力上的冲突。③ 具体到 WTO 争端解决中的审查标准问题，这种冲突表现为世界贸易组织的裁判机构在审查成员方的法律和主管当局的措施时应当给予他们何种尊重以确保经过艰苦谈判所达成的 WTO 与 WTO 成员方之间的权力平衡不被破坏，从而维护多边贸易规则的稳定性和可预测性。

需要强调的是，审查标准问题的重要性不仅在于它决定了 WTO 与 WTO 成员方之间的权力分配；而且就世界贸易组织内部权力分配而言，还涉及 WTO 裁判机构与 WTO 其他机构的权力分配。还有学者指出，审查标准问题还会涉及 WTO 协定的解释并进而影响到 WTO 规则的适用，④ 甚至有人指出它还会与 WTO "越权"（overreaching its mandate）有关。⑤

第二节　研究现状与意义

如此重要的审查标准问题当然为 WTO 各成员方普遍关心并引发学

---

① John H. Jackson, *The Jurisprudence of GATT and the WTO*（第二版，影印本），高等教育出版社 2002 年版，第 134 页。

② 同上书，第 135 页。

③ 罗文正、丁妍：《论世界贸易组织法律体制中的审查标准》，《衡阳师范学院学报》2013 年第 4 期。

④ Andrew Stoler, "The WTO Dispute Settlement Process: Did the Negotiators get they wanted?", *World Trade Review*, Vol. 3, No. 1, 2004, p. 113.

⑤ Ross Becroft, *The Standard of Review in WTO Dispute Settlement: Critique and Development*, Edward Elgar Publishing Limited, 2012, p. 2.

者们的广泛关注和热烈讨论。目前已经有相当数量的文献在讨论世界贸易组织争端解决机制中的审查标准问题。从国外的研究成果来看，1996年 Croley 和 Jackson 从审查标准和国家主权角度发表了那篇影响深远而发人深思的文章，作者指出遵从性的审查标准更符合 WTO 法的发展方向，但是强调对于将国内法的审查标准概念引入 WTO 的审查标准要更为谨慎。① 在上诉机构的《欧共体——影响肉及肉制品的措施（荷尔蒙）案》② （以下简称《欧共体荷尔蒙案》） 裁决之后，学者们对于WTO 争端解决中的审查标准进行了广泛的讨论。有学者指出应当适用更为严格的审查标准；③ 但是，也有学者认为更合适的审查标准应当是遵从性的；④ 为调和严格的审查标准和遵从性审查标准，有学者从 "理性调节测试"（reasonable regulator test） 的角度提出了更为中庸的审查标准；⑤ 还有学者提出了基于不同类型的 WTO 义务，审查标准已经在某种程度上以一种灵活的方式在 WTO 争端解决中得以适用；⑥ 还有学者从司法能动与 WTO 审查标准、WTO 贸易救济中的审查标准等多角度对审查标准进行阐释；⑦ 甚至有学者从审查标准的概念、作用、原理、

① Steven P. Croley & John H. Jackson, "WTO Dispute Procedures, Standard of Review, and Deference to National Governments", *American Journal of International Law*, Vol. 90, No. 2, April 1996, pp. 193-212.

② *EC Measures Concerning Meat and Meat Products* (*EC-Hormones*), WT/DS26/AB/R, WT/DS48/AB/R, adopted 13 February 1998, DSR 1998: I, p. 135. 载于 WTO 官方网站: www.wto.org。

③ Spamann Holger, "Standard of Review for World Trade Organization Panels in Trade Remedy Cases: A Critical Analysis", *Journal of World Trade*, Vol. 38, No. 3, June 2004, pp. 509-556.

④ Stefan Zleptnig, "The Standard of Review in WTO Law: An Analysis of Law, Legitimacy and the Distribution of Legal and Political Authority", *European Business Law Review*, Vol. 13, No. 2, 2002, pp. 427-457.

⑤ Catherine Button, *The Power to Protect: Trade Health and Uncertainty in the WTO*, Hart Publishing, 2004, p. 217.

⑥ Claus-Dieter Ehlermann, Nicolas Lockhart, "Standard of Review in WTO Law", *Journal of International Economic Law*, Vol. 7, No. 3, 2004, pp. 491-518.

⑦ Phoenix X. F. Cai, "Between Intensive Care and the Crematorium: Using the Standard of Review to Restore Balance to the WTO", *Tulane Journal of International and Comparative Law*, Vol. 15, No. 2, Spring 2007, pp. 465-540; Ross Becroft, "the Standard of Review Strikes Back: The US-Korea Drams Appeal", *Journal of International Economic Law*, Vol. 9, No. 1, March 2006, pp. 207-218.

历史等角度，从事实问题的审查标准和法律问题的审查标准两方面，系统地阐述了审查标准问题的由来及其发展。① 还有学者从《美国—继续中止欧共体荷尔蒙争端案义务案》②（以下简称《荷尔蒙二号案》）入手，分析了上诉机构对审查标准态度的转变，并阐述了该案对今后实践的影响。③ 最为激进的观点来自澳大利亚学者 Ross Becroft，他在对专家组所适用的客观评估标准进行批判后，提出要建立一套以严格审查标准为基础，并考虑每个案件所涉及 WTO 义务的不同而适用不同的混合型审查标准（hybrid test）。④ 但是他们多是从发达国家的角度进行分析和阐明，较少考虑发展中国家的利益。⑤

---

① Matthias Odsch, *Standard of Review in WTO Dispute Resolution*, Oxford University Press, 2003.

② *United States—Continued Suspension of Obligations in the EC-Hormones Dispute*（*EC-Hormones II*）, WT/DS320/AB/R, adopted 14 November 2008. 载于 WTO 官方网站：www. wto. org。

③ Michael M Du, "Standard of Review under the SPS Agreement after EC-Hormones Ⅱ", *International and Comparative Law Quarterly*, Vol. 59, No. 2, April 2010, pp. 44–459.

④ Ross Becroft, *the Standard of Review in WTO Dispute Settlement: Critique and Development*, Edward Elgar Publishing Limited, 2012.

⑤ 相关成果还有：Tsai fang Chen, "What Exactly is the Panel Reviewing: the First Step in the Standard of Review Analysis in the WTO Dispute Resolutions", *Asian Journal of WTO & International Health Law & Policy*, Vol. 4, No. 2, 2009, pp. 467–520. Juscelino F. Colares, "A Theory of WTO Adjudication: From Empirical Analysis to Biased Rule Development", *Vanderbilt Journal of Transnational Law*, Vol. 42, No. 2, March 2009, pp. 383–440. Andrew T. Guzman, "Determining the Appropriate Standard of Review in WTO Disputes", *Cornell International Law Journal*, Vol. 42, No. 1, Winter 2009, pp. 45–76. Isabelle Van Damme, "Treaty Interpretation by the WTO Appellate Body", *the European Journal of International Law*, Vol. 21, No. 3, 2010, pp. 605–648. Lukasz Gruszczynski, "How Deep Should We Go-Searching for an Appropriate Standard of Review in the SPS Cases", *European Journal of Risk Regulation*, Vol. 2, No. 1, 2011, pp. 111–114. Angel Yankov, "Standard of Review in SPS after Continued Suspension: The Appellate Body's Application in Australia", *Legal Issues of Economic Integration*, Vol. 38, No. 3, August 2011, pp. 277–286. Srikanth Hariharan, "Standard of Review and Burden of Proof in WTO Jurisprudence", *Journal of World Investment & Trade*, Vol. 13, No. 5, 2012, pp. 795–811. Jacqueline Peel, "Of Apples and Oranges (and Hormones in Beef): Science and the Standard of Review in WTO Disputes under the SPS Agreement", *International and Comparative Law Quarterly*, Vol. 61, No. 2, April 2012, pp. 427–458. Tracey Epps, "Recent Developments in WTO Jurisprudence: Has the Appellate Body Resolved the Issue of an Appropriate Standard of Review in SPS Cases", *University of Toronto Law Journal*, Vol. 62, No. 2, Spring 2012, pp. 201–228. Yuka Fukunaga, "Standard of Review andScientific Truths' in the WTO Dispute Settlement System and Investment Arbitration", *Journal of International Dispute Settlement*, Vol. 3, No. 3, 2012, pp. 559–576. Valerie D. Dye, "'Deference as respect' in WTO Standard of Review", *Journal of International Trade Law and Policy*, Vol. 12, No. 1, 2013, pp. 23–41。

从国内的研究成果来看，多集中于以下六个方面：（1）介绍审查标准问题的前因后果以及西方学者对这个敏感而复杂的问题研究的概况；① （2）局限于贸易救济领域，主要是反倾销领域和保障措施领域审查标准的研究；② （3）从健康安全领域分析了世界贸易组织争端解决中应当适用遵从性的审查标准；③ （4）从条约解释的角度在论证 WTO 裁判机构如何对 WTO 规则进行澄清时附带提到了审查标准的解释；④ （5）集中于专家组的审查标准的考察；⑤ （6）在论及 WTO 争端解决机制时有所涉及。⑥ 虽然也有从宏观层面阐述审查标准的，但是学者们讨论的热点集中在贸易救济领域。

本书从审查标准的概念入手，运用历史研究的方法和案例分析的方法，试图梳理 GATT/WTO 体制中关于审查标准问题的法律规定和生动实践，以便从系统论的角度去理解 WTO 争端解决中的审查标准，以探寻问题的本质所在。这在理论上有助于厘清对于审查标准的模糊认识，寻找到更切合多边贸易体系的审查标准；在实践中有利于理解和把握专家组和上诉机构在案件中现实做法，从而使我国能更好地运用多边贸易体系及其规则维护自身合法利益。因此，对世界贸易组织争端解决机制的审查标准进行系统地分析与讨论有着重要的实践意义和理论意义。

第三节   研究思路与方法

本书研究主要理论与范式是法学的，研究思路和方法要点是坚持理

---

① 赵维田：《"审查标准"：WTO 司法体制中的一个难题》，《外国法译评》1997 年第 3 期。赵维田：《WTO 的司法机制》，上海人民出版社 2004 年版。

② 纪文华、姜丽勇：《WTO 争端解决规则与中国的实践》，北京大学出版社 2005 年版；贺艳：《WTO 反倾销法中的审查标准问题探究》，《国际经济法学刊》2005 年第 3 期；肖夏：《保障措施领域 DSB 的审查标准问题探析》，《武大国际法评论》2010 年第 S1 期。

③ 叶波：《WTO 健康和安全争端中的审查标准》，《法学评论》2009 年第 2 期。

④ 张东平：《WTO 司法解释论》，厦门大学出版社 2005 年版。

⑤ 高建学、刘茂勇：《世界贸易组织争端解决机制中专家组判案的审查标准》，载沈四宝主编《国际商法论丛》第 5 卷，法律出版社 2003 年版。

⑥ 朱榄叶、贺小勇：《WTO 争端解决机制研究》，上海人民出版社 2007 年版；贺小勇：《国际贸易争端解决与中国对策研究——以 WTO 为视角》，法律出版社 2006 年版；韩立余：《既往不咎——WTO 争端解决机制研究》，北京大学出版社 2009 年版。

论联系实际，运用规范分析与实证研究相结合的分析方法。具体的方法有：（1）文本分析法，对 WTO 关于审查标准规定的文本进行逐条分析和逻辑解读，条分缕析，理解文本的真正含义；（2）案例分析法，通过对专家组和上诉机构报告进行分析，归纳出发展中国家和发达国家在运用 WTO 争端解决机制当中所采用的策略以及专家组和上诉机构的裁判逻辑和思维进路；（3）历史分析法，通过对 GATT/WTO 时期有关审查标准问题的谈判和案例进行分析和逻辑解读，探寻审查标准问题在多边贸易体制中的发展历程并展望其未来发展趋势；（4）综合分析法，通过对 GATT/WTO 有关审查标准问题的案例进行综合分析，从整体上去理解和把握其中蕴含的原理，并试图阐明影响审查标准的因素和司法原理。

系统论是本书的基本研究方法，本书试图梳理 GATT/WTO 半个多世纪以来的审查标准理论并预测其发展方向。因此课题研究的核心内容结构将系统论关于系统的结构与功能的关系的原理贯彻到底，实现整个研究课题逻辑的圆满与统一。

第四节 拟研究的主要问题

1. 审查标准的概念及其实质。无论是 GATT/WTO 的法律文件，还是专家组和上诉机构的报告中都没有给审查标准下一个定义。本书尝试从讨论审查标准的两个极端——"完全尊重"（Total Deference）和"重新审查"（De Novo）入手来检讨审查标准的定义进而探寻审查标准的实质并为本书的研究奠定逻辑起点。

2. 审查标准的作用/功能问题。审查标准对于任何一个司法程序来说都非常重要，它对于确保司法过程中的各个参与方的权力平衡具有决定性意义。本书尝试从"纵向关系"和"横向关系"两个维度去分析审查标准在协调 WTO 与 WTO 成员方以及 WTO 裁判机构与 WTO 其他权力机构之间的权力分配中的作用。这是对审查标准实质的认识深化与提升。

3. 与审查标准相关的司法原理。审查标准问题是 WTO 争端解决机制中的基础性法理问题。本书拟从司法克制与司法能动、条约解释、比例原则和善意原则四个方面展开分析，以期挖掘隐藏在审查标准问题背后而实际发挥作用的司法原理，加深对审查标准问题的理解。这是本书的一大难题。

4. 世界贸易组织成立前审查标准问题的历史发展。关税与贸易总协定（General Agreement on Tariffs and Trade，以下简称 GATT）时期的立法文件中有没有关于审查标准问题的规定？GATT 时期关于审查标准问题的实践样态如何？缔约方在乌拉圭回合谈判中就审查标准问题经历了哪些交锋？最终的结果如何？对这些历史问题的回答有助于我们认清 WTO 体制下审查标准问题由来。

5. WTO 体制下审查标准的图谱。WTO 仅在《反倾销协议》（Anti-Dumping Agreement）中有一个条款规定了适用于反倾销领域案件的审查标准，那么还有没有审查标准条款规定在其他适用协定当中？如果有的话，它们与《反倾销协议》的规定以及它们相互之间的关系为何？其他领域的审查标准是否和反倾销领域的审查标准是同一的？通过文本分析，按照条约解释的习惯国际法规则厘清 WTO 体制下审查标准的图谱是本书的基本任务。

6. DSU 第 11 条与《反倾销协议》第 17 条第 6 款规定的审查标准在 WTO 争端解决实践中的同一性问题。从 WTO 争端解决实践的角度，以"一般情形"和"反倾销领域"为线索，从事实问题和法律问题两个方面展开对于审查标准的分析和探求，着力论证在 WTO 争端解决实践中 DSU 第 11 条中的"客观评估"标准与《反倾销协议》第 17 条第 6 款中的审查标准是否具有同一性？如果有差异，WTO 裁判机构在实践中是如何解决这一冲突以避免统一的争端解决机制的碎片化倾向？此分析与"WTO 体制下审查标准的图谱"相互印证。这是本书的重点和难点所在。

第五节　本书的主要框架

本书共分为十个部分：

第一部分讨论问题的缘起和国内外研究现状并确立研究思路和方法，列出拟研究的主要问题。

第二部分首先讨论审查标准的概念性定义；接着对于审查标准的范围进行勾勒和解释并集中于对"完全尊重"和"重新审查"的讨论；然后讨论法律问题与事实问题的原则区分。最后对审查标准的实质进行分析。

第三部分讨论世界贸易组织争端解决中审查标准的作用。首先探讨审查标准如何实现世界贸易组织成员方与 WTO 裁判机构之间的纵向权力分配；然后阐明审查标准在世界贸易组织裁判机构与世界贸易组织内部其他机构之间的横向权力分配平衡中所起的作用。

第四部分是与审查标准有关的司法原理的讨论。主要分析了司法克制原则和司法能动原则对审查标准的影响，法律解释与审查标准的关系和比例原则在 WTO 审查标准适用上的作用以及善意原则与审查标准等四个方面。

第五部分回顾 GATT 关于审查标准的规定和实践。主要包括 GATT 争端解决机制的发展，有关审查标准规定的法律文件，争端解决过程中有关审查标准的实践，此部分从关于法律解释的审查标准和事实的审查标准两方面展开。

第六部分是乌拉圭回合有关审查标准问题的谈判的历史分析。首先，对乌拉圭回合中有关审查标准问题的谈判历程进行简要回顾以期使读者对审查标准问题在乌拉圭回合谈判中的经历有个大致了解；其次，对美国所选择的审查标准模式进行分析，着重介绍美国行政法上的"谢弗林原则"（the chevron Doctrine）；最后，分析美国在谈判中提交的不同版本的审查标准文本以及乌拉圭回合谈判在审查标准问题上的最终结果。

第七部分是 WTO 法律文件中有关审查标准规定的图谱分析。首先是对《反倾销协议》第 17 条第 6 款的解读并把它与美国法上的"谢弗林原则"作进一步的对比；其次是关于 DSU 第 3 条第 2 款的含义的分析；再次是 DSU 第 11 条的分析；复次是对有关审查标准的部长决定进行分析；最后是《反倾销协议》第 17 条第 6 款和 DSU 第 11 条的同一性问题的分析。

第八部分是 WTO 体制中一般争端适用审查标准的实践。分别是关于 DSU 第 11 条总论的分析；DSU 第 11 条规定的事实问题审查标准的分析，先对事实问题审查标准的框架进行构建，然后对事实问题审查标准的两个层级逐一展开：第一层级事实确定的审查标准分析，第二层级事实结论的审查标准分析；最后是对法律解释审查标准的阐述，包括对WTO 法、国内法和国际法解释的审查标准的理解。

第九部分是 WTO 反倾销领域审查标准的实践。首先对《反倾销协议》事实问题审查标准的分析，包括事实确定和事实结论审查标准；其次对《反倾销协议》法律解释审查标准的分析。

第十部分是主要结论和问题。是对本书的概括和未来研究的展望。

第二章　审查标准的概念

审查标准问题是许多法律体系都要去面对的问题。[①] 人们一般会在三种场合使用"审查标准"这个概念，也就是说，通常意义上人们可以从不同角度来认识审查标准从而得出不同审查标准的概念。审查标准原本是国内法中行政法的一个概念，指的是在一国法律体系中司法机关在行政案件的审理时对本国行政机关的行为进行审查时所采用的审查刚性或者强度，主要是涉及国内司法机关与行政机关的权力分配。审查标准越严格，行政机关和下级法院所作之决定的终局性就越低，行政机关和下级法院的自由裁量权和能动性就越受到限制。而在 WTO 法律体系中，审查标准这一概念主要是在两种场合使用。第一种场合涉及 WTO 裁判机构内部的权力分配，指的是上诉机构对专家组的法律解释进行审查时的具体做法。第二种场合涉及作为国际组织的 WTO 与成员方之间的权力分配，是指 WTO 的裁判机构对成员方的诉争措施进行审查时的"强度或分寸"。本书所要讨论的审查标准仅限于第二种场合使用的审查标准。

本章讨论 WTO 法律文本中审查标准的概念以建立本书的概念框架。共分为四个部分：第一部分讨论审查标准的概念性定义。第二部分对于审查标准的范围进行勾勒和解释，集中于对"完全尊重"和"重新审查"的讨论。第三部分讨论事实问题与法律问题的原则区分。第四部分对审查标准的实质进行分析。

---

① Steven P. Croley & John H. Jackson, "WTO Dispute Procedures, Standard of Review, and Deference to National Governments", *American Journal of International Law*, Vol. 90, No. 2, 1996, p. 195.

第一节　审查标准的定义

审查标准问题，在任何一个法庭或者仲裁庭都是其核心议题。当然，对于该问题每一个法院或者仲裁庭都会问：我们应该在何种程度上推测（second guess）决策制定者的措施，我们是否有足够的专业知识、经验和工具来对涉及措施的事实问题和法律问题进行全面审查？在国内层面回答这三个问题，就涉及立法、行政、司法的权力分配，而在国际层面回答这些问题，则反映了主管当局和其他多样化的组织的权力平衡问题，比如主权国家与世界贸易组织或欧盟之间的权力平衡。正是基于此在不同的情况下有着不同的答案。

在包括 WTO 法体系在内的任何一个法律体系中，审查标准都是保障权力分配的重要机制。它代表了司法如何对政治决策或行政行为进行合法性审查，也就是我们在前文中所提到的"强度和分寸"问题。审查标准为司法提供了一个参数——法官的权力能伸展到哪些领域，又在哪些领域应尊重立法者或管理者。就前者来说法官可以进行事后审查，而对于后者而言法官便没有这样一种权力。所以，审查标准对于监督政府合理、正当行使其职权以及保持政府各分支之间的权力平衡有着重要的意义。所以，也就没有单一的或"正确"的审查标准，不同的法系都会发展适合其自身的审查标准，并且即便是相同的法系审查标准也应根据所需裁判的内容的不同而有所不同，随着时间的不同而有所不同。也许审查标准最重要的一个目标便是"提高政治性决策的合法性与质量"[1]。

在国际层面，当国际司法机构对主管当局的某些决定进行审查时就不可避免地会侵入国家主权。然而，国际体制的有效性和稳定性往往取决于国际司法审查的程度。正如杰克逊教授所指出的"审查标准"问题是 WTO 争端解决机制中的基础性法理问题之一。[2] 在 WTO 体系中，

---

[1] Claus-Dieter Ehlermann, Nicolas Lockhart, "Standard of Review in WTO Law", *Journal of International Economic Law*, Vol. 7, No. 3, 2004, p. 493.

[2] John H. Jackson, *The World Trade Organization: Constitution and Jurisprudence*, London: Royal Institute of International Affair, 1998, p. 89.

有人批评专家组和上诉机构过于侵入地对成员方诉争措施进行了审查，也有人认为专家组和上诉机构太过于克制自己裁量权的行使，审查标准问题俨然成为了一个热门话题。那么，究竟什么才是 WTO 体系中适当的审查标准呢？

虽然审查标准问题如此重要，但是回顾关贸总协定和世界贸易组织体系的法律文本，人们无法找到有关审查标准概念的规定。在开始制定《关税与贸易总协定 1947》（General Agreement on Tariffs and Trade 1947，以下简称《GATT1947》）的时候，就没有人想到过这个问题。也许是因为当时人们强调的是优先降低各缔约方的关税壁垒更多地考虑政治性争端解决的方式，而对于法律性争端解决方式不感兴趣。直到 GATT 的后期，随着争端解决机制逐渐走向法律化，审查标准问题才开始有人关注。在乌拉圭回合谈判的后期，由于大量使用反倾销调查措施的美国和欧共体想制定出一条尊重性的审查标准来限制专家组的能力才使得审查标准问题变成谈判的焦点之一，以至于该问题"被美国谈判代表明确列入会导致谈判无果而终的'交易杀手'（Deal Breaker）名单"[1]。杰克逊教授更是用下面的语句描述了审查标准问题的高度优先性："审查标准问题就是三到四个能使乌拉圭回合谈判破裂的问题之一。"[2] 但是，谈判各方分歧实在太大了，始终没有在一般性审查标准问题上形成共识。最终，在世界贸易组织的各个法律文件中就缺少了关于审查标准一般定义的规定。而作为妥协的产物，乌拉圭回合谈判的最终协定中只有《反倾销协议》规定了一个特别的审查标准。因而，到目前为止我们在 GATT/WTO 的法律文件中看不到审查标准的概念性规定。[3]

一般而言，当专家组和上诉机构被要求对成员方的立法或者措施作

① Steven P. Croley & John H. Jackson, "WTO Dispute Procedures, Standard of Review, and Deference to National Governments", *American Journal of International Law*, Vol. 90, No. 2, 1996, p. 194.

② John H. Jackson, "Remarks", in Proceedings of the 88th Annual Meeting of the American Society of International Law, 1994, pp. 136–139.

③ 罗文正、丁妍：《论世界贸易组织法律体制中的审查标准》，《衡阳师范学院学报》2013 年第 4 期。

出相符性（compliance）审查时，就不可避免地要面对审查标准这一个敏感而复杂的问题。也就是说，如果一个成员方认为另一个成员方的立法或者措施违反了其承担的 WTO 下的义务或者一个成员方认为其根据适用协定直接或间接获得的利益正在因另一成员采取的措施而减损的情况下，提请 WTO 裁判机构对该立法或者措施与 WTO 相关协定是否相符进行审查时就是产生审查标准的问题。这是在 WTO 争端解决中不可回避的基础性法理问题。实际上，审查标准就是用来确定当专家组对成员方的措施进行审查时，应在多大程度上尊重成员方的事实结论或者法律解释，即使专家组有着不同的结论。

虽然 GATT/WTO 体系的法律文件中没有关于审查标准问题的定义，但是这不并妨碍学者们尝试从不同的方面给出自己对审查标准概念的理解。

1996 年，杰克逊教授在他那篇富有深意而又影响深远的文章中，从一个例子入手给出他对审查标准概念的理解。他指出，虽然国际条约不会允许一国政府的裁决总是具有优先效力，但是专家组应当在某种程度（to some point）上尊重（respect）成员方主管当局的决定。这里的"程度"是非常关键的问题，常常被贴上"审查标准"的标签。① 后来，在他的另一本著作中，杰克逊更是把审查标准问题提到了 WTO 争端解决体制中的基础性法理问题的高度。② 乔安娜·郭莫拉（Joanna Gomula）也认为从一般意义上讲，审查标准问题与国际主体应当给予主管当局的决定的尊重程度（degree of deference）有关，与之相对应的是主管当局可行使的自由裁量权的范围。③ 而曾任 WTO 上诉机构成员的艾勒曼（Claus-Dieter Ehlermann）先生认为 DSU 第 3 条第 2 款规定的 WTO 争端解决体

---

① Steven P. Croley & John H. Jackson, "WTO Dispute Procedures, Standard of Review, and Deference to National Governments", *American Journal of International Law*, Vol. 90, No. 2, 1996, p. 194.

② John H. Jackson, *The World Trade Organization: Constitution and Jurisprudence*, London: Royal Institute of International Affair, 1998, p. 89.

③ Joanna Gomula, "The Standard of Review of Article 17.6 of the Anti-Dumping Agreement and the Problem of its Extension to Other WTO Agreements", *Polish Yearbook of International Law*, Vol. 23, No. 2, 1997-1998, p. 231.

系的目标指导着 WTO 裁判机构对于主管当局的审查，但这种审查必须建立在国际社会对主管当局权力的尊重基础之上。① 罗伯特·豪斯教授（Robert Howse）给审查标准下的定义是"专家组审查由某一成员主管当局解释的国内法以确定该法律或主管当局的行为或所有这两方面是否与 WTO 协议的有关规定相符合时，便产生了审查标准问题"②。托马斯·梅里尔（Thomas H. Merrill）从行政法司法审查的美国视角出发，描述了在两个极端之间审查标准的可能范围，"一个极端是完全忽视行政当局的观点，另一个极端是只要主管当局的解释满足合理解释中的一种它们就应该受到尊重。在这种尊重模式中，法院含蓄的承认成文法可以有多种可允许的解释"③。

可见，罗伯特·豪斯教授着眼于"相符性审查"，概括了审查标准的形式要件；杰克逊教授和艾勒曼先生等人着眼于"尊重的程度"，强调的是国际争端解决机构对主管当局应当给予的尊重及其程度，抓住了审查标准问题的核心观念——尊重。④ 而梅里尔则在强调尊重这一核心因素外，还划定了审查标准的范围，说明了审查标准的两个极端或者边界。

正如马蒂亚斯·奥斯奇（Matthias Oesch）所指出的，审查标准是一种程序性工具，它与 DSU 的实体条约规则和其他程序技术规范一同构成了 WTO 裁判机构对成员方的实质管辖权。⑤ 当 WTO 裁判机构采用审查标准这一概念时，实质上是划定了成员方在立法和执法时是否符合 WTO 相关协定的"权力边界"。换句话说，审查标准就是 WTO 裁判机

① Claus-Dieter Ehlermann, Nicolas Lockhart, "Standard of Review in WTO Law", *Journal of International Economic Law*, Vol. 7, No. 3, 2004, p. 493.

② Michael J. Trebilcock & Robert Howse, eds, The Regulation of International Trade, 3rd, London-New York: Routledge, 2005, p. 124. "The issue of standard of review arises where a panel is examining the domestic law of a Member as interpreted by domestic authorities and tribunals to determine whether the law, or the actions of those authorities and tribunals (including fact-finding), or both are in compliance with provisions of the covered agreements."

③ Thomas W. Merrill, "Judicial Deference to Executive Precedent", *Yale Law Journal*, Vol. 101, No. 5, 1992, p. 971.

④ 罗文正、丁妍：《论世界贸易组织法律体制中的审查标准》，《衡阳师范学院学报》2013 年第 4 期。

⑤ Matthias Odsch, *Standard of Review in WTO Dispute Resolution*, Oxford University Press, 2003, p. 13.

构给予 WTO 成员方基于 WTO 协定的履行其 WTO 项下义务的自由裁量空间。WTO 裁判机构在准备宣告成员方的诉争措施与 WTO 协定不符之前会尊重成员方的自由裁量权。WTO 成员方履行其在 WTO 项下所承担的义务的自由裁量权与审查标准是一个硬币的两面，即审查标准决定着成员方的自由裁量空间，它就像一个卫士时刻警惕着成员方对自由裁量权的滥用。

审查标准问题是程序法的一部分，在平衡主管当局司法审查和国际司法审查方面扮演着重要的角色。但它的作用不仅限于程序上的功能，还包括细致地对成员方和 WTO 之间的权力进行分配。GATT 1947/WTO 文件显示，审查标准问题的政治性和体系性意义越发显著，它是合理纵向分配国家主权和国际组织权力的工具。

简单说来，对于 WTO 职权范围内的事项，审查标准起着调解由这些事项引起的成员方与专家组之间政治、法律冲突的作用。专家组的决定并不排他，世贸组织裁判机构以及国内组织都有权最终得出相反的事实认定和法律决定。在《欧共体荷尔蒙案》中，上诉机构阐明了"审查标准必须要反映成员方让渡出来的权力，同时也反映它们各自保留的权力①"，关键问题是何种程度的审查是合理的？专家组对于主管当局的认定是应该完全尊重还是完全独立地做出自己的认定呢？

笔者认为，所谓审查标准是指在 WTO 争端解决过程中，某一成员方的诉争措施或者法律被要求专家组和上诉机构进行相符性审查时所应受到的尊重程度，它决定着成员方自由裁量权的边界，通常可以分为事实问题和法律问题的审查两个方面，其实质是实现作为国际组织的 WTO 及其成员方之间的权力分配与平衡，其范围存在于"重新审查"和"完全尊重"之间，其目标是致力于在不破坏 WTO 谈判所达成的平衡以及不增加或减让成员方在 WTO 项下的权利和义务的基础上，积极解决争端以维护 WTO 争端解决机制的统一性，为多边贸易体制提供可预测性和安全性的保障。因此，它的核心因素是"尊重"程度，也就

① Appellate Body Report, *European Communities – Customs Classification of Frozen Boneless Chicken Cuts*, WT/DS269/AB/R, WT/DS286/AB/R, adopted 27 September 2005, and Corr. 1, para. 237.

是说 WTO 裁判机关进行审查时的广度和深度。① 举个例子，当一个 WTO 成员根据本国环保法的要求而禁止或者限制某种不符合特定标准的产品的进口，被出口国认为与 GATT/WTO 规则不符，进而向 WTO 提出申诉时，专家组应当如何审查，这里的审查"程度"如何掌握就是审查标准问题。

实际上，审查标准问题与成员方的自由裁量权是一枚硬币的两面。WTO 裁判机构应当给予的尊重程度就是成员方自由裁量权的界限，审查标准设定了一道"防火墙"或"警戒线"。在防火墙和警戒线内，成员方可以根据自身的实际情况，决定履行其在 WTO 项下承担义务的方式和方法并得到专家组和上诉机构的尊重，但是一旦成员方逾越了警戒线，就受到相应的惩罚和处理。②

第二节　审查标准的范围

众所周知，审查标准在一国国内法体系中是非常重要的，各国国内法都会以不同形式来规定审查标准。形式上主要有三种：有的国家主要是以成文法的形式来规定，也有的以法规的形式来表现，还有就是以行政上诉法庭和仲裁法庭的判例形式出现。③ 无论采用何种形式，各国国内法上的审查标准一般都会包括重新审查和完全尊重。但是，由于在国际社会缺乏国内法上的宪制结构，国际法的争端解决领域没有审查标准这样的传统渊源，对世界贸易组织的争端解决机制来说也没有例外。这就使得审查标准问题成为了世界贸易组织争端解决中的一个不可回避的难题。

如前所述，由于审查标准问题本身的复杂性和 WTO 在组织结构上缺乏国内法上的宪政结构等原因，要想确定一个普遍适用于所有适用协

---

① 罗文正：《WTO 争端解决机制中的审查标准研究》，硕士学位论文，中国政法大学，2007 年；罗文正、丁妍：《论世界贸易组织法律体制中的审查标准》，《衡阳师范学院学报》2013 年第 4 期。

② 同上。

③ 吕微平：《WTO 争端解决机制的正当程序研究——以专家组证据规则和审查标准为视角》，法律出版社 2014 年版，第 156 页。

定的具体的审查标准是极为困难也没有必要的。一个明智的做法是由专家组和上诉机构在一般原则的指引下，结合具体案件中的实际情况和所关联的特定协定的具体规定，以不同的方式在每个适用协定中适用。也许有人会问，如果是这样的话，审查标准岂不是成了"普罗米修斯的脸"，让人难以捉摸和把握？其实也不必过分担心，究竟什么才是实践中应当适用的合适的审查标准仍然是有迹可循的。事实上，任何一个具有司法性质的争端解决机制所遵循的审查标准都有两个明确的界限并确立了两个基本的原则：重新审查原则和完全尊重原则。① 也就是说，适合的审查标准被严格限定在这两个原则所划定的界限之内，这两条界限就是重新审查和完全尊重。

所谓"重新审查"，就是指专家组在对诉争措施进行审查时，可以完全不考虑成员方主管当局的调查及其结果，根据自身的理解对诉争措施进行彻底而全面的审查。无论在事实问题还是法律问题上，专家组都可以用自己的结论来取代成员方主管当局的结论。这里强调的是专家组对诉争措施进行审查的独立性和不受限制性，可见是一种实质性的审查。与之相反，"完全尊重"则是指，专家组不能也不必对诉争措施本身展开独立的调查，而是要求专家组从程序公正的角度重点把握诉争措施在形式上的合理性。也就是说，只要主管当局所采取的诉争措施符合程序性要求，专家组就应当尊重主管当局的裁决，可见是一种形式性的审查。

实际上，在《欧共体荷尔蒙案》中上诉机构就对 WTO 争端解决机制中专家组应当适用的审查标准的范围进行了清楚的阐述。在该案中，欧共体主张本案专家组应采用的审查标准是规定于《反倾销协议》第 17 条第 6 款 1 项的尊重原则，也就是欧共体称为的"尊重的合理性标准"（deferential "reasonableness" standard）。上诉机构旗帜鲜明地反驳了欧共体的这一主张。上诉机构指出合适的审查标准涉及"重新审查"和"完全尊重"这两个方面。第一个方面是"重新审查"标准，该审查标准允许专家组完全自由地得出与受审查成员方的主管当局的结论不

---

① Mitsuo Matsushita & Thomas J. Schoenbaum etc., *The World Trade Organization：Law，Practice and Policy*，Oxford University Press，2003，p. 41.

同的结论。专家组应当从事实方面和程序方面去核实主管当局的决定是否正确。第二个方面是"尊重"标准。它只要求专家组审查主管当局的调查是否遵循了 WTO 相关规则所要求的"程序",而不应当对国家当局已经进行的调查进行重新调查。① 上诉机构认为,《反倾销协议》第 17 条第 2 款第 1 项的规定只适用于《反倾销协议》,而本案涉及的《卫生与动植物检疫措施协定》(Agreement on the Application of Sanitary and Phytosanitary Measures,以下简称《SPS 协议》) 本身对专家组适当的审查标准问题没有规定,而且 DSU 和其他有关协议 (《反倾销协议》除外) 中也没有规定具体的审查标准。② 上诉机构接着指出,无论是上诉机构还是专家组都没有权利去采用《SPS 协议》没有明确规定的审查标准。③ 紧接着上诉机构话锋一转,提出了他们认为的本案适合的审查标准。上诉机构说,虽然除《反倾销协议》之外,在 WTO 的其他协议中没有具体规定专家组应当适用的审查标准,但是这并不意味着在《SPS 协议》和其他协议中就没有可供适用于确定和评估事实的审查标准。在他们看来 DSU 第 11 条清楚地规定了专家组在事实问题和法律问题中的审查标准,即"客观评估 (objective assessment) 标准"。因此,专家组应遵循 DSU 第 11 条规定的客观评估标准。④ 笔者认为,这里的"客观评估"就是审查的广度和深度,稍后我们会详细分析。

因此,"客观评估"标准就是 WTO 争端解决中合适的审查标准。所谓"重新审查"和"完全尊重"只是审查标准的两个极端,专家组和

① Appellate Body, *European Communities-Measures Concerning Meat and Meat Products* (*Hormones*), WT/DS26/AB/R, adopted 13 February 1998, para. 111. 载于 WTO 官方网站:www. wto. org。

② Appellate Body, *European Communities-Measures Concerning Meat and Meat Products* (*Hormones*), WT/DS26/AB/R, adopted 13 February 1998, para. 114. 载于 WTO 官方网站:www. wto. org。

③ Appellate Body, *European Communities-Measures Concerning Meat and Meat Products* (*Hormones*), WT/DS26/AB/R, adopted 13 February 1998, para. 115. 载于 WTO 官方网站:www. wto. org。

④ Appellate Body, *European Communities-Measures Concerning Meat and Meat Products* (*Hormones*), WT/DS26/AB/R, adopted 13 February 1998, pp. 116 - 118. 载于 WTO 官方网站:www. wto. org。

上诉机构应当在这两个极端之间去结合案件的具体情况确定一个合适的"度",以有效地解决争端,满足正义的需要。换句话说,这个适合的"度"或者说"尊重"程度要求在专家组对诉争措施进行审查的权力与成员方实施其 WTO 项下的国际义务的自由裁量权之间找到一个平衡,既要尊重各成员方的差异性,更要确保专家组有足够大的权力去制约成员方的自由裁量权。这种"尊重"程度也表现为专家组进行审查时的广度和深度。这也正是 WTO 裁判机构从《欧共体荷尔蒙案》起一直坚持的观点。

第三节　关于事实和法律的区分

关于事实问题和法律问题的区分是司法体系中的经典分类,在英美法理论上更是有事实审和法律审的区分。① 因此,在国内法体系中法律和事实问题的区分为法院和行政机关确定了各自的角色。② 在一般情况下,司法机关对法律问题享有独立的审查权和最终的决定权,而行政机关则在事实问题的认定上有着更大的话语权,通常会受到司法机关的尊重。

一般来说,事实问题和法律问题的区分在国际法当中并不非常重要,因为国际法庭通常是初审法庭,既裁决事实问题也裁决法律问题。但是 WTO 法律体系中的上诉机构是一个例外,因为它的管辖权仅限于法律问题,而将事实问题排除在外。③ 因此,在 GATT/WTO 的法律体制中同样也存在的事实问题与法律问题的区分。虽然在某些案件中区分事实结论和法律解释是一件困难的事情,但是事实和法律的分类对系统的分析和评价审查标准问题仍然是极为有用的工具。就像

① Henry P. Monaghan, "Constitutional Fact Review", *Columbia Law Review*, Vol. 85, No. 2, 1985, p. 234.

② Bernard Schwartz, *Administrative Law*, 3rd *edition*, Little Brown and Company, 1991, p. 632.

③ Palmeter David and Mavroidis Petros C., *Dispute Settlement in the World Trade Organization: Practice and Procedure*, The Hague/London/Boston: Kluwer Law International, 1999, p. 211.

人们习惯于把诉讼中的问题区分成事实问题和法律问题一样，审查标准也可以做这样的经典区分：从事实和法律两个方面来界定审查标准。这种分类既"植根于一般法律理论以及由此形成的法律传统"①，也体现在 WTO 的法律文本中。从《反倾销协议》第 17 条第 6 款和 DSU 的第 17 条第 6 款的表述就可以看出要求对事实问题和法律问题进行区分，并在审查标准问题上作相应的区别：事实问题的审查标准和法律问题的审查标准。②

在实践中，上诉机构也曾准确的界定了事实和法律问题的区分。③上诉机构认为可以从"客观发生"和"证据"两个方面来认定事实问题，首先典型的事实问题是指"确定某一事件在某一时间、地点是否发生"，也就是要解决"有或者没有"的问题；其次，对证据的确认也基本上属于事实问题，即对证据的证明力和可采用性的认定是事实问题。关于什么是法律问题，上诉机构指出这涉及法律定性问题，他们强调了"相符性"标准，也就是说事实与相关条约之间的相符性审查就是典型的法律问题。

接下来我们就来分析法律问题审查标准和事实问题的审查标准的含义和范围。

一　关于法律问题的审查标准

在 WTO 争端解决机制中所涉及的法律包括 WTO 法、成员方与国际贸易有关的国内法和国际法三个方面。④ 所谓法律问题的审查标准就是指对 WTO 争端解决机制中所涉及的法律的解释权应当掌握在谁手上的

①　Matthias Odsch, *Standard of Review in WTO Dispute Resolution*, Oxford University Press, 2003, p. 17.

②　罗文正、丁妍:《论世界贸易组织法律体制中的审查标准》,《衡阳师范学院学报》2013 年第 4 期。

③　Appellate Body, *European Communities-Measures Concerning Meat and Meat Products* (*Hormones*), WT/DS26/AB/R, adopted 13 February 1998, para. 132. 载于 WTO 官方网站: www.wto.org;另参见韩立余《WTO 案例及评析》(下卷) (1995—1999), 中国人民大学出版社 2001 年版, 第 64 页。

④　Matthias Odsch, *Standard of Review in WTO Dispute Resolution*, Oxford University Press, 2003, p. 18.

问题。也就是说，面对成员方主管当局、国际组织或者其他主体对上述三个方面的法律所做出的解释，专家组和上诉机构是否应当给予尊重？如果要给予尊重的话，要在多大程度上给予尊重？

（一）WTO 法

DSU 第 1 条规定了 WTO 裁判机构解释 WTO 法律的范围。它们包括：以《马拉喀什议定书》为主干的伞状结构的一系列协定（贸易政策评审机制除外）① 和成员在特殊承诺表中的贸易承诺②以及"并入"适用协定的其他国际协定的特殊条款。③

一般认为 WTO 法的解释权应当归 WTO 所掌握，即 WTO 的专家组和上诉机构对 WTO 法的解释享有独立的权力。当然，理论上 WTO 法的解释权应当归 WTO 理事会即归 WTO 全体成员方。但是，实际上由于世界贸易组织的组织架构和正向一致的议事规则决定了掌握解释权的总理事会在解释 WTO 法律规则问题上是低效率的，而现实的个案处理中存在着大量适用协定规定不清楚甚至没有做出规定的情况，专家组和上诉机构又必须对此做出回应以完成"积极解决争端"的目的。因此，WTO 裁判机构在司法克制理念的指引下，运用司法能动的方法实际地承担了 WTO 法律规则解释者的角色，享有了独立的解释权，在对 WTO 法进行解释时采用了"重新审查"的标准。

（二）国内法

审查标准问题不仅与事实以及 WTO 法律的解释相关，而且与成员方的立法、行政法规和措施以及司法相关，也与 WTO 体系以外的其他国际组织适用或实施的法律有关。WTO 裁判机构对成员方国内法律及其实践进行审查已经成为 WTO 争端解决中的重要方面。在国际贸易规则与国际公法相互作用日益强化的背景下，WTO 裁判机构也不可避免地要对其他国际条约、国际法的基本原则以及国际惯例所规定的权利和

---

① The Results of the Uruguay Round of the Multilateral Trade Negotiations：the Legal Texts（Geneva 1995, published by the WTO Secretariat）.

② Appellate Body, *European Communities-Certain Computer Equipment*, WT/DS62/AB/R, adopted 5June 1998, para. 84. 载于 WTO 官方网站：www. wto. org。

③ Palmeter David and Mavroidis Petros C. , *Dispute Settlement in the World Trade Organization*：*Practice and Procedure*, The Hague/London/Boston：Kluwer Law International, 1999, p. 37.

义务进行评估和审查。①

一般认为，国内法在 WTO 争端解决中是被当作一个事实问题来对待。在 WTO 争端解决机制中，对国内法的范围的理解是广义的，它通常包括由一国立法机关制定的全部法律和认可的法律，还包括地方性立法和行政规章以及上述法律的现实适用。立法当然是各个国家应有的权利，但是只要成员方的立法与其承担的世界贸易组织项下的国际义务相关就有可能受到 WTO 裁判机关的审查。对国内法的审查不仅包括对成文法（含地方立法）本身的审查，而且还要对行政机关和司法机关在具体适用和解释国内法时的做法和方法进行审查。②

WTO 裁判机关在审查一国国内法时所采用的审查标准，既不能依赖被申诉方提供的国内法文本，更不能接受被申诉方施加于其法律之上的价值观。WTO 裁判机关不可能对成员方关于国内法与 WTO 法的相符性的解释持完全尊重的审查标准，因为那样会使成员方主管当局拥有太大的权限。当然，专家组和上诉机构也没有重新审查国内法律规则并以它们的理解来代替国内解释的完全授权。③ 在 WTO 争端解决的过程中成员方的国内法通常被认为是一个事实问题而且指导它当作证据对待，对国内法的审查标准是一种全面审查的标准。

（三）国际法（WTO 法除外）

从世界贸易组织裁判机构的视角看，这里讲的国际法是指除了 WTO 法之外的"其他国际法规范"。那么这些除 WTO 法之外的其他国际法规范包括什么呢？到目前为止，国际社会并没有一部专门规定国际法渊源的条约。在实践中，人们通常会把《国际法院规约》第 38 条有关国际法院应适用的法律的规定作为依据，对国际法渊源进行解释。④ 由此可知，国际法的渊源包括了国际条约、国际习惯、一般法律原则以及国际组织的决议。

---

① Matthias Odsch, *Standard of Review in WTO Dispute Resolution*, Oxford University Press, 2003, pp. 20–21.

② Ibid. , p. 20.

③ 吕微平：《WTO 争端解决机制的正当程序研究——以专家组证据规则和审查标准为视角》，法律出版社 2014 年版，第 155 页。

④ 邵沙平：《国际法》（第二版），中国人民大学出版社 2010 年版，第 51 页。

那么，对"其他国际法规范"适用的审查标准问题就是专家组和上诉机构要在什么广度和深度去对其他国际法法律文件解释的合理性进行审查以及如果有必要 WTO 裁判机构要提出自己对于其他国际法法律文件的解释结论。但是，如果我们回顾一下 DSU 第 2 条第 1 款的规定就会发现 WTO 的争端解决机构仅被授予依据 DSU 以及适用协定的磋商和争端解决的规定来处理 WTO 成员方之间的争端。因此这似乎意味着除非争端双方协商同意，专家组和上诉机构评估权利和义务的管辖权仅限于解释和适用协定的条款。可问题是在 WTO 争端解决过程中，专家组和上诉机构除了解释 WTO 法之外，他们会发现自己不可避免地会处于对其管辖权以外的权利和义务进行解释的境地。显然在面对该境地时，WTO 的裁判机构不可能对其他国际法法律文件的解释采用重新审查的审查标准，因为他们没有这样的权限。但是，WTO 裁判机构又不可能不对其他国际法法律文件的解释进行审查以完成其解决争端的任务。至少有一点可以明确，对于其他国际法法律文件是明显错误的陈述和缺乏合理基础的解释一定是不能为 WTO 专家组程序所接受。① 也就是说，WTO 裁判机构仍然会对其他国际法法律文件解释的合理性做出审查，以确保完成其任务。

二　关于事实问题的审查标准

从一般意义来说，通常用来回答"发生了什么"就是事实问题，它主要涉及对实际状况的评估。而从事实问题的审查标准角度来看，一般包括两个相互联系又相对独立的阶段或者层面：事实确定（fact-finding）和事实结论（factual conclusion）。②

第一个阶段是事实确定阶段或者叫证据采信阶段。专家组在该阶段的主要工作是根据所获得的原始证据（raw evidence）③ 来判断究竟存在什么样的客观事实。这就会涉及证据规则，因为对于事实确定不可避

① Matthias Odsch, *Standard of Review in WTO Dispute Resolution*, Oxford University Press, 2003, p. 21.

② Ibid. , p. 18.

③ 我国也有学者把这个术语翻译为"尚未采纳证据"，参见吕微平《WTO 争端解决机制的正当程序研究——以专家组证据规则和审查标准为视角》，法律出版社 2014 年版，第 175 页。

免地与证据的收集和裁量有关。对于证据的衡量和可信度的裁决是事实确定过程中的一个重要因素。所以事实确定阶段的审查标准的重心就放在对于与事实有关的原始证据的判断和取舍，这就要求重点调查原始证据的范围和适当性（appropriateness）。专家组应当追问如下的问题：专家组能否从成员方主管当局之外收集相关证据，对成员方主管当局获取的原始证据如何取舍，能否独立地重新去搜集与案件客观事实有关的证据，对成员方提供的原始证据要不要给予尊重以及给予多大尊重。

第二个阶段是事实结论审查阶段或者叫逻辑推理阶段。这一阶段关注的是成员方主管当局所得出的事实结论。专家组在该阶段的主要工作原则是"合理性"（plausibility）标准，它要求专家组把目光聚焦到成员方主管当局所做出的事实结论是否合理的评判上来。专家组应当追问的是自己和成员方主管当局的结论不同时怎么办的问题，对成员方主管当局得出的合理性事实结论要不要给予尊重的问题，可不可以用自己的结论去取代主管当局的结论。

从实用主义的眼光来看，在事实确定上来说，国内主管当局在依据原始证据确定客观事实方面要更富有经验更为专业，专家组应当给予更大的尊重；而就事实结论而言，对事实结论的合理性进行判断和评估时会涉及价值取向和传统观念问题。不同的国家有着不同的政治制度、经济体制、风俗习惯、伦理道德等因素，同一个概念在不同的国家有着不同的内涵和外延。"世界是多样化的统一"。因此专家组在做出合理性判断要考虑成员方的差异性，在保证 WTO 争端解决机制统一性和有效性的前提下，给予成员方主管当局的结论相应的尊重是合适的、必要的，这背后隐藏着若干价值标准的选择。因此，专家组在这个问题上可能倾向给予主管当局的调查结论更多的尊重。此外，这种尊重性的审查标准，不仅是建立在对成员方自身差异性的基础上的，而且还是建立在维持成员方国家利益和多边贸易体制经济安全利益之间平衡的背景下。①

---

① 吕微平：《WTO 争端解决机制的正当程序研究——以专家组证据规则和审查标准为视角》，法律出版社 2014 年版，第 153 页。

第四节　审查标准的实质

审查标准问题不仅仅是一个程序问题，其实质是 WTO 与成员方之间的权力分配与平衡问题。① 由于国际社会缺乏主权国家的宪政结构，审查标准就成为了 WTO 与成员方权力的分水岭，用来划定各自的权力边界具有很强的政治性和体系性价值。众所周知，国际社会不存在超越国家之上的立法机构和司法机构，而按照"主权者之间无管辖权"的原则，为了有效解决国际争端需要由国际机构来解决政府之间的争端，如世界贸易组织、欧盟、北美自由贸易区等全球性、区域性贸易组织都有自己的争端解决机制。这些争端解决机制权力的合法性来源于主权国家的授权。也就是说，为了满足解决国际争端的需要，各全球性或区域性政府间国际组织的成员将其所固有的解决与其他国家之间纠纷的部分权力让渡给国际组织并对国际组织做出的相关裁判予以遵守。但是，出于维护自身国家主权、传统习惯和实现国内政策目标等多方面的考虑，主权国家往往会想将更多的自由裁量权保留在自己的手中，这必然会带来相应的权力冲突和矛盾。这一点在世界贸易组织的争端解决中表现得尤为突出，因为其实际上享有对成员方国际贸易争端的强制性管辖权。那么，人们需要思考的就是在争端解决中 DSB 应当在多大程度上给予成员方追求实现国内政策目标的自由裁量权或者说应当在多大程度上的约束自己的审查权限和范围给予成员方的决定相应的尊重，以维护双方之间在实现国际贸易管制方面的权力分配与平衡，从而促进多边贸易体制的有序发展。

这种世界贸易组织成员方与世界贸易组织的权力冲突集中体现在争端解决过程中对于事实问题的裁判以及对相关法律规则的解释的权力究竟掌握在谁的手中。我们既不能一味地强调国际争端解决机制的正当性而过分地侵蚀没有被让渡的国家主权，这不能为各主权国家所接受；也不能过于尊重成员方的主权而任由其行使自由裁量权，这是多边贸易体

---

① 罗文正：《WTO 争端解决机制中的审查标准研究》，硕士学位论文，中国政法大学，2007 年。

制所不能接受的。因此，作为规定专家组在案件审理过程中的权限的审查标准就因为其自身的独特性而被视作解决这一权力冲突的法宝。如果采用宽松的审查标准，就会要求专家组和上诉机构在审查成员方的相关措施和立法时采用更为消极的态度给予更多的尊重，为成员方的自由裁量权留下更多的空间，权力的天秤就会倒向成员方；相反，如果采用严格的审查标准，就会要求专家组和上诉机构更积极地审查较少地给予尊重，权力的天秤也就倒向了 WTO。因此，一个适当的审查标准就成为了平衡双方的权力的关键因素。上诉机构也曾明确指出了审查标准的实质"必须要反映成员方让渡出来的权力，同时也反映它们各自保留的权力"①。

　　需要指出的是，审查标准所反映的成员方与 WTO 之间的权力平衡不是静止的、僵化的，而是随着不同的协定、不同的案件变化的动态平衡。因而，专家组所适用的审查方法也会因特定的 WTO 协定的不同而有所改变。对于贸易救济类案件专家组可能会给予更多的尊重，毕竟其在事实调查方面受到了相应地限制。对于涉及 GATT 第 20 条或者第 3 条领域的案件，专家组本身就承担着原始审查者（first-tire）的角色，因此，他们给出的尊重会少一些。而在《技术贸易壁垒协定》（Agreement on Technical Barriers to Trade，以下简称：《TBT 协定》）和《SPS 协议》的案件中，由于它们本身没有规定主管当局应当采取何种方式进行调查，仅要求主管当局在采取相关措施前应进行特定的科学和技术性评估，因此对主管当局的要求仅限于形式上的程序要求，所以对专家组的审查的限制也是有限的。而在其他某些领域，WTO 协议赋予了主管当局通过设置贸易限制的方式以确保其特定的政策目标的自由裁量权，比如在事关国民健康、环境保护方面。对于这类措施，专家组和上诉机构需要做的仅仅是确保主管当局在实施限制措施时遵守 WTO 的法律条件方面的规定，指导其在何种情况下运用何种方式来设置相关贸易限制。因此，专家组和上诉机构所适用的审查标准应当寻求在留给成员方的政策性选择和实施该限制措施的法律

---

　　① Appellate Body, *European Communities-Measures Concerning Meat and Meat Products* (*Hormones*), WT/DS26/AB/R, adopted 13 February 1998, par. 115. 载于 WTO 官方网站: www.wto.org。

要求方面保持平衡。①

　　总之，保持成员方与世界贸易组织之间的权利平衡是审查标准问题的核心要求，它服务于维护多边贸易规则的稳定性和可预测性的总目标。同时，审查标准也是 WTO 法律具有宪法性特征的重要表现形式，还是 WTO 规则法律化的象征，它使得 WTO 法对国家主权的限制与一般的国际协议相比有了明显的不同，其对成员方实行了比一般国际协议更高的限制。它重新界定了在何种程度上 WTO 裁判者有权对主管当局以及他所做的政治决定进行审查，这对于事实和法律这两方面的裁定具有决定性的影响。

本章小结

　　审查标准问题是每个法律体系都无法回避的关键性法理问题。在任何一个法律体系中，包括 WTO 法的体系中，审查标准都是保障权力分配的重要机制。在国际层面，当国际司法机构对主管当局的某些决定进行审查时，就不可避免地会侵入国家主权。然而，国际体制的有效性和稳定性往往取决于国际审查的程度。它代表了司法如何对政治决策或司法判决进行合法性审查。虽然审查标准问题如此重要，但是，到目前为止，我们在 GATT/WTO 的法律文件中看不到审查标准的定义。一般而言，当 WTO 裁判机构被要求对成员方的国内立法或者措施做出相符性（compliance）审查时，审查标准问题就产生了。实际上，审查标准就是用来确定当专家组对成员方的措施进行审查时，应在多大程度上尊重成员方的事实结论或者法律解释，即使专家组有着不同的结论。

　　所谓审查标准是指，在 WTO 争端解决过程中，某一成员方的诉争措施或者法律被专家组和上诉机构进行相符性审查时所应受到的尊重程度，它决定着成员方自由裁量权的边界。通常可以分为事实问题和法律问题的审查两个方面，其实质是实现作为国际组织的 WTO 及其成员方

---

① Claus-Dieter Ehlermann, Nicolas Lockhart, "Standard of Review in WTO Law", *Journal of International Economic Law*, Vol. 7, No. 3, 2004, pp. 520-521.

之间的权力分配与平衡，其范围存在于"重新审查"和"完全尊重"之间，致力于在不破坏 WTO 谈判所达成的平衡以及不增加或减让成员方在 WTO 项下的权利和义务的基础上积极解决争端，以维护 WTO 争端解决机制的统一性，为多边贸易体制提供可预测性和安全性的保障。

第三章　审查标准的作用

如前所述，审查标准对于任何一个司法程序来说都非常重要，它对于确保司法过程的各个参与方的权力平衡具有决定性作用。在世界贸易组织争端解决机制中，DSU 第 11 条规定了"客观评估"标准，但它只是一项关于审查标准问题的一般法律原则，是对审查标准的总要求。对于适用于具体案件的特定的审查标准，需要因特定的协议的不同有所改变，需要考虑多种因素及其他们相互之间的作用，才能确定具体案件中的合适的审查标准。[1] 在 WTO 体制的语境中审查标准事关两个层次的权力分配。[2] 一方面，审查标准是确定世界贸易组织与其成员方之间纵向权力分配关系的重要因素之一；另一方面，审查标准也与 WTO 裁判机构和 WTO 内部其他组织之间的横向权力分配有关。本章我们从两个方面来讨论世界贸易组织争端解决中审查标准的作用。第一部分探讨审查标准如何实现世界贸易组织裁判机构与其成员方之间的纵向权力分配平衡。第二部分阐明审查标准在世界贸易组织裁判机构与世界贸易组织内部其他机构之间的横向权力分配平衡中所起的作用。

第一节　世界贸易组织裁判机构与成员方 之间的权力分配

为了确保多边贸易体制的稳定性和可预测性，世界贸易组织设定了

---

[1] Claus-Dieter Ehlermann, Nicolas Lockhart, "Standard of Review in WTO Law", *Journal of International Economic Law*, Vol. 7, No. 3, 2004, p. 519.

[2] Matthias Odsch, *Standard of Review in WTO Dispute Resolution*, Oxford University Press, 2003, p. 23.

裁判机构，由专家组来对成员方的立法和相关措施进行审查以确定其立法和相关措施是否与 WTO 协定相一致。《马拉喀什宣言》、WTO 协定第 2 条以及第 16 条的规定都反复强调了 WTO 法律规则要优先于成员方国内法规则，用赵维田先生的话说，这是一条有关 WTO 法律规则适用的"宪法性原则"[1]，它在法的阶层视角下确立了 WTO 法律规则的层级要高于成员方国内法规则的基本准则。因此，在 WTO 争端解决过程中，成员方主管当局与作为裁判者的专家组不属于同一层级。专家组代表着国际法层面的司法权力，该司法权力有着其独立的体系且优先国内法律体系。因此，专家组和成员方主管当局的关系类似于纵向权力分配关系。专家组在履行其职责的过程中一定会要决定是否要给予成员方主管当局在其国内程序中所做出的事实认定和法律结论以尊重？如果要给予尊重的话，应该给予多大程度的尊重？这就不可避免地要触及一个复杂而敏感的问题——国家主权。正如杰克逊教授所指出的，"在过去这些年代里，审查标准问题已成为 GATT/WTO 体制与'主权'观念之间关系的检验标准"[2]。审查标准的基础性作用之一就是平衡 WTO 裁判机构和成员方之间的纵向权力分配。而探讨"国际相互依存性"（international interdependence）和"国家主权"（national sovereignty）之间关系也许是解析世界贸易组织裁判机构与其成员方的纵向权力分配关系的最佳途径。[3]

一　国际相互依存性

1648 年的《威斯特伐里亚和约》（the Peace Treaty of Westphalia）标志着近代意义的主权国家的产生，确定了国际关系中应遵守的国家主权、国家领土与国家独立等原则，对近代国际法的发展具有重要促进作用。[4] 人们一般认为"国际法主要是国家之间的法律，是以国家之间的

---

[1]　赵维田：《世贸组织（WTO）的法律制度》，吉林人民出版社 2000 年版，第 31 页。

[2]　John H. Jackson, *The Jurisprudence of GATT and the WTO*（第二版，影印本），高等教育出版社 2002 年版，第 135 页。

[3]　Matthias Odsch, *Standard of Review in WTO Dispute Resolution*, Oxford University Press, 2003, p. 25.

[4]　边巴拉姆：《略论国际法原则下西藏的法律地位》，《西藏研究》2014 年第 2 期。

关系为对象的法律"①。这个有关国际法的经典定义十分清楚显示了国际法的唯一主体就是主权国家。但是随着国际关系的发展，国际组织开始成为国际法的重要主体。由于科技革命带来的通信、交通等方面的便捷，今天的世界人们的相互依存度越来越高。② 这种相互依存在带来极大好处的同时也带来了易受影响的弱点。在第二次世界大战以后，由各国政府建立或恢复的许多国际体制已经为应对这些弱点做出了贡献，特别是在经济领域当中。正如沃尔夫冈·费里德曼所指出的，"人类之间相互依赖程度的不断提高，并没有显著地改变国际社会的法律和政治结构。……但是与此同时，当今世界发展的现实却正在挤压着民族国家的空间和国家主权的象征"。③

自 20 世纪 90 年代以来，"全球化"（Globalization）成为席卷全球的趋势，其中最核心和最基础的内容是经济全球化。④ 随之而来的是与经济相关的争端数量不断上升，而且人们发现国内处理这些争端的能力越来越不能满足现实的需要。这些争端被普遍认为在国际或跨国层次上处理更为理想。政府、私人公司和其他利益团队都面临着如何适当地规制国际关系和如何有效地便利国家间的合作和私人的跨境移动。

在多边语境中，政府主要是通过签订国际条约和成立国际组织的方式来体现此种合作以应对国际相互依存性的加深，而在国际贸易领域就是通过 GATT/WTO 体系来规制和调整这些合作。《GATT1947》在以国民待遇和最惠国待遇为核心的非歧视原则、市场准入原则等的指引下经过多轮谈判主要通过降低关税壁垒的方式确立了一套以实现贸易自由化为目标的多边贸易规则，而乌拉圭回合谈判所达成的成果使得世界贸易组织得以建立并把多边贸易规则扩大到服务贸易、与贸易有关的知识产权等新的领域，并大大地强化了多边贸易体制的法律特征使其成为"模

---

① 王铁崖：《国际法引论》，北京大学出版社 1998 年版，第 25 页。

② John H. Jackson, *The World Trading System: Law and Policy of International Economic Relations 2nd edition*, The MIT Press, 1997, p. 6.

③ Wolfgang Friedman, *Law in a Changing Society*, Columbia University Press, 1972, p. 465. 转引自［美］约翰·H. 杰克逊《国家主权与 WTO——变化中的国际法基础》，社会科学文献出版社 2009 年版，第 75 页。

④ 杨泽伟：《国际秩序与国家主权关系探析》，《法律科学》2004 年第 6 期。

范国际法"①。这也使各国政府认识到这些国际合作的有效性是建立在各国对自身权力约束的基础上的。②换句话说，依靠国际体制实现国家间的合作必然要求各成员国同意自我约束将部分原本属于一国经济主权范围内的权力让渡给国际组织，以更好地应对由于国际相互依存性加深所带来的新情况、新问题。这要求在进行权力分配时要充分考虑国际合作的价值。

"徒法不足以自行。"单单有规范国际贸易行为的规则和法律仍然不能有效应对国际相互依存性所带来的问题。成员国可能会对同一规则有些不同的理解和解释，进而产生纠纷和争议，这就需要有一个有强制管辖权的司法性质的争端解决机制来有效地、公平地解释和适用这些规则，并确保它们的裁决能够得到执行。越以"规则为导向"的体制就越能确保国际法的有效性。③在 WTO 体系中，有效地国际合作和国际层面的法治提升在很大程度上取决于各成员方同意至少授予最小的权力给世界贸易组织及其争端解决机构，以便它们能解释和适用涵盖协议（covered agreement）所规定的相关规则以维护多边贸易体制的稳定性和预测性确保国际合作价值。

二　国家主权

国家主权观念在西方源远流长。古希腊时期，苏格拉底、柏拉图、亚里士多德都曾有过相关的论述。"主权"一词最早出现于中世纪的封建社会。④ 1577 年，法国政治思想家让·布丹在《论共和国》一书中首次将主权与国家相联系。他主张主权是"统治公民和臣民的不受法律约束的最高权力"。格劳秀斯进一步阐明了主权在国家对外事务中的作用，

---

① 把 WTO 法称为"模范国际法"是我国清华大学杨国华教授的观点，具体内容可参见杨国华《为什么 WTO 模范国际法》，《国际商务研究》2016 年第 6 期。

② Matthias Odsch, *Standard of Review in WTO Dispute Resolution*, Oxford University Press, 2003, p. 26.

③ John H. Jackson, *The World Trading System：Law and Policy of International Economic Relations 2nd edition*, The MIT Press, 1997, p. 109.

④ 黄萍：《经济全球化背景下国家主权原则研究》，博士学位论文，大连海事大学，2010 年。

他将平等的原则运用到一个由主权国家所组成的国际关系之中。《威斯特伐利亚和约》更是把主权和主权平等原则以法律形式固定下来使主权成为近现代国际关系的基石。① 以享有主权为基本特征的民族国家自此成为国际社会的基本主体，形成了"一个受领土束缚的以国家主权为核心的威斯特伐利亚国家体系"②。然而，随着世界日益变化的一个地球村，传统的国家主权观念正在悄然地发生着变化。③ 在全球化背景下，国家与国家之间的管辖权问题呈现出某些交叉发展的趋势，而且国家主权的内涵也更加丰富出现了经济主权和自然资源主权的观念，在南极、国际海底、外层空间等被公认为人类共同财产之后，甚至产生了"人类主权"或"全球主权"的概念。"国家主权概念的内涵从单一性向多维立体性转变。"④ 同时，随着全球化的发展，国家主权的相对性也日益凸显，"主权本身的这种多元化也限制了主权"⑤，绝对主权的观念已经变得过时，大量的条约和习惯性国际法规范为主权国家设立了各种国际法的限制，不允许主权国家采取任意的极端行为。

　　但是，国家主权仍然是国际法的基本组织原则。⑥ 国家主权价值是国际社会重要的价值，即使像欧盟这样高度发达的区域性国际组织仍然在其宪法性条约中强调，欧盟是建立在民族国家的基础之上不会谋求取消各成员国的主权。世界贸易组织的成立本身就是各成员方行使主权的结果。因而，世界贸易组织的成员方仍然保留着主权，只是会面对要接受 WTO 裁判机构不利裁判的后果。正如杰克逊教授所指出的那样，

---

　　① 沈桥林：《从世贸组织看国家主权》，法律出版社 2007 年版，第 70—72 页。

　　② ［澳］约瑟夫·A. 凯米莱里、吉米·福尔克：《主权的终结？——日趋"缩小"和"碎片化的世界政治"》，李东燕译，浙江人民出版社 2001 年版，第 17 页。

　　③ Kanishka Jayasuriya, "Globalization, Law, and the Transformation of Sovereignty: the Emergence of Global Regulatory Governance", *Indiana Journal of Global Legal Studies*, Vol. 6, No. 2, 1999, p. 1.

　　④ 余民才：《国际法专论》，中信出版社 2003 年版，第 37 页。

　　⑤ 戴维·赫尔德：《民主的模式》，中央编译出版社 2008 年版，第 434 页。

　　⑥ John H. Jackson, "Sovereignty, Subsidiarity, and Separation of Powers: the High-Wire Balancing Act of Globalization", in Daniel L. M. Kennedy and James D. Southwick (eds.), *The Political Economy of International Trade Law*, Essays in Honor of Robert E. Hudec, Cambridge University Press, 2002, pp. 16–18.

在很大程度上主权问题与主权国家和国际规则体系的"权力分配"（al-location of power）相关。① 比如有关产品安全标准应当由国际组织还是应当由一国政府来控制？再比如如何去适用诸如"国民待遇"和"最惠国待遇"这样的国际政策？此外，关于这些问题的争端是否应当由国际机构来予以裁决？

　　不管人们承认还是不承认，一个客观存在的现象就是贸易领域总是会和其他的政策事务相关，虽然这些其他的政策事务并不是国际贸易的核心部分，但是它们的确与国际贸易有着密不可分的联系。其中最为典型的例子就是健康和环保标准。原则上说，如何规定一国的健康和环保标准是一国主权范围内的事项，应由国内法进行调整。但是这些政策和措施一旦跟国际贸易沾上边就必然要求它们要符合 WTO 协定的规定。在世界贸易组织的第一案件《美国精炼汽油案》② 中，上诉机构在修正了专家组报告的错误之后，特别指出："这并不意味着成员方采取措施控制空气污染的能力或保护环境的能力存在问题。……在 WTO 协定前言和在贸易与环境的决定中，对贸易与环境协调政策的重要性有着明确的承认。WTO 成员方在制定和实施他们自身有关环境政策目标和立法上享有广泛的自由裁量权。在 WTO 协定下，该裁量权仅受尊重总协定和其他相关协议的要求的限制。"③

　　基于以上分析，我们可以知道关于"国际相互依存性"和"国家主权"这样的术语能够揭示国家主权和世界贸易组织及其争端解决机构的适当关系。就如杰克逊教授所言："任何国际合作机制都必然会和国家主权发生冲突，国家的特殊利益尤其是经济利益也会受到国际裁判的影响。"④ 因此，至关重要的是如何在国际相互依存性和国家主权之间

---

　　① John H. Jackson, *The World Trade Organization: Constitution and Jurisprudence*, London: Royal Institute of International Affairs, 1998, p. 33.

　　② *United States-Standards for Reformulated and Conventional Gasoline*, WT/DS2/AB/R, adopted 20 May 1996, DSR 1996: I, p. 3. 载于 WTO 官方网站：www. wto. org。

　　③ Appellate Body, *United States-Standards for Reformulated and Conventional Gasoline*, WT/DS2/AB/R, adopted 20 May 1996, Party V. (p. 27). 载于 WTO 官方网站：www. wto. org。

　　④ John H. Jackson, "Sovereignty, Subsidiarity, and Separation of Powers: the High-Wire Balancing Act of Globalization", in Daniel L. M. Kennedy and James D. Southwick (eds.), *The Political Economy of International Trade Law*, Essays in Honor of Robert E. Hudec, Cambridge University Press, 2002, p. 29.

保持恰当的平衡，其实也就是在国际合作价值和国际主权价值之间要有适当的平衡。换言之，就是要在国际合作机制（如 WTO 体制）和国家主权之间寻找到权力分配的标准。一方面，可以根据实体规则来界定成员方政府保留的自由裁量权和成员方在世界贸易组织中所享有的权利和承担的义务。另一方面，从程序性技术方面入手也能帮助我们厘清构建成员方政策裁决与 WTO 司法机构介入之间的关系。[①] 这些程序性技术包括举证和证据标准，还包括利用诸如司法经济原则来规避那些 WTO 裁判机构认为不适合管辖的争端。此外，对保持国家主权与 WTO 之间的权力分配平衡的至关重要的因素是能适用于具体争端的合适的审查标准。而关于审查标准的这一作用，上诉机构在《欧共体荷尔蒙案》中有一段经典的论述："审查标准必须反映《SPS 协议》确定的 WTO 成员方授予的管辖权与成员自己保留的管辖权之间的平衡。WTO 裁判机构不能改变这种平衡。"[②] 因此，适当地审查标准能够巧妙地平衡世界贸易组织裁判机构和成员方在 WTO 协定管辖的贸易和与非贸易相关的事项上的法律和政策上的冲突。

三　尊重性审查标准的理性基础：国家主权和国际相互依存

如前所述，审查标准的基本作用之一是确保世界贸易组织及其裁判机构与成员方权力分配的平衡。那么国家主权原则和国际相互依存是不是 WTO 裁判机构应当对成员方主管当局的决定或措施采取尊重性审查标准的理性基础呢？

绝对主权论者会认为主权本身就是完全尊重审查标准的依据，不管个案情况如何，都应当对成员方主管当局的裁判给予完全尊重。[③] 这显

---

① 吕微平：《WTO 争端解决机制的正当程序研究——以专家组证据规则和审查标准为视角》，法律出版社 2014 年版，第 160 页。

② Appellate Body, *EC Measures Concerning Meat and Meat Products*（*EC - Hormones*），WT/DS26/AB/R，WT/DS48/AB/R，adopted 13 February 1998，para. 115. 载于 WTO 官方网站：www. wto. org。

③ Matthias Odsch, *Standard of Review in WTO Dispute Resolution*, Oxford University Press, 2003, p. 29.

然是一种完全不顾国际相互依存性日益增强的时代特征而故步自封的态度。诚然国家主权是一项国际法的重要原则，"尊重一国的基本主权及其领土完整对于任何国际进步都是至关重要的"①。但是，我们必须清醒地认识到那种不受任何限制的、绝对主权的观念显然已经与时代格格不入。

而形式主义者（formalist）的观点则偏向另一个极端，他们对主权采取了相当抽象的方法，试图把主权的抽象性与国家实践相比较。② 这种形式主义者的方法是一种非历史主义的方法，它忽略了主权形式是不断变化的事实。对他们来说，有没有主权似乎是无关大雅的事情。③ 因此，形式主义者往往得出民族国家崩溃、国家主权消亡的结论，④ 从而进一步主张，国际裁判机构不需要对所谓主权给予任何尊重。这种观点又陷入了另一个极端，完全无视国际社会仍然是以民族国家为基本主体的现实存在最终成为一种空说。

以比尔施泰克（Thomas Biersteker）为代表的建构主义者（constructionist）则强调新兴的政治共同体不能被包含在传统的主权观念中。他们与形式主义者相比较更加重视历史的敏感性，把主权看作一种社会建构。他们主张国家主权趋于消灭，需要重构一种新的权威来取代主权并认为全球性的政治共同体将超越国家主权。⑤ 可见建构主义者仍然局限于零和游戏的框架内。

结构主义者（Structuralist）则是从社会关系结构的重大变化的角度

---

① 可参阅 An Agenda for Peace‐Preventive Diplomacy, Peacemking, and Peace‐Keeping, Report of the Secretart‐General, UN Doc. A/47/277‐S/24111, PARA. 17（1992），UN Sales NO. E 95. 1. 15（1995）。转引自［美］约翰·H. 杰克逊《国家主权与 WTO——变化中的国际法基础》，社会科学文献出版社 2009 年版，第 77 页。

② 杨泽伟：《论全球化与国家主权的互动》，《淮阴师范学院学报》（哲学社会科学版）2004 年第 5 期。

③ Kanishka Jayasuriya, "Globalization, Law, and the Transformation of Sovereignty: the Emergence of Global Regulatory Governance", *Indiana Journal of Global Legal Studies*, Vol. 6, No. 2, 1999, p. 427.

④ 余民才：《国际法专论》，中信出版社 2003 年版，第 26 页。

⑤ Kanishka Jayasuriya, "Globalization, Law, and the Transformation of Sovereignty: the Emergence of Global Regulatory Governance", *Indiana Journal of Global Legal Studies*, Vol. 6, No. 2, 1999, pp. 427‐428.

来认识主权的形式变化。他们认为，在全球化背景下，主权既不是形式主义者所主张的消亡（erosion），也不是建构主义者所认可的解体（dissolution），而只是形式发生了根本变化，并以欧盟为例说明主权正在以符合时代发展的方向重建。① 这是一种必然的发展趋势。他们主张，国家主权原则为在特定情况下考虑国家敏感性和政策客观性的基础上给予国内的政策目标予以尊重提供了正当的理由（valid reson）。②

下面我们从契约和政策的角度来进行分析。

首先，从契约的角度来看，仅仅因为认识到国家主权的重要政策价值就认定WTO裁判机构应当给予成员方主管当局的裁决完全尊重的审查标准是不具有充分说服力的。

尽管有人在国际经济法的语境下有争议性地使用"宪法"这个术语，但是大家形成的共识仍然是：与国内法体系相比较世界贸易组织缺乏宪政性的框架。因此世界贸易组织是一个契约型的政府间法律体系，而不具备条约层面上的宪法性构架。③ 无论从其功能还是其被授予的权力来看，世界贸易组织的争端解决机制是不具备国内法上司法体系所应当必需的宪政架构背景。专家组和上诉机构所享有的是契约性的权力，他们只被要求机械地审查成员方的决定和措施是否与其在世界贸易组织框架下承担的义务相一致。在国内法体系中受到宪法原则所支持的规则解释方法在世界贸易组织的争端解决中是应当受到限制的。基于国内法上的分权制衡原则而在各国国内确立的审查标准与世界贸易组织争端解决中的审查标准是有差别的，不能轻易地将国内法上的审查标准的概念照搬到世界贸易组织当中来。因此，就国家主权本身而言并不能限制专家组对成员方的决定和措施做出是否与WTO协定相符的权力。实际上，

---

① Kanishka Jayasuriya, "Globalization, Law, and the Transformation of Sovereignty: the E-mergence of Global Regulatory Governance", *Indiana Journal of Global Legal Studies*, Vol. 6, No. 2, 1999, p. 428.

② Matthias Odsch, *Standard of Review in WTO Dispute Resolution*, Oxford University Press, 2003, p. 29.

③ Cass, Deborah Z, "The 'Constitutionalization' of International Trade Law: Judicial Norm-Generation as the Enging of constitutional Development in International Trade", *European Journal of International Law*, Vol. 12, No. 1, 2001, pp. 39-75.

在《日本含酒精饮料税收案》（以下简称《日本酒精饮料案 Ⅱ》）① 中专家组也旗帜鲜明地表达了 WTO 法是国际契约的观点。在对 GATT 第 3 条进行解释时，专家组指出："WTO 是一个条约，是契约的国际等同物（the international equivalent of a contract）。WTO 条约本身就证明了 WTO 成员方在行使其主权、追求其自己的国家利益时进行了讨价还价。他们之所以愿意在行使主权问题上遵守 WTO 协定中的承诺，其根本目的是为了换取他们期望从其他成员那儿得到的好处。"② 这就意味着为了确保争端的解决，有关条约解释的权力是被授予给 WTO 的争端解决机构而不是成员方。虽然 DSU 第 3 条第 2 款明确规定了无论是上诉机构还是专家组都不能基于司法能动（judicial activism）来增加或者减损成员方在 WTO 协定下的义务，但是这丝毫不能影响专家组在对成员方被指控偏离其 WTO 协定下的义务和承诺的行为进行细致审查的权力。因此，就 WTO 法的国际契约性质而言，国家主权并不能成为要求专家组给予成员方主管当局的决定和措施采取完全尊重审查标准的依据。

　　其次，从政策的角度来讲，在某些情况下国家主权与多边贸易体系的利益是相关的。③ 就世界贸易组织争端解决机制而言，他们的合法性还是来自于各成员方的授权，而且专家组和上诉机构报告能否最终被通过或接受还是要取决于该报告能否在不增加或减少成员方基于 WTO 协定的权利和义务的基础上，实现国际合作价值与国家主权价值之间的平衡。从本质上说，专家组的目标就是要在成员方维护自身主权利益和 WTO 法律适用之间找到平衡。特别是在国内政治敏感事务的案件中，专家组和上诉机构不应当依据政治和社会价值优先进行裁判。④ 杰克逊教授曾指出："并没有一个先验的理由可以说明，在每一个案件、在每

----

① *Japan-Taxes on Alcoholic Beverages*, WT/DS8/AB/R, WT/DS10/AB/R, WT/DS11/AB/R, adopted 1 November 1996, DSR 1996：I, p. 97. 载于 WTO 官方网站：www. wto. org。

② Appellate Body Report, *Japan-Taxes on Alcoholic Beverages*, WT/DS8/AB/R, WT/DS10/AB/R, WT/DS11/AB/R, adopted 1 November 1996, Part F. (p. 13)

③ Matthias Odsch, *Standard of Review in WTO Dispute Resolution*, Oxford University Press, 2003, p. 30.

④ Cottier, Thomas and Mavroidis, Petros C., "Concluding Remarks", in Cottier, Thomas and Mavroidis, Petros C (eds.), *The Role of Judge in International Trade Regulation：Experience and Lessons for the WTO*, The University of Michigan Press, 2003, p. 353.

一种情况下，都一定要把国际合作价值放到比国家主权价值优先的位置。"① 因此，在特定情形下，基于成员方主权价值的考量采取尊重性的审查标准也是合适的。

在笔者看来，专家组采用过于严格的审查标准有可能会不恰当侵害成员方的主权，并严重影响到多边贸易体系及其争端解决机制的稳定性。对于国内敏感性事务也许采用尊重性的审查标准是一个不错的选择。同时，同样重要的是，也应当准确把握专家组和上诉机构在提高 WTO 法的有效性以及它在国家贸易事务中的纪律性中所起到的主要角色作用。如果专家组在审查成员方主管当局的决定和措施时采用了不恰当地尊重性审查标准的话，也会使多边贸易规则处于十分危险的地步。

总之，强调国际合作价值的国际相互依存并不意味着"重新审查"是合适的审查标准，而强调国家主权价值的国家主权原则也不是"完全尊重"审查标准的依据。从平衡国际合作价值和国家主权价值的角度而言，尊重性的审查标准才是合适的，而尊重性审查标准的理性基础既来自于国家主权的必然要求，也是出于国际相互依存性的客观需要。

第二节　世界贸易组织裁判机构与世界贸易组织其他机构的权力分配

审查标准有关权力分配指示器的作用不仅体现在 WTO 裁判机构与成员方之间纵向的权力分配中，也体现在 WTO 体制内其他机构与其裁判机构的横向权力分配中。② 实际上世界贸易组织总理事会还设立了其他一些具有准司法性质的机构来对成员方的措施的一致性进行审查，甚至这些机构在管辖权上还优先于专家组。而 WTO 裁判机构与 WTO 其他

---

① Steven P. Croley & John H. Jackson, "WTO Dispute Procedures, Standard of Review, and Deference to National Governments", in E - U Petersmann (ed.), *International Trade Law and GATT/WTO Dispute Settlement System*, Kluwer Law International, 1997, p. 208.

② Matthias Odsch, *Standard of Review in WTO Dispute Resolution*, Oxford University Press, 2003, p. 33.

机构的权力分配是"横向的"。①

一　世界贸易组织的组织结构

现代国家大部分都在其国内法宪法体系中确立了权力分立与制衡体系，通常国内机构被分为三个分支：立法分支、行政分支和司法分支。但是，作为国际组织的世界贸易组织缺乏权力分配与制衡的宪法性传统。② 世界贸易组织是一个成员驱动并以协商一致为原则的国际经济组织。为了确保其各项目标的实现，人们创设了相应的组织机构来履行其应承担的职责。

WTO 的最高决策机构是部长级会议，它由 WTO 的全体成员组成定期召开会议。它借鉴了 GATT 的经验，它的性质、组成、议事和职权与GATT 的缔约方大会相似。WTO 部长级会议除继承了 GATT 缔约方大会的职权外，还对一系列新领域的多边贸易协定所规定的事项享有最高决策权，可通过谈判创立、修改 WTO 项下的各种法律规则，享有多边贸易体制下的最高决策权，实际上就是 WTO 的"立法机构"③。

在它之下还设立有总理事会。总事会是 WTO 的常设机构和执行机关，成员仍然包括所有的成员方全体，通常每年召开六次左右的会议。总理事会是在部长级会议休会期间，监督和指导 WTO 的工作，代为履行部长级会议的权力并处理 WTO 的重要紧急事务。它实际上是"一套人马、三块牌子"。除了总理事会这个名称外，它还有两个名字分别是贸易政策评审机构和争端解决机构，进行贸易政策审查和处理 WTO 的争端是这两个机构的职责。

在总理事会之下还设有三类分支机构。第一类分支机构是各分支理事会，涉及货物贸易、服务贸易和与贸易有关的知识产权三个领域，它

---

① John H. Jackson, *The World Trade Organization*：*Constitution and Jurisprudence*, London：Royal Institute of International Affair, 1998, p. 102.

② Cass, Deborah Z, "The 'Constitutionalization' of International Trade Law：Judicial Norm-Generation as the Enging of constitutional Development in International Trade", *European Journal of International Law*, Vol. 12, No. 1, 2001, pp. 39-75.

③ 黄东黎、杨国华：《世界贸易组织法：理论、条约、中国案例》，社会科学文献出版社2013 年版，第 83 页。

们负责履行各自的职责，并向总理事会报告。第二类分支机构由处理跨部门功能的委员会组成。第三类分支机构是在诸边贸易协定下建立起来有关机构。①

依据《WTO 协定》第 6 条的规定设立了总干事领导下的秘书处作为 WTO 的永久性工作组织。总干事由部长级会议任命。② 总干事根据部长级会议有关决定任命工作人员，并制定工作人员的职责和服务范围。③ WTO 秘书处为 WTO 的各种机构提供日常服务。秘书处为 WTO 的各种会议进行会务安排；应理事会和各委员会要求准备背景资料；出版秘书处各种文件。

在 WTO 组织机构框架内，由于没有像国内法上建立的完备的宪政体制，它的立法分支、行政分支和司法分支并未明确建立。虽然《WTO 协定》对 WTO 的决策机制做出了详细的规定，但是 WTO 各机构之间实际上发挥的是一种混合作用。④

部长级会议以及总理事会实际上就是 WTO 机构中的立法机构。但是它们是由全体成员方的代表组成并且采用正向协商一致的决策机制，所以不难理解要在数量众多⑤的成员之间就某项协定的解释和修订达成一致是一件非常麻烦而又困难的事情，从而表现出"立法机构"决策的低效率性，根本难以满足现实中对 WTO 协定进行解释和修订的需要。

WTO 的争端解决机构实际上仍然由全体成员方构成，当总理事会在履行争端解决职能时即成为了争端解决机构。争端解决机构虽然和总理事会一样都是由 WTO 全体成员方共同组成，但是，它拥有独立的主席并配备有工作人员，另外，还有自己独特的工作程序。它下设有专家组和上诉机构来负责具体处理成员方的贸易争端。虽然争端解决机构与

---

① 黄东黎、杨国华：《世界贸易组织法：理论、条约、中国案例》，社会科学文献出版社 2013 年版，第 83—84 页。

② 《WTO 协定》第 6.2 条。

③ 《WTO 协定》第 6.3 条。

④ Matthias Odsch, *Standard of Review in WTO Dispute Resolution*, Oxford University Press, 2003, p. 35.

⑤ 截至 2016 年 7 月 29 日，世界贸易组织的成员数量是 164 个。https：//www.wto.org/english/thewto_ e/whatis_ e/tif_ e/org6_ e. htm。最后访问时间：2018 年 12 月 18 日。

总理事会是"一套人马"，但是其实这反映了在 WTO 组织架构中在总理事会一级的权力分立模式。[1]当总理事会以争端解决机构的名义出现的时候，实际上就承担了 WTO 体系中的司法机构的职能。特别需要指出的是，WTO 的争端解决机构的决策机制与总理事会不同，它采取的是反向一致的原则，即除非争端解决机构一致决议不通过专家组和上诉机构的报告，否则报告就会被 DSB 通过并由争议各方无条件地接受。这意味着作为司法机构的 DSB 的工作效率要远远高于采取协商一致原则的立法机构——部长级会议及总理事会，表现出 WTO "司法机构"的"高效率性"。WTO 体系内"立法机构"的低效率性和"司法机构"的高效率性的现实状况，就会使得原本应该由部长级会议或总理事会对WTO 法律解释，则变成了由专家组和上诉机构在个案裁判的基础上进行，其结果是司法机构成为一个分立并且独立的机构。

对于行政分支而言，并没有一个机构被设立来行使行政权力。[2]秘书处既没有做出裁决或执行裁决的权力，也没有 WTO 规则的解释权。在 WTO 体系内也找不到其他机构能行使行政分支的权力。但是，WTO 体系中的多层级的特别机构实际上承担了行政机构的作用。而这些多层级的特别机构就有可能与 WTO 的裁判机构之间产生横向权力分配关系。[3]

二　WTO 的特别机构与 WTO 裁判机构的关系及权力分配

世界贸易组织理事会建立了许多特别机构，在特定情况下这些机构有权在专家组建立之前审查成员方的决定和措施是否与 WTO 适用协定相符，因此，这些机构也具有"准司法"的作用。目前在 WTO 内大约有 40 个理事会、委员会、支委会和其他的团体、工作小组，这些特别

---

① 赵维田：《世贸组织（WTO）的法律制度》，吉林人民出版社 2001 年版，第 35 页。

② Cass, Deborah Z, "The 'Constitutionalization' of International Trade Law: Judicial Norm-Generation as the Enging of constitutional Development in International Trade", *European Journal of International Law*, Vol. 12, No. 1, 2001, p. 55.

③ Matthias Odsch, *Standard of Review in WTO Dispute Resolution*, Oxford University Press, 2003, p. 36.

机构在某些情况下发挥了"准司法"机构的作用。在这些机构中如区域贸易协定委员会、收支平衡限制委员会和纺织品贸易监督委员会，它们在审查成员方相关领域的措施时也拥有相当大权力。但是这些机构并没有权力执行裁决，原则上它们的建议是没有约束力的。[①]

虽然从纯法律的角度来看，这些特别机构与 WTO 的裁判机构没有直接关系。因为 WTO 各个协定都明确规定了这些特别机构的裁决建议不得损害成员方基于 GATT1994 第 23 条第 2 款项下的权利以及依据 DSU 第 7 条所享有的请求成立专家组的权利。也就是说，这些特殊机构的审查行为并不是具有司法裁判性质的行为，他们其实是 WTO 体系内的政治组织。

但是，从政治的角度看，在 WTO 体系内这些特殊机构与 WTO 争端解决机构是同一层级的机构，它们之间是平行关系而非垂直关系。当 WTO 裁判机构在审查成员方的一项已经被这些特别机构审查过的决定或措施时，专家组就不可避免地也要审查这些特别机构的审查行为。这就必然涉及 WTO 体系内部各机构之间的权力平衡问题。问题是当 WTO 裁判机构进行此类审查时是采用尊重性的审查标准还是重新审查的审查标准呢？即 WTO 体系内的司法权力究竟应当由哪一个机构来掌控？是 DSB 还是其他特别机构？

一方面，专家组可以基于这些特别机构在 WTO 体系内承担与 WTO 裁判机构不同的职责的事实，而对这些特别机构的裁决建议给予一定程度的尊重。有学者就主张在专家组的职权与这些特别机构重叠时，专家组应该给予这些被贴了上"政治组织"的特别机构的裁决以尊重。[②] 基于区域贸易协定的特殊性，还有学者强调这些协定的政治维度使专家组和上诉机构不适合对其进行评判，因为作为 WTO 裁判机构，专家组不

---

① 吕微平：《WTO 争端解决机制的正当程序研究——以专家组证据规则和审查标准为视角》，法律出版社 2014 年版，第 164—165 页。

② Roessler Frieder, "The Institutional Between the Judical and the Political Organs of the WTO", in Marco Bronckers and Reinhard Quick (eds.), *New Directions in International Law*, Essays in Honour of John H. Jackson, Kluwer Law International, 2000, p. 326.

适合考虑政治因素。① 除了上述权力分配的考虑外，从实务的角度来看，也会可以找到专家组采用尊重性审查标准的理由。当专家组发现以WTO其他特别机构的裁决为基础做出评估更为便利时，特别是在收集相关事实有困难的情况下，在很大程度上尊重特别机构的裁决是一个更明智的做法。而且专家组对WTO特别机构调查结果的尊重，不但没有破坏法律的安全性、可预见性和公平性，反而可以把对成员方措施的相符性审查的权力牢牢控制在WTO体制内。

另一方面，专家组可以决定对特别机构的裁决不予以尊重，而重新进行审查。马弗鲁第斯（Petros C. Mavroids）指出，考虑到区域贸易委员会与争端解决机构之间的关系，谈判者清楚地知道区域贸易委员会并不适合对一项区域贸易协定进行有效而可信地审查，保证专家组和上诉机构有足够的授权去对区域贸易协定的相符性进行审查才是唯一可行的方式。② 艾勒曼也强调了专家组不应当给予政治机构以尊重。他在回顾了WTO体系中强司法机构与弱政治机构的张力关系之后，指出："改善强大的司法机构与较弱的政治机构之间的不平衡应当以加强WTO政治机构来达到目的，而不应当通过弱化司法机构来解决。"③

笔者赞同第二个观点，专家组不应采用给予WTO体系内其他机构（政治机构）的裁决以尊重的审查标准是更令人信服的。在WTO体系内，DSU清楚地规定了成员方可以向WTO裁判机构提出对其他成员方措施相一致性的申诉。这项权力并不因为WTO的其他特别机构事先的审查而归于无效。WTO裁判机构才是现行世界贸易组织框架下争端成员方之间的贸易争端的唯一合法机构。更为重要的是，在WTO组织结构不存在国内法律体系那样的权力分立和制衡的宪政体制。世界贸易组

---

① Matthias Odsch, *Standard of Review in WTO Dispute Resolution*, Oxford University Press, 2003, p. 39.

② Petros C. Mavroids, "Judicial Supremacy, Judicial Restraits, and the Issue of Consistency of Preferential Trade Agreement with the WTO: The Apple in the Picture", in Daniel L. M. Kennedy and James D. Southwick, *The Political Economy of International Trade Law*, Cambridge Univeristy Press, 2002, p. 597.

③ Claus-Dieter, Ehlermann, "Six Years on the Bench of the 'World Trade Court': Some Personal Experiences as Member of the Appellate Body of the World Trade Organization", *Journal of World Trade*, Vol. 36, No. 4, 2002, p. 634.

织内没有任何一个机构被授予行使行政权力。较弱的政治机构所采用的协商一致的决策方式使其在做有效决定方面能力有限，使得它们不具备解决原本由它更为合适管辖的事项的能力。因此，除非在 WTO 体系内加强和改进立法机构和行政机构的作用，否则专家组和上诉机构在审查 WTO 体系特别机构做出的裁决时可以不用给予尊重。

第四章　与审查标准相关的司法原理

审查标准问题作为世界贸易组织争端解决机制中的基础性法理问题，除了与权力分配相关，还有其他一些因素对其产生了重要的影响。本章将对与审查标准密切相关的概念进行分析，以探寻世界贸易组织争端解决中的审查标准的基本原理。本章共分为四个部分：第一部分讨论司法克制和司法能动对审查标准的影响并分析合理的审查标准的"度"在何处；第二部分解析法律解释与审查标准的关系；第三部分是有关比例原则在 WTO 审查标准适用上的作用的讨论；第四部分从善意原则的角度来展开对审查标准的分析。

第一节　司法克制与司法能动

一　国内法中的司法克制与司法能动

无论是大陆法系还是英美法系，司法能动和司法克制都是法官释法的意识形态。通常来说，司法克制强调法官在整个司法过程当中忠实地执行法律的意志，不能够将法官个人的倾向和看法掺入到司法的过程中，而"法官和法院不得拒绝当事人的诉讼"这一法律谚语为司法能动设定了基本依据，强调法官的职责就是尽量为各种社会争端提供司法救济，为了解决这些争端要求法官充分发挥其主观能动性，去实现社会正义。① 可见，司法克制主义和司法能动主义都是对法官在适用法律解释法律纠纷时的权力运用进行指导的哲学方法论，两者之间没有质的差别，而只有量的区分。

----

① 张榕：《司法克制下的司法能动》，《现代法学》2008 年第 2 期。

对于英美法系和大陆法系来说，究竟是司法克制主义还是司法能动主义更适合司法的性质，这是一个一直在争论而没有很好解决的问题。在美国就经历了由司法克制主义向司法能动主义转向的过程。在美国建国的早期就存在遵循司法克制主义对宪法和法律进行解释的共识①，对于宪法的解释态度上更是如此。"宪法解释时，首先要审查其用语的通常含义，然后再通过上下文的解释方法来进行解释。"② 而到了 19 世纪末期，为了满足新时代的新要求，美国联邦最高法院对于宪法解释的态度发生了变化，从以往的限制性解释方法开始向扩张性解释转变，并极力主张应当要依据新的情况对宪法的含义做出"与时俱进"的解释。特别是在 1954 年"Brown V. Board of Education of Topeka"一案中，联邦最高法院的扩张性解释更是得到了社会公众的广泛认可，司法能动主义遂成为美国司法的主流意识形态。

在大陆法系，有着悠久的成文法传统，在哲学思想上的理性主义长期占据主导地位。在理性主义观念中，法官不需要有任何的司法能动。他们的任务就是机械地适用法律，以便解决纠纷，绝对没有司法能动的空间。法国人顽固地认为，司法机构不应被授予审查制定法是否符合所谓的高级法之权力。③ 因此，自大革命以来，反司法审查的态度一直为法国人坚持着。孟德斯鸠将法官描述为"一些呆板的人物"，其唯一职责就应该是不加思考、机械自动和无创造性地贯彻民众立法机构的最高意志。而《法国民法典》第 5 条更是用清晰的立法语言表明，禁止法官造法。这一观念从此就代表了法国以及（通过法国影响）欧洲大陆其他国家政治和宪法哲学的基本原则直至 20 世纪。④ 然而，随着人们思想观念的转变和科学技术的高速发展，人们越来越认识到赋予法官造法能

① 王国龙：《论社会和谐与司法克制主义——以法律解释为视角》，《山东社会科学》2007 年第 10 期。

② 克里斯托夫·沃尔夫：《司法能动主义——自由的保障还是安全的威胁》，黄金荣译，中国政法大学出版社 2004 年版，第 15 页。

③ Engel, "Judicial Review and Political Preview of Legislation in Post-War France", *International American Law Review*, Vol. 6, No. 1, 1965, pp. 53-72.

④ ［意］莫诺·卡佩莱蒂：《比较法视野中的司法程序》，徐昕、王奕译，清华大学出版社 2005 年版，第 154 页。

力的必要性。在 1959 年的"顾问工程师总工会案"中法国最高行政法院确定了行政立法应接受司法审查。1975 年法国最高法院更是在"海关署诉雅克·瓦布尔咖啡公司案中"宣布一部正式颁布的法国法律，若颁布于欧洲经济共同体的法律之后并与之相抵触，法国法官应当拒绝适用这一法律。奥地利、德国和意大利的国家宪法法院也都大胆地介入了立法的合宪法问题的讨论当中。"在人类历史长河中有可能是第一次，当面对涉及社会、道德、政治和宗教事项的重大而有争议的问题时，各国的法官大胆地裁决：在宪法界限不明的部分（penumbrae）探求对此类事项的价值判断和指南，正是他们的职责。"[①] 大陆法系不再把法官造法当作什么奇怪的事情，于是法官法得以长足地发展并逐渐成为了大陆法系法律渊源之一。[②]

就如克里斯托夫·沃尔夫所指出的那样，"司法能动主义强调实现正义是法官的终极追求，为完成这一使命，要减少对于司法权限制；相反，司法克制主义则更加主张对司法权施加限制"[③]。可见，司法能动主义和司法克制主义主要差别在对司法权限制的尺度，也就是法官在适用法律解决纠纷时所享有的自由裁量权的大小问题。

二　GATT/WTO 体制下的司法克制对审查标准的影响

一般来说，"司法克制"有广义和狭义之分。广义的司法克制强调的是要避免司法手段的使用，而狭义的司法克制是指法官或司法机关在处理纠纷的过程中严格遵守法律规则和法律条文的含义，采用限制自身对法律的解释权的方法来限制自身自由裁量权的一种司法理念。从性质上来讲，"司法克制"是一项权利，如何保持"司法克制"取决于司法机关的态度和个案处理中的实际需要。[④] 但是如果司法机关过分强调

---

① ［意］莫诺·卡佩莱蒂：《比较法视野中的司法程序》，徐昕、王奕译，清华大学出版社 2005 年版，第 221 页。

② 张榕：《司法克制下的司法能动》，《现代法学》2008 年第 2 期。

③ 克里斯托夫·沃尔夫：《司法能动主义——自由的保障还是安全的威胁》，黄金荣译，中国政法大学出版社 2004 年版，第 2 页。

④ 朱广东：《WTO 争端解决中的司法克制及其对我国的启示》，《法律科学》2007 年第 1 期。

"司法克制"会有忽视实质正义的嫌疑,有可能产生消极的乃至相反的影响。

在 GATT/WTO 体制下,专家组和上诉机构秉持"司法克制"的理念对其适用的审查标准产生了极大的影响。具体而言,专家组和上诉机构主要是通过自我限制对规则的解释权的方式来发展尊重性的审查标准。

在 1951 年的《美国根据 GATT1947 第 19 条撤关税减让案》(以下简称《美国皮帽案》)① 中,在司法克制思想的指导下,工作组没有对美国主管当局关于事实的调查结论进行重新审查而采取了尊重性的态度给予了足够的尊重。工作组指出,"除非政府对事实的评估明显不合理,否则,工作组就应当对其关于事实的调查结论予以尊重"②。而对于如何判断"明显不合理"的标准,工作组并没有在报告中明确地进行说明而是采取了一种委婉的态度,提出了一个比较模糊的概念——用"善意"来判断主管当局所做的评估。③ 而"善意"原本就是一个很难讲清的东西,具有极大的不确定性,实际上这就为司法克制留下了自由空间。④

在《美国对进口的新鲜和冷冻大西洋鲑鱼征收反倾销税案》(以下简称《美国鲑鱼反倾销税案》)⑤ 中,专家组在对于构成实质性损害问题的分析时所采用的审查标准也有着浓厚的司法克制的味道。专家组指出他们工作的重要方面要审查国内主管当局是否已经调查了其所得到的

---

① *The Withdrawal by the United States of a Tariff Concession under Article* XIX *of the General Agreement on Tariffs and Trade*, 27 March 1951, CP/106. 载于 WTO 官方网站:www. wto. org。

② *Report on the Withdrawal by the United States of a Tariff Concession under Article* XIX *of the General Agreement on Tariffs and Trade*, 27 March 1951, CP/106, para. 48. 载于 WTO 官方网站:www. wto. org。

③ *Report on the Withdrawal by the United States of a Tariff Concession under Article* XIX *of the General Agreement on Tariffs and Trade*, 27 March 1951, CP/106, para. 48. 载于 WTO 官方网站:www. wto. org。

④ 朱广东:《WTO 争端解决中的司法克制及其对我国的启示》,《法律科学》2007 年第 1 期。

⑤ United States- *Imposition of Anti-dumping duties on Imports of Fresh and Chilled Atlantic Salmon from Norway*, Report of the Panel adopted by the Committee on Anti-Dumping Practices on 27 April 1994 (ADP/87). 载于 WTO 官方网站:www. wto. org。

所有有关的事实（包括那些可能导致否定认定的事实）和审查是否调查当局已就这些事实怎样支持其认定做了合理的解释，以满足"客观审查"的要求。① 也就是说，专家组对调查当局的审查只看重是否对事实进行了全面调查以及调查当局对这种事实的考虑是否符合合理原则。在本案中专家组主席在给挪威政府代表的回信中说："专家组认为对于这些事实应当给予何种程度的考虑是美国国际贸易委员会的事，由专家组来判断是不合适的。"② 这也充分显示了专家组在司法克制思想的指引下的基本思路——在事实认定上给予国内主管当局以尊重。

关贸总协定时期，还有一个案件是专家组对于司法克制思想运用的经典，那就是 1994 年"《美国限制金枪鱼进口案》"③。对专家组审查的尺度和标准问题，在该案中专家组这样说道：所谓解释"必要"的合理性"不是要审查政府做什么才是合理的，而是要看合理的政府将会以及能怎么做"④。在此情形下，专家组不能用自己的判断代替缔约方政府的判断。然后专家组明确地提出"合理性标准非常接近国际法中的诚信标准"，而且这个标准以不同的术语在许多缔约方国内法中有规定。因此对缔约方政府行为的审查标准不会导致对该行为的全面审查（wholesale second-guessing）。⑤

需要指出的是，没有任何一个条文将在争端解决中保持"司法克制"规定为专家组的义务，也许将"司法克制"看作专家组的一项权利更为合适。因为这意味着专家组既可以行使该项权利和可以放弃该项

① United States- *Imposition of Anti-dumping duties on Imports of Fresh and Chilled Atlantic Salmon from Norway*, Report of the Panel adopted by the Committee on Anti-Dumping Practices on 27 April 1994 （ADP/87）para. 492. 载于 WTO 官方网站：www. wto. org。

② United States- *Imposition of Anti-dumping duties on Imports of Fresh and Chilled Atlantic Salmon from Norway*, Report of the Panel adopted by the Committee on Anti-Dumping Practices on 27 April 1994 （ADP/87）para. 494. 载于 WTO 官方网站：www. wto. org。

③ United States - *Restrictions on Imports of Tuna*, Report of the Panel, GATT Doc. DS29/R （1994）. 载于 WTO 官方网站：www. wto. org。

④ 朱广东：《WTO 争端解决中的司法克制及其对我国的启示》，《法律科学》2007 年第 1 期。

⑤ United States - *Restrictions on Imports of Tuna*, Report of the Panel, GATT Doc. DS29/R （1994），para. 3. 73. 载于 WTO 官方网站：www. wto. org。

权利。实际上，在 GATT 的争端解决实践中，工作组/专家组并不是在所有的案件中都采用了司法克制的态度，在一系列反倾销案件中，争端解决机构都放弃了司法克制的做法，而采用了较为严格的审查标准。

可见，"司法克制"的理性对于 WTO 争端解决机制的意义而言，其实就是鼓励并倡导尊重性的审查标准。① 在 GATT 时期并没有关于审查标准的规定，工作组/专家组在处理争端的过程中也尽量去回避确立普遍性的审查标准。但是乌拉圭回合谈判之后，倡导尊重性审查标准的观念开始有所松动。首先是一条适用于反倾销案件的审查标准被写入了《反倾销协议》，其次是专家组和上诉机构在解决争端的过程中明确了适用于反倾销案件之外的其他争端解决中的审查标准——"客观评估"。

一般认为，《反倾销协议》第 17 条第 6 款规定的审查标准是一个尊重性的审查标准。第 17 条第 6 款第 2 项通过假定存在一种以上的可允许的解释也排除了重新审查的做法。也就是说，它要求专家组应当继续坚持司法克制的理念，只要成员方主管当局的措施属于可允许的范围，专家组应当尊重成员方对事实的调查认定。按照第 17 条第 6 款第 2 项的第一句话，解释国际公法的习惯规则是用来约束专家组如何解释《反倾销协议》，而通常认为《维也纳条约法公约》（Vienna Convention on the Law of Treaties 1969，以下简称《VCLT》）第 31 条和第 32 条就是这些习惯规则。有意思的是，按照上述解释国际公法的习惯规则往往鼓励对条约作出的可允许解释只能有一个，也就是说适用《VCLT》的解释规则不大可能出现两种以上可允许解释的情形，从而使得《反倾销协议》第 17 条第 6 款第 2 项无法得以真正适用。实践中，专家组或上诉机构从没有首先适用《VCLT》发现多种可允许的解释，然后以国内裁定符合其中一种解释为由而予以支持。②

上诉机构在《欧共体荷尔蒙案》中，明确指出 DSU 第 11 条的规定与审查标准问题直接相关。根据 DSU 第 11 条的规定，要求专家组对提交给他的事项（matter）进行客观评估，以确定主管当局的措施是否与

---

① 朱广东：《WTO 争端解决中的"司法克制"及其理性启示》，《国际经济法学刊》2005 年第 2 期。

② 贺艳：《WTO 反倾销法中的审查标准问题探究》，《国际经济法学刊》2005 年第 3 期。

其承担 WTO 协议中的义务相符。可见，DSU 第 11 条确立的一个综合性的审查标准。它要求对事项进行客观评估，既是对事实问题也是对法律问题的审查标准的概括，这个标准就是"客观评估标准"。该标准既不完全秉持司法克制的理念全盘接受成员方主管当局的裁定和结论，也不是完全不给予成员方主管当局以尊重去做重新审查，而是对事实进行客观评估。而且，专家组和上诉机构通过案例阐述的"客观评估标准"已经为各方所接受，并对国际实践产生了重要的影响，逐渐具有习惯规则的效力。①

由此可知，司法克制理念是 WTO 裁判机构在解决争端过程中选择适当的审查标准的基本哲学方法。以"司法克制"为指导可以尽可能避免与成员方主权发生冲突，从而有利于专家组和上诉机构报告的执行，从而有效地将成员方采取单报复措施的可能性降到比较低的水平。因此，WTO 裁判机构遵循适度的"司法克制"是十分必要的，保持"司法克制"是有效解决争端的"重要缓冲"。②

三　对司法能动的一般认识

司法能动主义一词发端于美国。然而，对于什么是司法能动主义，美国学者的理解至今仍没有统一的意见。

在著名的《布莱克法律词典》中是这样来解释司法能动主义的。司法能动主义是指："一种司法造法的哲学，它允许法官在公共政策问题上有自由裁量权，在其他方面也引导他们做出裁决。该哲学思想倾向于本质上违背并忽视先例。"③ 可见，它是司法解释的一种价值取向意味着司法机关更加看重实质正义，是司法机关在进行司法解释不墨守陈

---

① 高建学、刘茂勇：《世界贸易组织争端解决机制中专家组判案的审查标准》，载沈四宝主编《国际商法论丛》第 5 卷，法律出版社 2003 年版，第 306 页。

② 朱广东：《WTO 争端解决中的"司法克制"及其理性启示》，《国际经济法学刊》2005 年第 2 期。

③ Bryan A. Garner, *Black Law's Dictionary* (8ᵗʰ Edition), West Publishing Co. 2004, p. 2473. "A philosophy of judicial decision‑making whereby judges allow their personal views about public policy, among other factors, to guide their decisions, usu. with the suggestion that adherents of this philosophy tend to find constitutional violations and are willing to ignore precedent."

规、突破先例的限制的司法哲学。它的目的是追求实质正义，不再拘泥于成文法或先例。所以可以说司法能动主义就等同于由法院通过解释来创造新的法律或者补充法律的不足。①

在美国，有的学者根据司法能动者的行为特征来界定司法能动主义。如波斯纳（Posner）就认为所谓司法能动就是不死扣法律条文，而利用解释的方法追求偏离条文的意思。② 而也有学者是通过对司法审查历史的考察来认识司法能动主义。如克里斯托夫·沃尔夫则认为司法能动主义就是"在宪法案件中由法院行使司法'立法'权"③。可见，美国学者是在中性的立场使用"司法能动主义"这一术语，用以表明法官和司法机关在解决争端过程中的司法造法，即通过司法手段制定政策的一种司法哲学及其现象。

四　WTO 体制下的司法能动

当我们把目光转移到 WTO 体制下关于司法能动主义的讨论时，就会发现人们更多的是从贬义的角度使用"司法能动主义"这一术语来强调 WTO 裁判机构通过司法能动为 WTO 成员方创设了新的权利和义务，从而破坏了成员方之间经由复杂谈判所达成的精巧平衡。指责 WTO 司法能动主义的学者认为，在 WTO 体制下，其裁判机构（专家组和上诉机构）不能造法，因为缺乏像美国宪法意义上的制衡机制。④ WTO 实体规范上的模糊性是协商一致制定协定的外交所必需的，虽然这为司法能动主义预留了广泛的空间，但是，不恰当地司法能动主义会损害成员方对 WTO 体制的忠诚并危及成员方对自由贸易的进一步支持。⑤ 杰克逊教授更是

---

① 程红星：《WTO 争端解决中的司法能动主义》，《国际经济法学刊》2005 年第 2 期。

② Posner Reichard, *The Federal Courts*: *Challenge and Reform*, Havard Univeristy Press, 1986, p. 320.

③ 克里斯托夫·沃尔夫：《司法能动主义——自由的保障还是安全的威胁》，黄金荣译，中国政法大学出版社 2004 年版，第 2 页。

④ John Ragosta, Navin Joneja, Mikhail Zeldovich, "WTO Dispute Settlement: The System is Flawed and Must be Fixed", *The International Lawyer*, Vol. 37, No. 3, 2003, p. 705.

⑤ Daniel K. Tarullo, "The Hidden Costs of International Dispute Settlement: WTO Reivew of Domesic Anti-dumping Decisions", *Law and Policy in International Business*, Vol. 34, No. 1, 2002, p. 109.

警示道，"在 WTO 体制下存在外交过分倚重争端解决体系来纠正乌拉圭回合文本中的模糊和缺漏的倾向，这是一种宪政危机"。①

而主张 WTO 体制下专家组和上诉机构应当积极适用司法能动主义的学者则认为，WTO 争端解决中的司法能动主义有利于国际贸易争端的及时解决，有利于维持国际贸易秩序的稳定性。面对日益凸显的社会问题和 WTO 协定的"模糊"或"缺漏"以及 WTO 行政决策机制的低效率，WTO 裁判机构必然要在适用 WTO 协议时进行"澄清"或"填补"。②

其实任何一个法律体系都存在不完善的情形，这是司法造法产生的主要原因。③ 笔者认为，WTO 争端解决机制的司法属性决定了在 WTO 法中不能机械地、绝对地反对司法能动的正当性，这有可能造成 WTO 争端解决实践中的过多的"法律空白"的存在，进行造成很多争端由于缺乏可依据的规则或法律而无法得以解决。只有法律形式主义才会极端地反对司法能动，而那本身就是不值得提倡的做法。另外，WTO 裁判机构应当牢记在适用司法能动时不能走得太远，不能侵犯属于全体成员方的立法权，这种司法能力的范围被 DSU 第 3 条第 2 款所限制。

学者们对 WTO 中的司法能动的责难不是 WTO 争端解决中能不能够有司法能动的问题，而是 WTO 裁判机构的解释权到底有多大以及司法能动的程度有多大。世界贸易规则的不完善和不清晰、WTO 法律体系的迅速发展、WTO 部长级会议和总理事会决策机制的低效率都为 WTO 司法能动主义提供了必要性和现实性。

因此，笔者认为 WTO 争端解决机制下的司法能动主义是指专家组和上诉机构在审理具体案件的过程中，为了多边贸易体制的妥当性，超越自身的司法权限，超出 WTO 法律文本对 WTO 条文进行扩张性解释的

---

① John H. Jackson, "Dispute Settlement and the WTO：Emerging Problems", *Journal of International Economic Law*, Vol. 1, No. 3, 1998, p. 329.

② Simon N. Lester, "WTO Panel and Appellate Body Interpretation of the WTO Agreement in US Law", *Journal of World Trade*, Vol. 35, No. 1, 2001, p. 528. 转引自徐昕、张磊《WTO 争端解决机制的法理》，上海三联书店 2011 年版，第 257 页。

③ 赵维田：《WTO 的司法机制》，上海人民出版社 2004 年版，第 2 页。

司法哲学。它既有着其必然性和现实性也有着局限性，重要的问题是如何把握一个"度"的问题。当 WTO 裁判机构秉持司法能动主义的态度对成员方主管当局的决定和措施进行审查时，通常倾向于采用更为严格的审查标准，而把对于 WTO 协定的解释权牢牢地抓在 WTO 裁判机构手中。

第二节　条约解释

一　WTO 条约解释的基本原理

在 WTO 争端解决过程中，与审查标准问题联系的最紧密的是法律解释。条约解释是指条约解释主体按一定的规则和方法对一个条约的具体规定的正确意义的剖析明白。[①] 传统国际法对条约的法律解释已经有了比较统一的观点。条约是由缔约方共同合意而产生的，因此按照"谁制定法律谁就有权解释"原则，条约的解释应当归全体缔约方或经其授权的机构。在 WTO 法律体系中，作为立法和决策机构的总理事会和部长级会议享有条约解释的专有权力。[②] 因此，它们关于 WTO 法律的解释称为"立法解释"。[③] 但是按照 DSU 第 3 条第 2 款，DSB 的任务是"按照国际公法的习惯规则澄清"WTO 协定的内容。"澄清"一词，就是指的对适用协定进行解释。由此可见，DSU 实际上把对 WTO 协定的解释权交给了争端解决机构。这种解释权是通过专家组和上诉机构在具体案件的审理过程中来行使。因而有学者把它称为"司法解释"。[④]

但是，DSU 并没有规定"解释国际公法的习惯规则"具体是什么，实践中专家组和上诉机构逐步解决了这一问题。在《美国精炼汽油案》

---

① 李浩培：《条约法概论》，法律出版社 2003 年版，第 334 页。

② 《WTO 协定》第 9.2 条。

③ 张东平：《WTO 司法解释论》，厦门大学出版社 2005 年版，第 37 页。

④ 同上书，第 41—42 页。

中上诉机构清楚地指出："《VCLT》第31条第1款的规定①已经得到所有当事方及第三方的信赖，具有一般国际法或国际习惯的性质，构成了'解释国际公法的习惯规则'的一部分。"② 在《日本酒精饮料案Ⅱ》中上诉机构又把《VCLT》第32条所规定的补充性解释规则也纳入到DSU第3条第2款规定的"国际公法解释的习惯规则"中。③ 现在一般认为，《VCLT》第31条和第32条所规定的条约解释规则就是DSU第3条第2款中所说的"国际公法的习惯解释规则"。

二　WTO条约解释的具体规则

（一）善意原则

善意原则是条约解释的基本原则，善意解释是其中的一个首要构成因素，同时，只有进行了善意的解释才有可能善意地履行条约。因此，它不仅仅是条约解释的基本原则，也是条约必须遵守原则的基本要求。④ 善意解释原则有着其古老的来源，那就是"约定必须遵守"。

善意解释的最低要求就是要按照解释国际公法的习惯规则进行解释。⑤ 上诉机构在《美国对某些虾及虾制品的进口限制案》（以下简称《美国海龟海虾案》)⑥ 中批评专家组没有遵循DSU第3条第2款规定的，没有适用第31条第32条规定的条约解释的所有步骤。⑦ 专家组既没有认真分析GATT第20条引言之后所列举的（a）到（j）款中的具

---

① 该条的内容是"条约应依其用语按其上下文并照条约之目的及宗旨所具有之通常意义，善意解释之"。

② Appellate Body, *United States—Standards for Reformulated and Conventional Gasoline*, WT/DS2/AB/R, adopted 20 May 1996, p. 17. 载于WTO官方网站：www. wto. org。

③ Appellate Body Report, *Japan—Taxes on Alcoholic Beverages*, WT/DS8/AB/R, WT/DS10/AB/R, WT/DS11/AB/R, adopted 1 November 1996, pp. 10–12.

④ 朱文奇：《国际条约法》，中国人民大学出版社2008年版，第239页。

⑤ 张东平：《WTO司法解释论》，厦门大学出版社2005年版，第45页。

⑥ *Import Prohibition of Certain Shrimp and Shrimp Products*, WT/DS58/AB/R, adopted 6 November 1998, DSR 1998：Ⅶ, p. 2755. 载于WTO官方网站：www. wto. org。

⑦ Appellate Body Report, *Import Prohibition of Certain Shrimp and Shrimp Products*, WT/DS58/AB/R, adopted 6 November 1998, para. 114.

体例外，也没有审查第 20 条引言的目的与宗旨，反而错误地去向整个 GATT1994 和 WTO 的总目的和宗旨寻求帮助。于是专家组得出了一个很宽泛的错误的结论。① 因此，完全脱离对条约约文进行具体解释，而打算仅以所谓"善意原则"来进行解释，这本身就是对善意原则的违背。

善意解释要求尊重约文本身，遵循有效性原则。"宁使条款有效而不使其失去意义"这一法律格言，从罗马法时代开始就是支配条约解释的一个原则，引入国际法后仍然构成条约解释的基本原则。② 上诉机构在《日本酒精饮料案Ⅱ》中强调条约约文解释是对条约进行解释时必须考虑的首要根据。③ 在《印度专利案（美国）》④ 中，上诉机构推翻了专家组将"合法期望"纳入善意解释的范围内的观点。他指出，保护"合法期望"不是 GATT 实践中用于条约解释的原则。在引用了 DSU 第 3 条第 2 款和第 19 条第 2 款后，上诉机构进一步指出解释条约的过程不应当在条约中加入不存在的术语或者引入并未想要的概念。⑤ 上诉机构在后来众多案件中也都强调了条约的每个用语和条款都有其自身的意义，条约解释的结果一定不能使条约的某个段落或用语归于无效。

（二）约文解释

这是条约解释的基本方法。条约解释的中心环节是就要审查和说明条约的约文究竟是什么含义，其核心是阐明条约用语的自然和通常意义，如果没有明确相反的意思表示，必须假定这种通常意义最可能反映当事各方的真实意图。⑥

在争端解决过程中，约文解释的方法一直被专家组严格遵守。《牛

---

① Appellate Body Report, *Import Prohibition of Certain Shrimp and Shrimp Products*, WT/DS58/AB/R, adopted 6 November 1998, para. 116.

② 朱文奇：《国际条约法》，中国人民大学出版社 2008 年版，第 240 页。

③ Appellate Body Report, *Japan-Taxes on Alcoholic Beverages*, WT/DS8/AB/R, WT/DS10/AB/R, WT/DS11/AB/R, adopted 1 November 1996, para. 11.

④ *India-Patent Protection for Pharmaceutical and Agricultural Chemical Products*, WT/DS50/AB/R, adopted 16 January 1998, DSR 1998：I, p. 9.

⑤ Appellate Body Report, *India-Patent Protection for Pharmaceutical and Agricultural Chemical Products*, WT/DS50/AB/R, adopted 16 January 1998, para. 45.

⑥ 朱文奇：《国际条约法》，中国人民大学出版社 2008 年版，第 241 页。

津英语词典》已经成为上诉机构在几乎所有案件中都会使用的工具，以此来作为确定 WTO 规则解释的参考。在《欧共体荷尔蒙案》中，专家组在确定"风险评估"一词的含义时把它与"风险管理"进行了区别。但是这一观点被上诉机构推翻了。上诉机构认为《SPS 协议》第 5 条和附件 A 中只有"风险评估"一词，并没有"风险管理"，专家组的做法是没有条文依据。[①] 但是上诉机构也曾指出，词典意义并不能解释所有需要解释的问题，[②] 因而必须要到字典意义之外去寻求帮助。这是因为字典的含义通常是一般或抽象意义上的，因此解释者应当结合具体情况，还要去探寻约文用语的通常意义。

（三）条约的上下文——基于语境的考虑

条约的用语总是有其特定的语境，因此，条约用的通常含义既不是通过纯粹的语法分析得出的，也不是抽象地予以确定的。这就需要在条约的上下文中，把条约的规定视为一个整体进行系统的解释。按照《VCLT》的规定，上下文包括条约的序言、正文和附件。除此之外，上下文还应当包括全体当事国之间订立的与缔结条约有关的协定以及一个或某些当事国所作与缔结条约有关，并为其他当事国所接受的解释性声明。[③]

（四）条约的目的和宗旨

作为约文解释的补充方法，《VCLT》还将目的和宗旨解释方法写入了条约，认为条约用语的通常意义被确定时，除根据上下文外，条约的宗旨和目的也必须要予以考虑。这里的"目的和宗旨"不仅体现在特定条款中，更多的是将条约视为整体的目的和宗旨。[④] 在《欧共体冷冻无骨鸡块关税分类案》（以下简称《欧共体鸡块案》）[⑤] 中，欧共体对专家组关于"目的和宗旨"的推理和结论提出了上诉。欧共体认为专家组仅考虑了《WTO 协定》和《GATT1994》中的"目的和宗旨"，而

---

①　陈欣：《WTO 争端解决中的法律解释》，北京大学出版社 2010 年版，第 11 页。

②　Appellate Body Report, *Canada - Measures Affecting the Export of Civilian Aircraft*, WT/DS70/AB/R, adopted 20 August 1999, para. 153.

③　朱文奇：《国际条约法》，中国人民大学出版社 2008 年版，第 241 页。

④　陈欣：《WTO 争端解决中的法律解释》，北京大学出版社 2010 年版，第 16 页。

⑤　*European Communities - Customs Classification of Frozen Boneless Chicken Cuts*, WT/DS269/AB/R, WT/DS286/AB/R, adopted 27 September 2005, and Corr. 1, DSR 2005：XIX, p. 9157.

没有考虑条约相关款的"目的和宗旨"的做法是错误的。^① 上诉机构指出，《VCLT》第 31 条第 1 款中术语"目的和宗旨"之前的一个词语"它"（it）的使用表明该术语指条约整体；假如词语"它们"在术语"目的和宗旨"之前，那么复数的使用就表明指特定的"条约条款"。所以，这里是把条约整体作为解释的出发点。^② 接着上诉机构又反问到"我们不理解为什么要将条约的目的和宗旨与条约特定条款的目的和宗旨分开来"？^③ 在他们看来，某一个条约的条款的目的和宗旨与整个条约的目的与宗旨是一脉相承的，因为其是整个条约的一个组成部分。

（五）嗣后惯例

《VCLT》第 31.3 条（b）规定了在条约解释时应当考虑嗣后惯例（subsequent practice）的作用。事实上各缔约方在签署条约都会有各自的履行条约的实践，他们为人们解释条约提供了非常有益的信息。进行条约解释时考虑适用某一条约的嗣后惯例是非常关键的环节，因为它可以被用作证明某当事方对该条约确切含义的理解。^④ 上诉机构在一系列案件中都强调了嗣后惯例在 WTO 条约解释中的作用。上诉机构在《日本酒精饮料案Ⅱ》中指出，嗣后惯例必须是条约当事方对于条约具体条约进行解释的意思表示一致。因此，可以将孤立的行为排除在嗣后惯例之外。^⑤ 在《美国赌博案》^⑥ 中，上诉机构提出了"嗣后惯例"的确定包含两个因素，即"必须存在共同的、一致的、可辨别的行为或者声明，并且这些行为者声明必须表明对相关条款解释的合意"^⑦。可见，

---

① Appellate Body Report, *European Communities - Customs Classification of Frozen Boneless Chicken Cuts*, WT/DS269/AB/R, WT/DS286/AB/R, adopted 27 September 2005, and Corr. 1, para. 237.

② Ibid. .

③ Ibid. .

④ Ibid. , p. 255.

⑤ Appellate Body Report, *Japan-Taxes on Alcoholic Beverages*, WT/DS8/AB/R, WT/DS10/AB/R, WT/DS11/AB/R, adopted 1 November 1996, para. 11.

⑥ *United States-Measures Affecting the Cross-Border Supply of Gambling and Betting Services*, WT/DS285/AB/R, adopted 20 April 2005, DSR 2005：Ⅻ, p. 5663.

⑦ Appellate Body Report, *United States-Measures Affecting the Cross-Border Supply of Gambling and Betting Services*, WT/DS285/AB/R, adopted 20 April 2005, para. 192.

对于嗣后惯例的实践中要解决的问题是"共同"和"协调"的做法是否"必然意味着所有 WTO 成员方必须参加某一特定做法以求其构成'嗣后惯例'以及未参与惯例的缔约方的合意如何确定"？① 对于前一个问题，国际法委员会（ILC）认为措施"成员方的理解"必然意味着"成员方全体"②；对于后一个问题，国际法委员会认为产生的问题是能否从成员方对某做法的反应缺失推定成员方关于条款解释的合意。上诉机构强调，通常情况下，合意可以从条约当事方的肯定性反应中推断出来。但是对于专家组在没有进一步询问未参与惯例的缔约方的情况下就推断存在合意的做法表示了反对。③ 可见，沉默并不当然成为推定存在合意的意思表示。

（六）条约的缔结背景——解释的补充资料

如果条约用语清晰或者根据上下文可以确定其含义就不再诉诸其他解释手段。但是在运用上述解释方法后，条约用语的含义依然模糊或晦涩难解，或者采用上述解释方法得出的结论显然不合理或荒谬，此时就可以考虑将条约的缔结背景等作为补充解释资料。④ 在《印度数量限制案》⑤ 中上诉机构就赞同了专家组的观点，认为只要"运用第 31 条进行解释后，意思既不会暧昧不清，又没有含糊其辞，更没有导致出现一种明显荒诞或不合理的结果。在确定术语的含义时，就不需要考虑反映于谈判历史中的准备工作"。在《美国赌博案》中上诉机构也表示由于会导致"荒谬的结果"，对辅助性解释材料，例如准备性文件使用是合适的。⑥ 这

---

① Panel Report, *European Communities-Customs Classification of Frozen Boneless Chicken Cuts*, *Complaint by Brazil*, WT/DS269/R, adopted 27 September 2005, as modified by Appellate Body Report WT/DS269/AB/R, WT/DS286/AB/R, para. 258.

② Appellate Body Report, *European Communities - Customs Classification of Frozen Boneless Chicken Cuts*, WT/DS269/AB/R, WT/DS286/AB/R, adopted 27 September 2005, and Corr. 1, para. 258.

③ Ibid., p. 272.

④ 朱文奇：《国际条约法》，中国人民大学出版社 2008 年版，第 244 页。

⑤ Appellate Body Report, *India-Quantitative Restrictions on Imports of Agricultural*, *Textile and Industrial Products*, WT/DS90/AB/R, adopted 22 September 1999, DSR 1999：IV, p. 1763.

⑥ Appellate Body Report, *United States-Measures Affecting the Cross-Border Supply of Gambling and Betting Services*, WT/DS285/AB/R, adopted 20 April 2005, para. 236-238.

表明谈判历史的准备工作等只有在依据《VCLT》第 31 条进行解释的结果明显不合情理或者荒诞，才能作为辅助手段加以使用。

但是，当问题涉及某一成员方特定的承诺时求助于条约准备工作和订约准备资料的情形就可能经常出现。在《加拿大奶制品案》① 中，上诉机构在发现加拿大在《农业协定》下的承诺进度表中所使用的语言从表面上看并不清楚之后，就表示在这时寻求《VCLT》第 32 条中规定的"解释的补充手段"（supplementary means of interpretation）不仅是恰当的，而且是必要的。② 此外，在《美国赌博案》中，上诉机构指出，作为一项基础事项，上诉中没有任何一方质疑 W/120 和《1993 年承诺减让表指南》是否构成"解释的补充资料"。争议双方都同意该指南构成解释的补充材料。这种观点上诉机构是表示赞同的，因为在本案中根据《VCLT》第 31 条规定的原则进行了恰当的解释，仍不能对美国在"其他休闲性服务（运动除外）"项目下做出的承诺代理费提供明确的含义。③ 因此，确认某一事件是否构成缔约背景，需要解决的是该事件与条约的相关性，即对条约的判断在何种程度上依赖或者考虑某一特定事件、行为或者其他文件。④

三　WTO 条约解释方法对审查标准的影响

审查标准问题虽然不直接与具体案件被充分考虑的解释规则相关，但是，审查标准决定着专家组对成员方主管当局所做的 WTO 法的解释的审查程度。也就是说，只有当一成员方在诉争案件中对 WTO 协定做出了自己的阐述或解释时审查标准问题才会产生。如前所述，此时专家组所采取的审查标准既不是以自己的独立解释去重新审查，也不是完全

---

① *Canada-Measures Affecting the Importation of Milk and the Exportation of Dairy Products*, WT/DS103/AB/R, WT/DS113/AB/R, and Corr. 1, adopted 27 October 1999, DSR 1999: V, p. 2057.

② Appellate Body Report, *Canada-Measures Affecting the Importation of Milk and the Exportation of Dairy Products*, WT/DS103/AB/R, WT/DS113/AB/R, and Corr. 1, adopted 27 October 1999, para. 138.

③ Appellate Body Report, *United States-Measures Affecting the Cross-Border Supply of Gambling and Betting Services*, WT/DS285/AB/R, adopted 20 April 2005, para. 196-197.

④ 陈欣：《WTO 争端解决中的法律解释》，北京大学出版社 2010 年版，第 20 页。

尊重成员方的解释结论，而是对提交的审议事项进行客观评估。

从理论上讲，WTO 条约解释和审查标准的概念是泾渭分明的。然而，实践却告诉我们似乎并不是那么一回事。两者之间有着极为密切的关系。首先，专家组所采用的解释 WTO 法的方法对审查标准有实质性的影响，甚至可以说专家组采用的解释方法很大程度上决定了审查标准的方向。如果专家组在对 WTO 法中的模糊条款进行解释时，采用了导致只有一个正确解释的方法，那就意味着专家组即使不采取重新审查的审查标准，也会倾向于采用更为严格的审查标准。《反倾销协议》第 17 条第 6 款第 2 项所规定的尊重性的审查标准在实践中的遭遇就很好地说明了这一点。如果专家组采用的解释 WTO 法的规则更具有弹性，那么专家组在审查标准问题上也可能会采取更能够接受成员方主管当局做出的合理解释结论，从而表现出更大的尊重性。

其次，条约解释方法和审查标准都受到专家组在案件中秉持的司法哲学的影响。在司法克制理念指导下条约的解释方法会更有弹性，相应地审查标准也更多的是尊重性的。而在司法能动理念指导下条约解释的方法更趋向唯一性，审查标准也会更为严格。

最后，条约解释方法和审查标准都受到 DSU 第 3 条的制约，共同服务于维护多边贸易体制的稳定性和可预测性的目标。

第三节　比例原则

一　对比例原则的一般认识

比例原则是国内行政法中重要的概念，在大陆法系国家比例原则被认为是公法之皇冠，是最核心的实体审查标准。通常认为，比例原则的概念来源于德国。德国联邦宪法法院在药房案判决中确立了比例原则的"三阶理论"。[①] 在德国法上比例原则由三个分支原则所构成：必要性原则、适当性原则和均衡性原则。必要性原则要求在能达到同样效果的各

---

① 蒋红珍：《论比例原则——政府规制工具选择的司法评价》，法律出版社 2010 年版，第 38—40 页。

种手段中选择对公民权利最小侵害的手段。适当性原则是指国家措施必须适合于增进或实现所追求的目标。均衡性原则强调手段所要达到的目的和导致的对公民权利的限制之间要保持一种比例关系。① 在德国，比例原则被认为是法治国家的结果，在比例原则之下国家权力只能在保护公共利益必要的范围内才能侵犯个人自由。② 在美国法上适用的比例原则被称为"最小侵害原则"，它指的是如果对于实现既定的目标有着多种效果相同的手段可以使用，则必须选择使用对个人自由限制最小的手段。③ 总之，无论是大陆法系还是英美法系都存在有比例原则。在比例原则司法适用过程中有一个重要的概念与审查标准相关——审查强度。所谓审查强度的选择是法院在受理案件后对司法介入行政的总体力度的把握。不同的审查强度的选择，可能影响到比例原则内在规范性操作的空间大小。从诉讼的角度看，比例原则可以成为严格的司法审查基准，又能成为最宽松的审查基准。④

相比而言，国际法上的比例原则远没有国内法那样发达。但是在国际法不同领域仍然有着比例原则的身影。它主要体现在报复及国际人道主义法、海洋划界、条约法和国际人权法之中。可见，国际法中对比例原则越来越广泛地承认，甚至有学者提出，比例原则可能已经成为国际法一般原则，这对于日益复杂并将继续如此的国际法的适当施行来说相当重要。⑤ 也许这一观点过于乐观，但是无论如何，随着国际法的发展和国际司法实践的深入，国际法中的比例原则将继续朝着"在手段与目的之间保持适当关系及平衡相互冲突的利益"的方向完善和发展。

二　比例原则与审查标准

比例原则的影子也能在作为国际法一部分的 WTO 法中找到。有学

---

① 蒋红珍：《论比例原则——政府规制工具选择的司法评价》，法律出版社 2010 年版，第 40—41 页。

② Emiliou Nicholas, *The Principle of Proportionality in European Law：A Comparative Study*, Kluwer Law International, 1996, pp. 266-267.

③ 蒋红珍：《论比例原则——政府规制工具选择的司法评价》，法律出版社 2010 年版，第 85—86 页。

④ 同上书，第 365—366 页。

⑤ 韩秀丽：《论 WTO 法中的比例原则》，厦门大学出版社 2007 年版，第 107 页。

者就指出不仅在 WTO 协定的若干条款中体现了适当平衡互相冲突的利益——比例原则的基本理念，而且在上诉机构的裁决中也有所反映。①的确，比例原则在 WTO 体制中的存在主要体现在两个方面：WTO 法律文本以及争端解决实践。

从 WTO 法律文本来看有多处条文暗含有比例原则的意蕴。比如在《马拉喀什建立世界贸易组织协定》序言里有关世界贸易组织的目标中除了推动贸易自由化之外，还有着发展和保护环境的目标。也就是说在 WTO 中会必然存在着贸易价值与非贸易价值的冲突和协调，而在协调这些冲突的过程中比例原则无疑会有发挥作用的空间。《WTO 协定》序言中的比例原则精神扩展到 WTO 协定中就是存在许多具体条款考虑相冲突目标的平衡。这些条款又是经常用"适当""合理"或者"必需"等字眼来表示平衡各种目标的尝试。②

除了在《WTO 协定》中有所体现之外，在各适用协定中也都有相关的规定。GATT 第 20 条是关于一般例外的规定。在争端解决过程中如对这些例外条款进行解释和适用就为比例原则提供的发展空间，它能为贸易价值和环境保护这种非贸易价值提供一种平衡。在《美国精炼汽油案》中上诉机构最终裁决美国违反了 WTO 项下的义务的原因，就在于美国本来可以选择采取其他限制性更小的措施，甚至根本不违背 GATT 义务的做法就能实现在其国内清洁能源法的目标，但是美国不仅没有这样做，甚至连与出口国政府达成合作谅解的尝试都没有进行。这其实就是比例原则的精神在实践中的运用。此外，在争端解决条款中也有比例原则的体现。DSU 第 22 条第 3 款关于报复措施的规定就是其中一个例子。

在实践中，专家组和上诉机构都曾经直接援引比例原则。《美国棉纱案》③是上诉机构第一次明确提到比例原则的案件。上诉机构报告中不仅提到了关于国家责任的国际法一般原则，而且也提到 DSU 第 22 条

---

① Meihard Hilf, "Power Rules and Principles: Which Orientation for WTO/GATT Law?", *Journal of International Economic Law*, Vol. 4 No. 1, 2001, p. 117.

② 韩秀丽：《论 WTO 法中的比例原则》，厦门大学出版社 2007 年版，第 115 页。

③ *United States—Transitional Safeguard Measure on Combed Cotton Yarn from Pakistan*, WT/DS192/AB/R, 8 October 2001. 载于 WTO 官方网站：www.wto.org。

第4款以支持其关于比例原则的观点。① 上诉机构在《韩国奶制品案》②中将成员方的保障措施行为加上了"比例"这个紧箍咒，强调对于采取保障措施的成员方而言符合比例的要求是一项义务，并进一步指出，这种义务是无条件、不分具体形式的，目的就是要确保所实施的保障措施在促进国内产业整合和防止严重损害之间符合一个合适的度，也就是要成比例。③

因此，我们发现并没有明显的理由否认 WTO 法中存在比例原则。比例原则的基本思想，即平衡各种冲突利益贯穿于《WTO 协定》的序言，也体现在多边贸易实体规则的多个协定当中，更体现在具体的个案报告中。具体说，GATT 第 20 条中的"必需的"等措施表明了比例原则的存在。比例原则还是《TBT 协定》和《SPS 协议》的基本原则，《服务贸易总协定》（General Agreement on Trade in Services，GATS）在尊重国内政策目标及国内规制权的同时也在寻求与推进服务贸易自由化的平衡。

具体到审查标准问题与比例原则的关系集中体现在《反倾销协议》第 17 条第 6 款和 DSU 第 11 条规定的审查标准当中。审查标准涉及专家组对成员方被诉争措施或法律进行审查的广度和深度。杰克逊教授曾主张"在审查中，专家组应该在一定程度上尊重该国政府的决定"④。因而，有学者认为，虽然杰克逊没提及比例原则一词，但他确实提出了用比例原则来解释的问题，那就是对 WTO 机构及其成员方的权力进行限制的问题。⑤ 笔者认为，审查标准与比例原则是两个不同的法律概念，

---

① Appellate Body Report, *United States-Transitional Safeguard Measure on Combed Cotton Yarn from Pakistan*, WT/DS192/AB/R, adopted 5 November 2001, para. 81.

② Korea-Definitive Safeguard Measure on Imports of Certain Dairy Products, WT/DS98/AB/R, report of the panel, 21 June 1999, and report of the Appellate Body, 14 December 1999. 载于 WTO 官方网站：www. wto. org。

③ Appellate Body Report, *Korea-Definitive Safeguard Measure on Imports of Certain Dairy Products*, WT/DS98/AB/R, adopted 12 January 2000, para. 99.

④ Steven P. Croley & John H. Jackson, "WTO Dispute Procedures, Standard of Review, and Deference to National Governments", *American Journal of International Law*, Vol. 90, No. 2, 1996, p. 193.

⑤ 韩秀丽：《论 WTO 法中的比例原则》，厦门大学出版社 2007 年版，第 232 页。

但是两者之间有着密切的联系。WTO 争端解决中适用的审查标准，特别是对于事实问题的审查标准而言，既不是重新审查，也不是完全尊重，而是要由专家组和上诉机构在个案中在这两个极端之间去寻找一个合适的"度"以完成客观评估的工作。而这个"度"就暗含有比例原则的理念——平衡各种冲突的利益。也就是说，专家组和上诉机构确实需要在保证客观评估的基础去维护谈判所达成的平衡，使 WTO 和 WTO 成员方之间的利益达到平衡，使 WTO 裁判机构与 WTO 其他机构之间实现 WTO 体系的平衡。比例原则的理念为实现这种平衡提供可借鉴的方向。

以反倾销案件为例，适用过度尊重的审查标准的后果是 WTO 成员方滥用反倾销措施，过度保护国内产业。事实上，许多成员方都已经提出改革建议要强化《反倾销协议》的纪律。这些建议都反映了比例原则的精神，目的是限制过分的反倾销措施，抑制贸易保护主义。

有学者甚至提出要对《反倾销协议》第 17 条第 6 款进行修订，要用比例原则替代现在规定在该条中的"尊重性审查标准"，以有效防止各成员方调查机构滥用反倾销措施，并认为欧洲法院的实践证明没有必要担心根据比例原则进行审查会损害成员方的主权。[①] 上述观点有其合理因素。即使不修改现行规则，比例原则所倡导的适当、最小损害、利益平衡等价值理念也可以为专家组和上诉机构对成员方的措施进行审查时确定适合的审查标准提供指引和帮助。从这个角度而言，比例原则和善意原则所起的作用是相似的。

第四节　善意原则

一　对善意原则的一般认识

在我国的传统风俗中，"善意"只是作为一种道德观念和精神被主流文化所推崇，直到清末修律"善意"才开始以法律规则的形式进

---

① 韩秀丽：《论 WTO 法中的比例原则》，厦门大学出版社 2007 年版，第 234 页。

入我国民事法律体系。在西方早已将善意作为一种法律原则贯彻于立法和司法的全部过程，并且具备一套违反善意原则的法律惩戒规则。①善意原则（principle of good faith），也被称为诚信原则，在罗马法中称为 bona fides，起源于罗马法中的诚信契约和诚信诉讼，②在后来的发展中深受基督教义的影响具有明显的道德含义。大陆法系在继承罗马法的同时也继承了善意这一概念。英美法系则是从衡平法当中发展出来了善意这一概念。③20 世初的法的社会化运动，导致原有的法律制度无法解决的问题出现，作为法的基本原则的善意原则获得了更大的重视和应用。善意原则逐渐发展成为各国法律所承认的法的一般原则。

与国内法上的情况不同，善意原则能否构成国际法上的一般原则是有着争议的。著名国际法学家郑斌认为"善意原则是每一个法律体系的基本原则，也是国际法的基本原则"④，国家应善意履行条约义务。与之相反，也有人认为"善意在国际制度中几乎没有任何法律效用"⑤。可见，在国际法上关于善意原则的一般定义人们很难达成共识。作为联合国主要司法机关的国际法院在 1998 年喀麦隆和尼日利亚之间陆地和海洋分界案件的初步反对意见中，总结了国际裁决机构及国际法院本身对善意原则的适用情况。⑥国际法院明确肯定了善意原则在国际法中的地位。它指出，善意原则是国际法的既定原则，是调整法律义务的创设和履行的基本原则之一，但是其本身并不是本不存在的义务的来源。也

---

① 刘敬东：《WTO 法律制度中的善意原则》，社会科学文献出版社 2009 年版，第 1 页。

② 徐国栋：《民法基本原则解释——成文法局限性之克服》，中国政法大学出版社 1992 年版，第 80 页。

③ J. F. O'Connor, "*Good Faith in English Law*", Dartmouth Publishing Company Limited, 1990, pp. 1–11.

④ Chen Bing, *General Principles of Law as Applied by International Courts and Tribunals*, Cambridge：Grotius Publications Limited, 1987, p. 105.

⑤ Cabe Shaw Varges, "Book Review：Good Faith in International Law by O'Connor", 86 *The American Society of International Law* 841 (1992), p. 841.

⑥ 参见韩立余《既往不咎——WTO 争端解决机制研究》，北京大学出版社 2009 年版，第 249—251 页。

就是说，国际法院承认善意原则在义务的创设和履行中起重要作用，但是没有明确认可善意构成一种独立的义务。正如英国著名国际法教授奥康奈尔（J. F. O'Connor）所指出的："法院和审判机构似乎承认善意原则，但在界定和适用该原则时存在麻烦。"①

奥康奈尔教授给该原则下的定义是，"国际法中的善意原则是一项根本性原则，有约必守规则及其他不同于诚实、公平和合理的并与其直接相关的法律规则皆由此派生，这些规则在任何特定时间的适用，由那时国际社会所盛行的有关诚实、公平和合理的强制性标准确定"②。对这一定义韩立余教授评价道，"实质上是将善意这一基本原则与其他基本规则联系在一起，相互引证。它表明，独立定义善意原则是困难的，也可以说善意原则的具体因子已经潜移默化的体现在其他规则之中"③。这意味着在 WTO 争端解决中的善意原则主要是与其他规则一起发挥作用，善意本身意味着强调合理性、客观公正性和正当程序，也强调不得滥用权利和禁止反言。它同样强调一国在国际事务中应当诚实履行义务、尊重合理标准并合理地行使条约权利。

在 WTO 法中有几处条款涉及善意原则，分别是 DSU 第 3 条第 7 款和第 3 条第 10 款。它们明确规定了在 WTO 争端解决当中善意应发挥的作用。④ 另外，上诉机构在《美国精炼汽油案》中明确利用条约解释的习惯规则，将条约的善意解释纳入了世界贸易组织争端解决中。⑤ 此

---

① Cabe Shaw Varges, "Book Review: Good Faith in Internatinal Law by O'Connor", 86 *The American Society of International Law* 841（1992）, p. 842.

② J. F. O'Connor, "*Good Faith in International Law*", Dartmouth Publishing Company Limited, 1991, p. 124. 原文如下：The principle of good faith in international law is a fundamental principle from which the rule *pacta sunt servanda* and other legal rules distincitively and directly related to honesty, fairness and reasonablemess are derived, and the application of theses rules is determined at any particular time by the compelling standards of honesty, fairness and reasonableness prevailing in the international community at that time.

③ 韩立余：《既往不咎——WTO 争端解决机制研究》，北京大学出版社 2009 年版，第 267—268 页。

④ Panel Report, *European Communities - Export Subsidies on Sugar*, *Complaint by Australia*, WT/DS265/R, adopted 19 May 2005, para. 7. 69.

⑤ 韩立余：《既往不咎——WTO 争端解决机制研究》，北京大学出版社 2009 年版，第 253 页。

后，上诉机构在多份报告再次强调了对世界贸易组织争端解决而言善意原则拥有非常重要的地位，扮演着十分醒目的角色。^① 其中产生重大影响的是《美国海龟海虾案》。上诉机构在对 GATT 第 20 条引言的考察中指出，它是善意原则的一种表述形式，同时指出该引言的标准兼具有实体与程序的要求。^② 并进一步指出善意原则不仅是法律的一般原则，更是国际法的普遍原则。同时，上诉机构还强调了善意原则的反面就是禁止滥用权利，从而为了各国行使条约法的权利附上了"善意"的要求。上诉机构精准地概括了善意原则在 WTO 争端解决中的实质作用，那就是要致力于维护成员方在 WTO 项上的实体权利与援引第 20 条例外权利之间的平衡。虽然这是一个很麻烦的问题，但是，绝不能因为成员方行使竞争权而造成了与其他成员方在 WTO 项下的权利与义务的不平衡。最后，上诉机构强调用善意原则去解释"这条平衡线"并不意味着它是静止不变的，相反，这种动态权利之间的平衡是极富生命力和张力的，它会是随着各种条件的变化而不断变化的，从而切实实现成员方之间权利的平衡。^③

　　于是上诉机构在认定美国 609 条款属于 GATT 第 20 条（g）项规定的内容后，又运用善意原则并结合本案实际最终裁定美国 609 条款违反了第 20 条引言中的善意原则。这是上诉机构运用善意原则处理贸易争端的典范。在该案之后，专家组和上诉机构在《韩国政府采购案》^④、《美国伯德修正案》^⑤ 和《印度专利案（美国）》等案件审理过程中均不同程度地运用了善意原则。

---

　　① 参见下列上诉机构报告美国热轧钢案，第 101 段；美国海龟海虾案，第 158 段；美国就欧共体荷尔蒙争端继续中止义务案，第 314 段。

　　② Appellate Body Report, *United States-Import Prohibition of Certain Shrimp and Shrimp Products*, WT/DS58/AB/R, adopted 6 November 1998, para. 160.

　　③ Appellate Body Report, *United States-Import Prohibition of Certain Shrimp and Shrimp Products*, WT/DS58/AB/R, adopted 6 November 1998, para. 58. 参见赵维田《美国——对某些虾及虾制品进口限制措施案》，上海人民出版社 2003 年版，第 1014—1015 页。

　　④ *Measures Affecting Government Procurement*, WT/DS163/R, adopted 19 June 2000.

　　⑤ *United States-Anti-Dumping Measures on Oil Country Tubular Goods (OCTG) from Mexico*, WT/DS282/AB/R, adopted 28 November 2005.

二　善意原则与审查标准

WTO 中审查标准问题关乎国际监督与平衡机制的正常运行，是具有"宪政体制"意义的基础法理问题。于是 DSU 第 11 条中"客观评估"原则的用语，原则性较强，实践中成为一个难题。

上诉机构在《欧共体荷尔蒙案》通过将善意原则纳入审查标问题的解决中，提供了一条新的思路。在该案中，欧共体在上诉状中指责专家组"漠视，歪曲或扭曲了欧共体提交的证据以及科技专家组的咨询意见"①。对此，上诉机构回应说："宣称一个专家组'漠视或扭曲'提交给它的证据，实际上是宣布在不同程度上拒绝给提供证据的当事方以基本公正，或者说法理学中称之为正当法律程序，或者说天赋正义。"②显然上诉机构使用"基本公正""正当法律程序"和"天赋正义"这样的字眼表达了这种指责其实是对善意原则的重大质疑和违反。正如有学者指出的，这是上诉机构有意将"善意"这个国际法中的一般法律原则引进其中，实际是对专家组在"审查标准"方面设置了"善意"原则的要求，从直接效果上看，本案上诉机构为专家组是否"客观评估"案件事实提出了"善意"这样的判断标准和底线。③也正如帕内森（Panizzon）教授指出的，"将善意要求引入事实评估的过程，上诉机构成功地用判断专家组是否逾越了善意底线的责任取代了对它在事实评估上的法律限制。这意味着，上诉机构依法审查专家组的善意，而实际上它审查的是专家组对案件事实的评估"④。

在《美国棉纱案》中，上诉机构进一步强调了这一观点。经过审查发现，在美国主管当局做出临时保障措施决定后，与决定做出之前的事实有关的证据被发现，而且证明了美国主管当局的决定所依赖的基础存在关键性的事实错误。对于这种情况，上诉机构指出，虽然他们没有法

---

①　Appellate Body Report, *EC Measures Concerning Meat and Meat Products（Hormones）*, WT/DS26/AB/R, WT/DS48/AB/R, adopted 13 February 1998, para. 13.

②　Ibid. , para. 133.

③　刘敬东：《WTO 法律制度中的善意原则》，社会科学文献出版社 2009 年版，第 191 页。

④　Marion Panizzon, "*Good Faith in the Jurisprudence of the WTO：the Protection of Legitimate Expectations, Good Faith Interpretation and Fair Dispute Settlement*", Schulthess, 2006, p. 328.

律义务对此问题表达立场，但是他仍然建议，如果统计数据显示美国的决定是错误的，那么基于善意原则美国应当自行取消该项保障措施。①与《美国荷尔蒙案》不同，上诉机构在本案中将善意要求从针对专家组转为指向成员方，认为成员方同样负有善意义务。② 在笔者看来，这是上诉机构在寻求一种平衡，既然专家组不能用自己的观点代替成员方的判断，那么成员方应当也有善意的义务去做出裁决。正如有学者提出的，上诉机构正不断努力将"善意"原则纳入到"审查标准"之中，这对于最终成功地解决这个法律难题是大有裨益的。③

---

①　Appellate Body Report, *United States-Transitional Safeguard Measure on Combed Cotton Yarn from Pakistan*, WT/DS192/AB/R, adopted 5 November 2001, para. 81.

②　刘敬东：《WTO 法律制度中的善意原则》，社会科学文献出版社 2009 年版，第 197 页。

③　同上。

第五章　GATT 体制中对审查标准的规定与实践

　　WTO 与 GATT 是一脉相承的多边贸易规则。GATT 将近半个世纪的实践为多边贸易机制，特别是争端解决机制提供了丰富的素材和宝贵的经验。在《WTO 协定》第 16 条第 1 款中就十分清晰地表达了 GATT1947 所"遵循的决定、程序和习惯做法"对 WTO 的实践有十分重要的指导意义。此外，DSU 第 3 条第 1 款用更加直白的语句表达了 GATT 争端解决实践对 WTO 争端解决机制的重要意义。以上规定表明 GATT1947 法理同样适用于 WTO，GATT1947 的争端解决实践对 WTO 同样有现实指导意义和参考作用。

　　实际上，WTO 裁判机构在实践中经常从回顾 GATT 时期相关报告开始阐明自己的观点。已经有多个案件对关于关贸总协定时期已通过的专家组报告对 WTO 争端解决的意义提出过自己的看法。上诉机构在《日本酒精饮料案 II》中有一段十分有趣的说明。上诉机构首先对 GATT 实践中的专家组报告给予了高度的评价。上诉机构指出，缔约方全体通过的争端解决的专家组报告是 GATT 极为有分量的部分为专家组的实践提供了有效的指南，而经常被后续的专家组援引"创造了世界贸易组织成员的合法预期"，因此，与上述专家组报告相关的案件都会争相加以考虑和借鉴。但是，紧接着上诉机构话锋一转，表示这些专家组报告只对争端的当事方有法律效力，对争端当事方以外的成员没有约束力。① 可

---

① Appellate Body, Japan—Taxes on Alcoholic Beverages , WT/DS8/AB/R, report of the panel, 11 July 1996, and the Appellate Body, 4 October 1996. 载于 WTO 官方网站：www.wto.org；另参见韩立余《WTO 案例及评析》（上卷）（1995—1999），中国人民大学出版社 2001 年版，第 211 页。

以看出，在这里上诉机构表现出理性的司法克制态度，一方面强调 GATT 争端解决实践对于 WTO 司法裁判的重要参考价值，另一方面又极为理性地指出 GATT/WTO 体制下不存在英美法上的判例，专家组和上诉机构的报告仅对争议双方有约束力。应该说上诉机构的态度和做法的谨慎是值得肯定的。这里的"合法预期"一词，实际上可以理解为对一种事实上（de facto）的判例法的表达，即从严格的法律意义上说，以往通过的报告仅对该案当事方有约束力，但可以作为今后案件的法律指南。正如韩立余教授所说，这些专家组报告仅对当事方有约束力，但是这些报告中所体现出来的"合法预期"，告诉人们"类似情况下产生类似的结果"也是 WTO 争端解决机制所提倡和鼓励的，它为保证 WTO 争端解决机制的一致性、稳定性和连续性提供了很好的预期。①

　　其实任何一项法院判决都包含了法官的分析和推理，这对于今后的案件都有一定的借鉴意义。几乎所有的法律体系中已经生效的在前判决中所运用的方法都会被司法裁判者用来处理类似的案件。② 这就是案例法方法的魅力所在。早在 1994 年杰克逊教授就直接指出了 GATT 法律体系中的案例报告具有极为重要的判例法价值，它是多边贸易体制发展起来的宝贵的法律资源，"……尽管不严格但是明显存在着'事实上'的先例效果"③。我国著名 WTO 法专家朱榄叶教授也主张，在 GATT/WTO 半个世纪的实践中已形成了自己"在事实上"的先例原则。④ 而在 2000 年《美国 1916 年反倾销法案》⑤ 中上诉机构多次使用了"WTO

---

① 韩立余：《既往不咎——WTO 争端解决机制研究》，北京大学出版社 2009 年版，第 277 页。

② Rupert Cross, J. W. Harris, *Precedent in English Law*, 4th edition, Oxford：Clarendon Press，1991，p. 3.

③ John Jackson：The Jurisprudence of GATT and the WTO Insight on treaty law and economic relations，Cambridge University Press 2000，pp. 120–126.

④ 朱榄叶：《论 WTO 争端解决报告的效力》，华东政法大学官方网站：http：// www. gjf. ecupl. edu. cn/display_ topic_ threads. asp？ ForumID = 32&TopicID = 360，2006 年 7 月 22 日。

⑤ *United States–Anti–dumping Act of* 1916，WT/DS162/AB/R，adopted 28 August 2000. 载于 WTO 官方网站：www. wto. org。

case law" 这一用语①，笔者认为这是上诉机构对于 WTO "事实上"的判例法给予承认的明证。这种方法被韩立余教授称为"中庸的案例法方法"。②

没有人能够割裂过去与现在的联系，之前的争端解决中形成的成果和经验对今后的现实指导是显而易见的。因此回顾 GATT1947 关于审查标准的规定与实践，对于本书而言就是一件不可回避的工作了。本章共分为四个部分，第一部分是对 GATT 时期争端解决机制的概述；第二部分是对 GATT 时期有关审查标准规定的法律文件进行分析和梳理；第三部分是对 GATT 时期争端解决过程中有关审查标准实践的回顾，将从关于事实的审查标准和法律解释的审查标准两方面展开；第四部分是本章的小结。

第一节　GATT 争端解决机制的发展

《GATT1947》是一个在 1947 年由 23 个缔约方发起的多边贸易协定。最初只是由于各缔约方急于提前实现彼此的关税减让承诺而达成的临时适用议定书，原计划要在国际贸易组织（International Trade Organization，ITO）成立后纳入其框架。但是由于美国政府宣布放弃寻求国会通过 ITO 宪章导致国际贸易组织流产，使得 GATT 一直被临时适用到 1995 年世界贸易组织成立。③ 因此，GATT 作为多边贸易协定在本质上是临时性的行政协定，其中没有任何根据可以成立一个组织。但是，需要一个贸易方面的国际组织已成为不争的事实。于是总协定的缔约方遂用"缔约方全体"（Contracting Parties）来代表事实上必须存在的组织

---

① Appellate Body, *United States-Anti-dumping Act of* 1916, WT/DS162/AB/R, adopted 28 August 2000, p. 9, 22. 载于 WTO 官方网站：www.wto.org；另关于 GATT/WTO 体制中的"事实上"的判例法的论述，可参见赵维田《垂范与指导作用——WTO 体制中"事实上"的先例原则》，《国际贸易》2003 年第 9 期。

② 韩立余：《既往不咎——WTO 争端解决机制研究》，北京大学出版社 2009 年版，第 280 页。

③ John H. Jackson, *The World Trading System: Law and Policy of International Economic Relations 2nd edition*, The MIT Press, 1997, p. 37.

机构。

众所周知，在 GATT 条文中找不到关于争端解决机构的规定。但是，事实上 GATT 中却存在争端解决机构——缔约方全体。它"并非一个纯粹的争端解决机构，而是一个带有鲜明的联合行动特色的管理机构，具有争端解决职能"。[①]

一般认为，GATT1947 中有两个条款与争端解决相关。第一个条款是第 22 条，这是关于磋商程序的条款，其中规定了两种类型而前后相继的磋商程序：双边磋商和联合磋商。它规定只要会影响到 GATT1947 的正常运行的情势都可以由任一缔约方发起对另一缔约方的双边磋商，以求找到双方都能接受的解决方案。双边磋商失败，第二种类型的联合磋商程序就会被触发，只要双边磋商中的任何一个当事方将该争端提交缔约方全体。那么缔约方全体就会出面组织联合磋商。后来，据此发展出一套"斡旋、调解、调停"的规则。[②] 第二个条款是第 23 条利益的丧失或减损。该条款是争端解决的核心条款。该条允许申诉方在被申诉方不履行缔约方全体做出的建议时，经授权采用报复措施。但是这两个条款都没有关于特定案件的程序性指引，比如第 23 条就并没有如何提起申诉的详细程序的规定。

在 20 世纪 50 年代早期，一个被缔约方全体所授权的由诉争双方和第三方组成的工作组负责争端的具体处理并提出工作报告，最终提交"缔约方全体"的年度工作会议讨论通过。那一时期的工作组主要是通过非正式工作流程来解决争端。[③] 1952 年，在当时 GATT 执行秘书（Executive Secretary）埃里克·温德汉姆·怀特（Eric Wyndham White，1948—1968 年在任）大力倡导下专家组被引入 GATT 争端解决机制。虽然专家组的职权还是跟工作组相同，但是它没有争端双方参加，专家组的成员都是国际贸易领域的专业人士，他们以独立的身份参与争端解决，不代表任何政府的观点和利益。由于专家组成员的身份中立性使得

---

① 李居迁：《WTO 争端解决机制》，中国财政经济出版社 2001 年版，第 21 页。

② 曹建明、贺小勇：《世界贸易组织》（第二版），法律出版社 2004 年版，第 354 页。

③ Ross Becroft, *The Standard of Review in WTO Dispute Settlement: Critique and Development*, Edward Elgar Publishing Limited, 2012, p. 39.

GATT1947 的争端解决机构开始具有准司法的影子。[1] 到 1959 年虽然只有 53 起争端被提交给专家组，但是无论在专家组报告的出台还是在缔约方遵守专家组的建议和裁决上，专家组的工作都可以称得上非常成功。[2]

到 20 世纪 60 年代，随着缔约方数量的多样化和相当数量的更为复杂的争端被提交专家组，人们发现缔约方全体每年才举行一次会议的工作机制不可能去处理随时发生的争端。于是，1960 年成立了理事会负责处理具体争端工作。[3] 由于务实主义的冲击，1963 年到 1970 年，GATT 争端解决机构变成懒散而功能失解，[4] 绝大部分的争端是依据第 22 条的外交谈判程序来解决。由此造成了大量游离于 GATT 规则之外的灰色措施的存在总协定法纪废弛。希望改革 GATT 的运作的呼声越来越高，其中包括建立一个更为尊重法律的争端解决机制，于是"东京回合"（Tokyo Round）谈判得以进行。

东京回合谈判达成的多个守则中都包含有争端解决条款，原有的 GATT 争端解决机制也进行了相应的改革。最可喜的是一项新的争端解决程序得以诞生，它就是《关于通知、磋商、争端解决和监督的谅解》（以下简称《1979 争端解决谅解》）[5]。《1979 争端解决谅解》制定了新的争端解决程序，为发展审查标准规则迈出了重要的一步，因为该谅解为争端解决技术的发展提供了坚实的基础。

可见，GATT 争端解决机制完全是在实践中发展而来的，到 1979 年为《1979 争端解决谅解》所肯定成为 GATT 的习惯法。

第二节　GATT 法律文件有关审查标准的规定

如前所述，在 GATT1947 中只有第 22 条和第 23 条涉及争端解决，

①　李居迁：《WTO 争端解决机制》，中国财政经济出版社 2001 年版，第 22 页。

②　Hudec Robert E. , *Enforcing International Trade Law*：*The Evolution of the Modern GATT Legal System*, Butterworth Legal Publishers, 1993, p. 31.

③　李居迁：《WTO 争端解决机制》，中国财政经济出版社 2001 年版，第 21 页。

④　Ross Becroft, *The Standard of Review in WTO Dispute Settlement*：*Critique and Development*, Edward Elgar Publishing Limited, 2012, p. 39.

⑤　Understanding Regarding Notification, Consulation, Dispute Settlement and Surveillance, L/ 4907, adopted 28 November 1979, BISD 26S/210.

其中没有关于审查标准的规定。虽然在东京回合谈判中审查标准被作为 GATT 争端解决机制谈判工作组的一个"讨论主题"（discussion topic），① 但是，无论是在《1979 争端解决谅解》还是在其他的部长决定中都没有关于普遍适应的审查标准的规定。

　　在 GATT 体制的法律文件中有两个条款与审查标准有关。一个是《1979 争端解决谅解》第 16 条。它用来规范在审查成员方当局措施时专家小组应扮演何种角色，对专家组的职责作出了界定，其大体内容是专家小组应对提交的事项做出客观评估（objective assessment）。这种客观评估包括三个方面：对于案件事实的客观评估，对于总协定可适用性的客观评估和对于与总协定一致性的客观评估。可见该条给专家组的定位是对"提交的事项做出客观评估"。有学者认为该条与 DSU 的第 11 条是同一的，② 而如前文所述 DSU 第 11 条被上诉机构认为是适当的审查标准。然而，在 GATT 的实践中没有一个专家组对《1979 争端解决谅解》第 16 条是否构成适当的审查标准做出过评估。

　　另一个与审查标准相关的规定是《东京回合补贴守则》的第 18 条第 1 款，该条明确提及了"专家小组应对争端事项的事实进行审查"，并作为对总协定的解释和适用向委员会提交他们关于总协定相关条款下争端各方的权利和义务的结论。③

　　笔者认为，无论是《1979 争端解决谅解》的第 16 条，还是《东京回合补贴守则》的第 18 条第 1 款的用语都是含混和模糊的。虽然没有明确规定审查标准，但是有学者还是指出上述条款暗含了排除"完全尊重"的审查标准，④ 因此，也被认识与审查标准问题相关。但是，我们

---

① See 1976 *Report of the Consultative Group of Eighteen*, BISD 23S/42 （1977）; See also Stewart/Callahan, "Dispute Settlement Mechanisms" in Stewart （ed）, *The GATT Uruguay Round: A Negotiating History* （1986—1992）, Kluwer 1993, Vol. 2, p. 2687.

② Matthias Oesch, *Standards of Review in WTO Dispute Resolution*, Oxford University Press, 2003, p. 61.

③ Agreement on Interpretation and Application of Articles, Ⅵ, ⅩⅥ, and ⅩⅩⅢ of the General Agreement on Tariffs and Trade, BISD 26S/76 （1980）.

④ Matthias Odsch, *Standard of Review in WTO Dispute Resolution*, Oxford University Press, 2003, p. 62.

不得不承认，想在关贸总协定的所有法律文件中找到有关审查标准的明文规定是完全不可能的，甚至连 review 这个词都找不到。① 也就是说，GATT 法律文件中根本就没有关注过审查标准。

第三节　GATT 体制下有关审查标准的实践

成文法的滞后性决定了其往往会落后于实际情况和未来变化。虽然在制定 GATT 时没有就所谓审查标准问题做出规定，但是在 GATT 适用之初审查标准问题就被提到了缔约方全体面前。有学者指出，基于诉争事项的政治敏感性和 GATT 争端解决机制的政治属性，GATT 专家组尽其可能地避免提出关于反倾销和反补贴案件中一般性的审查标准。② 在反倾销和反补贴之外的其他领域，GATT 专家组也同样不愿意触及一般性的审查标准。③ 专家组在《美国不锈钢中空管产品案》④ 中就明确表达了这样的看法。他们更倾向于去描述具体案件中合适的审查标准（prope standard of review），而不是去阐述一般性审查标准（general standards of review）。⑤ 接下来我们结合几个具体的案例来讨论 GATT 体制下审查标准的实践。⑥

---

① 赵维田：《WTO 的司法机制》，上海人民出版社 2004 年版，第 114 页。

② Stuart Andrew W. "'I Tell Ya I Don't Get No Respect!': The Policies Underlying Standards of Review in U. S. Courts as a Basis for Deference to Municipal Determination in GATT Panel Appeals", *Law & Policy in International Business*, Vol. 23, No. 3, 1992, p. 776.

③ Matthias Oesch, *Standards of Review in WTO Dispute Resolution*, Oxford University Press, 2003, p. 62.

④ United States-Imposition of Anti-Dumping Duties on Imports of Seamless Stainless Steel Hollow Products from Sweden-Report of the Panel, 20 August 1990 (not adopted), GATT Doc, ADP/47.

⑤ Report of the Panel, United States-Imposition of Anti-Dumping Duties on Imports of Seamless Stainless Steel Hollow Products from Sweden, 20 August 1990 (not adopted), GATT Doc, ADP/47, para. 5. 3.

⑥ 有关 GATT 时期被通过的专家组报告，可参见 WTO 官方网站公布的数据，http://www.wto.org/english/tratop_e/dispu_e/gt47ds_e.htm, 相关内容另参见韩立余《GATT/WTO 案例及评析》（上、下卷）（1948—1995），中国人民大学出版社 2002 年版；GATT, Analytical Index: Guide to GATT Law and Practice, Updated 6th Edition (1995).

一　GATT 关于事实问题审查标准的实践

GATT 时期专家组关于事实问题审查标准的阐述主要是在反倾销案件中。这些案件表明 GATT 时期关于事实问题审查标准是反复无常的，但是从整体上说，专家组倾向于对缔约方采用很高程度的尊重性审查标准。①

（一）一般案件中关于事实问题审查标准的实践

GATT 时期在反倾销和反补贴案以外几乎没有专家组去阐明什么是有关事实问题的审查标准。②《美国皮帽案》是 GATT 时期第一次涉及审查标准的案件，也是为数不多地涉及了一般案件中事实的审查标准。在该案中，对于缔约方当局措施的事实确定（fact findings）成为各方关注的焦点。1950 年 10 月，美国关税委员会的调查表明由于对于女用皮帽和毡帽等的关税降低导致了进口数量的激增并且由此对国内工业造成了严重的损害。于是美国政府宣布，根据 GATT1947 第 19 条决定中止在 GATT 谈判中做出的对于进口的女用皮帽和毡帽的关税减让承诺。美国与除捷克斯洛伐克外该项产品有实质利益关系的国家政府进行了协商并就有关补偿协议达成了一致。这当然引起了捷克政府的强烈不满，为此捷克政府向缔约方全体提出了对美国的中止减让行为的申诉，认为美国采取的措施违反了 GATT1947 第 19 条的义务。一个工作组被缔约方全体设立了用来解决这起案件。1951 年 3 月一份有利于美国的工作组报告出炉，认为美国政府的相关措施并没有违背其在 GATT 项下承担的国际义务。

在事实问题审查标准的第一阶段，即在事实确定阶段工作组没有质疑美国提供数据的真实性和全面性，认为"总的来说，现有数据支持这样的观点，即进口增加对美国生产商造成了某种不利影响或不利影响的威胁"③。进而工作组指出："该不利影响的程度是否应视为等于'严重

---

① Ross Becroft, *The Standard of Review in WTO Dispute Settlement: Critique and Development*, Edward Elgar Publishing Limited, 2012, p. 42.

② Matthias Oesch, *Standards of Review in WTO Dispute Resolution*, Oxford University Press, 2003, p. 62.

③ *Report on the Withdrawal by the United States of a Tariff Concession under Article* ⅩⅨ *of the General Agreement on Tariffs and Trade*, 27 March 1951, CP/106, para. 30. 载于 WTO 官方网站：www.wto.org。

损害'是另一问题,其数据不能说令人信服地指向其中任何一个方向,对其所持有的任何看法实质上都是经济和社会的判断涉及相当大的主观因素。在这方面,工作组很显然不具备美国当局审查来自产帽区的利害关系方和独立证人的便利以及基于这种审查形成决定的便利。"① 这就全面肯定了美国政府提供的原始证据和基于原始证据做出的事实确定,采用了完全尊重的审查标准。

在事实问题审查标准的第二阶段,即在事实结论阶段是一个必要性审查的问题。也就是说,工作组需要去考察美国政府有没有必要做出这样的事实裁定和最终措施。工作组认为被诉方美国政府"有权享有合理怀疑所带来的利益",② 并指出,美国政府在已经完全调查了可能得到的所有数据且根据其认为的解释善意地得出结论,因此美国政府的中止减让属于 GATT1947 第 19 条的范围。工作组更进一步说明,在诸如本案所涉及的经济决策问题,在进行事实评估时,美国主管当局会对中止减让行动及国际因素对出口国的影响给予他们认为适当的考量(appropriate weight),但是他们一般会倾向于更多考虑国内因素,而政府受到诸如当地就业问题这样的社会因素的重大影响也是很正常的。只要对这些社会因素的考虑程度没有明显不合理,就不能认为美国的措施违反了 GATT1947 第 19 条的规定,从而认定美国政府所采取的措施是合理的。③ 也就是说,工作组不会去主动审查美国主管当局的事实调查行为,只要它对相关因素的考虑不是显然不合理的。可见工作组在事实结论的审查标准上采取了相当尊重的审查标准,对美国政府的措施采取了一种许可的态度,其许可的范围是对于国际因素的适当关注和不明显不

---

① *Report on the Withdrawal by the United States of a Tariff Concession under Article* ⅩⅨ *of the General Agreement on Tariffs and Trade*, 27 March 1951, CP/106, para. 30. 载于 WTO 官方网站: www. wto. org;另参见韩立余《GATT/WTO 案例及评析》(下卷),(1948—1995),中国人民大学出版社 2002 年版,第 257 页。

② *Report on the Withdrawal by the United States of a Tariff Concession under Article* ⅩⅨ *of the General Agreement on Tariffs and Trade*, 27 March 1951, CP/106, para. 30. 载于 WTO 官方网站: www. wto. org。

③ *Report on the Withdrawal by the United States of a Tariff Concession under Article* ⅩⅨ *of the General Agreement on Tariffs and Trade*, 27 March 1951, CP/106, para. 48. 载于 WTO 官方网站: www. wto. org。

合理地考虑国内因素。①

正如韩立余教授指出的,该案的裁决被普遍认为是"一次失败的尝试"②存在着不少问题。就审查标准而言,在考虑当地因素和国际因素的程度问题没有具体分析,对于政府的事实调查结果的审查程度也没有涉及甚至允许缔约方背离 GATT 条文的规定过分的考虑国内因素。诚如韩立余教授指出的,该案是一工作组报告,严格意义上说,工作组报告不能等同于专家组做出的争端解决报告。③而且由于对 GATT1947 第 19条的错误理解,工作组认为美国有权享有合理怀疑带来的利益,从而将这一例外措施变成了一般措施。杰克逊教授对工作组的错误也给出了严厉的批评,他认为,这个案件的裁决使得例外条款的适用范围被不适当的扩大,从而让引用这一条款变得更加容易。因为这一裁决几乎使所有的对第 19 条的援引都可能具有正当性。他最后表达了对这一裁定结果消极影响的担忧。如此随意的给第 19 条引用方以合理怀疑的利益,恐怕会让各缔约方在总协定项上的关税减让等义务变得越来越模糊而不可辨别,最终有可能危及整个多边贸易体制。④因此,该案对于审查标准问题的实践不能为我们今天正确理解 GATT/WTO 的审查标准问题提供积极的指导。

(二)反倾销和反补贴案中有关事实问题审查标准的实践

诚如学者指出的,GATT1947 体制下的反倾销和反补贴案件中,事实问题的审查标准的实践是连贯的,⑤那就是当事实证据不能被适当地评估时就将受到缔约方全体的挑战。

---

① 纪文华、姜丽勇:《WTO 争端解决规则与中国的实践》,北京大学出版社 2005 年版,第 157 页。

② 参见韩立余《GATT/WTO 案例及评析》(下卷)(1948—1995),中国人民大学出版社 2002 年版,第 264—265 页。

③ 同上书,第 265 页。

④ John H. Jackson, *World Trade and the Law of GATT*, the Bobbs - Merrill Company, Inc. 1969, p. 563.

⑤ Matthias Odsch, *Standard of Review in WTO Dispute Resolution*, Oxford University Press, 2003, p. 64.

在《瑞典反倾销税案》① 中，1955 年意大利对瑞典反倾销条令提出申诉。根据该条令，当发票价格低于瑞典政府规定的最低基本价格时征收反倾销税，如果没有确立倾销的情况，对于已经征收的反倾销税进口商有权要求返还。意大利认为瑞典政府对进口尼龙袜征收反倾销税的行为与 GATT 第 6 条的规定不相一致。意大利主张瑞典征收反倾销税的条令颠倒了举证责任，因为该条令使得海关当局甚至不初步确立倾销就有权制止货物的进口，进口商不迟延的通关或不增加费用通关权利实质上被制止，从而使进口商在法律上被置于不利的地位。② 专家组一方面认为"它不能处理瑞典可能存在的有关海关当局或法院程序的法律规则"，③ 这不属于专家组的职权范围；另一方面，指出从 GATT 第 6 条的规定可以明显看出，"除非确立了某些事实，否则不得征收反倾销税，因为这是实施该税的缔约方的义务。因而可以合理预期（reasonable to expect）该缔约方的措施受到指控时，该缔约方应确认这些事实的存在"④，否则就构成对 GATT 第 6 条的违反。也就是说，该案专家组一方面对于如何进行事实评估和采取何种程序等问题不做出评论，尊重政府的权力，另一方面明确提出对缔约方政府权力的限制，那就是 GATT 第 6 条的要求，有关政府必须进行有关事实调查并能在缔约方全体证明据以采用措施的事实的存在。虽然该案专家组有意回避了对审查标准做出界定，但专家组巧妙地利用了 GATT 第 6 条的要求，在 GATT 实践中第一次提出对缔约方政府权力的限制。由此我们可以看出，实际上 GATT 的专家组对事实问题既不采取重新审查的方式，也不会用自己的事实结论去代替缔约方政府的事实结论，而是要求有关政府证明为确定事实存在进行了事实调查。

---

① Swedish-*Antidumping Duties*，Report adopted on 26 February，L/328. 载于 WTO 官方网站：www. wto. org。

② *Swedish Antidumping Duties*，Report adopted on 26 February，L/328. para. 5. 载于 WTO 官方网站：www. wto. org；另参见韩立余《GATT/WTO 案例及评析》（下卷）（1948—1995），中国人民大学出版社 2002 年版，第 11 页。

③ *Swedish Antidumping Duties*，Report adopted on 26 February，L/328. para. 15. 载于 WTO 官方网站：www. wto. org。

④ Ibid. .

如前所述，到20世纪70年代后出现了 GATT 管理的明显变化和争端日益复杂的趋势。有些专家组采用了更为严格的审查标准，1985年《新西兰对进口变压器征收反倾销税案》[①] 是一个标志性的案件。[②]

在该案中，新西兰电力委员会通过招标，从芬兰进口了两台变压器。新西兰变压器生产商提出了反倾销调查申请，新西兰海关经过调查做出了存在倾销并造成产生损害的裁定，并对从芬兰进口的变压器征收了反倾销税。对这一做法，芬兰政府提出了申诉。新西兰质疑缔约方全体能否就此问题进行审理，因为新西兰认为关于倾销和损害确定问题属于一国主权范围内的事项，缔约方全体不应该插手此事。专家组拒绝了这一主张并通过调查裁定新西兰的做法违反了总协定第6条的规定。

芬兰政府和新西兰政府在倾销事实认定和实质性损害的存在和认定问题上展开了激烈的争论，各自阐明了自己的观点。[③] 在事实确定问题上，专家组首先对是否存在倾销进行了审查。专家组指出，无论是否自己存在过失，由于芬兰出口商没有提供所有必要的成本因素使新西兰当局不能基于出口商单独提供的信息进行有意义的生产成本计算。因此，新西兰当局基于从其他来源获得的价格因素进行成本计算具有正当理由。[④] 这表明在是否存在倾销事实的确定中专家组进行了严格的审查，采取了更为严格的审查标准。

接下来，专家组考虑了争端双方关于新西兰当局在倾销裁定中使用的成本因素的适当性提出的主张。认为由于确定成本技术上的复杂性，尤其是因为它与为客户制作的复杂产品相关联，专家组认可了新西兰政府关于倾销存在的认定。[⑤] 也就是说，专家组仍然坚持了严格的审查

---

① New Zealand-*Imports of Electrical Transformers from Finland*, Report by the Panel adopted on 18 July 1985, L/5814-32S/55. 载于 WTO 官方网站：www.wto.org。

② Ross Becroft, *The Standard of Review in WTO Dispute Settlement：Critique and Development*, Edward Elgar Publishing Limited，2012，p. 42.

③ 参见纪文华、姜丽勇《WTO 争端解决规则与中国的实践》，北京大学出版社 2005 年版，第 158—159 页。

④ New Zealand-*Imports of Electrical Transformers from Finland*, Report by the Panel adopted on 18 July 1985, L/5814, para. 4. 2. 载于 WTO 官方网站：www.wto.org。

⑤ New Zealand-*Imports of Electrical Transformers from Finland*, Report by the Panel adopted on 18 July 1985, L/5814, para. 4. 3. 载于 WTO 官方网站：www.wto.org。

标准。

在实质性损害认定的问题上，专家组一方面强调进口缔约方调查当局应当承担确定倾销进口是否造成实质性损害的责任，另一方面旗帜鲜明去反对了如果另一缔约方提出申诉，缔约方全体也不能审查该损害确定的观点。并进一步指出，如果缔约方全体不能对此种情况做出审查，而是任由成员国政府在反倾销领域中自由决定如何行事，这其实就是给了成员国政府没有任何约束的自由裁量权，……过多的没有约束的自由裁量权的存在将会促使各成员国按自己的意愿去行使权利，极为可能存在权利滥用进而会危及整个国际贸易秩序，最终的结果将是无法被接受的。① 本案专家组的报告继续向人们传递这样一种信息：缔约方的主权应当得到尊重，缔约方政府有相当的自由裁量权；但是这缔约方政府的权力同样要受到限制，这种限制来源于缔约方明示的或者暗示的国际义务。可见，在事实结论问题上，专家组仍然是采用了严格的审查标准。

对专家组的做法有学者认为"尊重与限制并存"② 的标准是 GATT 裁判体系在对成员国主管当局的措施进行审查时所持的基本立场。也有人认为，本案中专家组很显然是采取了更为严格的审查标准。无论是对倾销的存在还是实质损害，专家组都进行了详细的分析。③ 更有人指出，专家组在本案的事实问题上采用了重新审查的审查标准。④ 笔者认为，本案专家组的确采取了较为严格的审查标准。

在 1993 年《韩国反倾销税案》⑤ 中，专家组有机会对于严格审查标准的立场作了更为清晰地阐述和更为明确地表达，采取了较以往案例

① New Zealand-*Imports of Electrical Transformers from Finland*，Report by the Panel adopted on 18 July 1985，L/5814，para. 4. 4. 载于 WTO 官方网站：www. wto. org；另参见韩立余《GATT/WTO 案例及评析》（下卷）（1948—1995），中国人民大学出版社 2002 年版，第 21 页。

② 纪文华：《WTO 争端解决中对政府决定的审查标准研究》，《国际经济法论丛》2002 年第 1 期。

③ Ross Becroft，*The Standard of Review in WTO Dispute Settlement：Critique and Development*，Edward Elgar Publishing Limited，2012，p. 43.

④ Matthias Odsch，*Standard of Review in WTO Dispute Resolution*，Oxford University Press，2003，p. 65.

⑤ Korea-*Antidumping Duties on Imports of Polyacetal Resins from the United States*，Report of the Panel，ADP/92. 载于 WTO 官方网站：www. wto. org。

更为严格的审查标准。该案的焦点在于美国质疑韩国政府对实质性损害裁定的合法性和合理性。美国认为韩国政府既没有充分审查进口替代问题，也没有对进口产量下降的事实做出正确的评估，更为严重的是，几乎就没有有效的证据表明韩国政府做出了"客观的判断"。[①] 对此，韩国政府辩称专家组的工作不是要"推测"（second guess）韩国贸易委员会是如何做出反倾销裁定的。因此，专家组既不应该对不同因素的取舍和在考量上加上自己的观点，更不能对韩国政府的措施采用重新审查的方式。[②] 也就是说，只要对那些应当考虑得因素韩国政府当局给予了注意并且做出了客观的评估就符合 GATT 规则的要求。具体到哪些因素要考虑得更多或更少完全是主管当局的自由裁量权，专家组不能进行干涉否则就是对国家权力的侵犯。[③] 专家组明确表达了自己不会对已经由韩国贸易委员会审查的事实进行重新审查，那不是他们的工作职责，他要做的工作是审查主管当局的措施与《反倾销守则》的一致性。[④] 但是，专家组紧接着就指出对国内调查当局在进行审查时应当履行的义务。专家组说，考察有关因素是国内调查当局的职责，韩国政府负有对其为什么要考察这些因素以及如何评估这些因素做出"充分解释"的义务。[⑤] 也就是说，除非主管当局对于在评估各项事实因素时的理由也做出充分说明，否则仍然会被看作与 GATT 的《反倾销协议》不符。换句话说，就是不仅要求主管当局既全面考虑和评估相关因素，而且对每一因素的考虑都应做出充分的说明。可见，本家专家组采用了更严格的审查标准。

---

① 参见纪文华、姜丽勇《WTO 争端解决规则与中国的实践》，北京大学出版社 2005 年版，第 161 页。

② Korea−Antidumping Duties on Imports of Polyacetal Resins from the United States, Report of the Panel, ADP/92, para. 57. 载于 WTO 官方网站：www. wto. org；另参见纪文华、姜丽勇《WTO 争端解决规则与中国的实践》，北京大学出版社 2005 年版，第 161 页。

③ 参见纪文华、姜丽勇《WTO 争端解决规则与中国的实践》，北京大学出版社 2005 年版，第 161 页。

④ Korea−Antidumping Duties on Imports of Polyacetal Resins from the United States, Report of the Panel, ADP/92, para. 237. 载于 WTO 官方网站：www. wto. org。

⑤ Korea−Antidumping Duties on Imports of Polyacetal Resins from the United States, Report of the Panel, ADP/92, para. 209. 载于 WTO 官方网站：www. wto. org。

　　在 GATT1947 后期的一些案件中，专家组对审查标准的态度发生了比较明显的变化，由于之前所采取的较严格的审查标准转向了尊重型的审查标准。《美国鲑鱼反倾销税案》① 和《美国鲑鱼反补贴税案》② 就是其中的较为典型的案例。案件的起因是美国对从挪威进口的大西洋鲑鱼开展了反补贴调查和反倾销调查并最终裁定征收反倾销税和反补贴税。挪威对此提出了申诉。虽然是设立了两个专家组来进行审查，但是专家组构成是相同的，两份专家组报告在很多方面是相同的。③ 因此，我们着重分析《美国鲑鱼反倾销税案》中专家组关于审查标准的实践。

　　该案的一个争议焦点是"实质性损害"问题。专家组注意到《反倾销守则》第 3 条第 1 款中的"客观评估"要求，并指出审查实质损害确定是否与这一要求相一致，必然要求审查调查当局是否审查了全部相关事实（包括可能导致否认性认定的事实）和审查调查当局是否就这些事实在总体上如何支持裁定提供了合乎逻辑的解释。④ 接着对于调查当局在反倾销调查中对有关因素的"考虑"，专家组出人意外地指出，是审查调查当局是否适当地审查了《反倾销守则》第 3 条第 2 款和第 3 款中规定的因素。⑤ 就如有学者指出的，这表明专家组降低了在该问题上的审查标准，从以前的要综合考虑国内调查当局对事实因素的取舍是否合理，是否有充分的解释，所做出判定是否正确，转而到只是强调国内调查当局进行裁定时是否全面的评估了相关因素，有没有应当考

　　① United States- *Imposition of Anti-dumping duties on Imports of Fresh and Chilled Atlantic Salmon from Norway*, Report of the Panel adopted by the Committee on Anti-Dumping Practices on 27 April 1994 （ADP/87）. 载于 WTO 官方网站：www. wto. org。

　　② United States - *Imposition of Countervailing duties on Imports of Fresh and Chilled Atlantic Salmon from Norway*, Report of the Panel adopted by the Committee on Subsidies and Countervailing Measures on 28 April 1994 （SCM/153）. 载于 WTO 官方网站：www. wto. org。

　　③ 韩立余：《GATT/WTO 案例及评析》（下卷）（1948—1995），中国人民大学出版社 2002 年版，第 46 页。

　　④ United States- *Imposition of Anti-dumping duties on Imports of Fresh and Chilled Atlantic Salmon from Norway*, Report of the Panel adopted by the Committee on Anti-Dumping Practices on 27 April 1994 （ADP/87）, para. 492. 载于 WTO 官方网站：www. wto. org。

　　⑤ United States- *Imposition of Anti-dumping duties on Imports of Fresh and Chilled Atlantic Salmon from Norway*, Report of the Panel adopted by the Committee on Anti-Dumping Practices on 27 April 1994 （ADP/87）, para. 493. 载于 WTO 官方网站：www. wto. org。

虑而没有去考虑的现象存在。① 也就是说，只要求调查当局全面评估反倾销守则规定的因素，而对于具体某一个因素的评估不要求做出充分解释。强调的是评估的全面性而非解释的充分性。这在实质上更趋向于"完全尊重"的审查标准。② 笔者认为这一做法是不可取的，在《美国热轧钢案》③ 中上诉机构明确对这一做法表示不同意见。上诉机构指出在确定倾销与损害之间的因果关系时，负责调查的主管当局必须就其他已知因素对国内产业造成的损害做出适当的评估，而且它们必须将倾销进口产品造成的损害结果与那些其他因素对国内产业造成的损害结果区分开来。这要求对其他因素造成的，区别于倾销进口产品导致的损害结果的性质和程度做出令人满意的解释。④

二　GATT 关于法律问题的审查标准的实践

（一）GATT1947 法的审查标准的实践

GATT 的争端解决机制是"权力导向"型的争端解决机制，有学者认为由于外交的务实性使得缔约方全体需要一种"弹性的规则"（flexible rules）。⑤ 因此，GATT 缔约方需要专家组在 GATT 法解释的审查标准上采取尊重的态度，从而为缔约方留下一定程度的关于解释 GATT1947 规则的自由裁量权。在 1951 年《美国皮帽案》中，工作组对于美国政府的关于 GATT 规则的解释给予充分的尊重，认为美国政府善意地做出了结论，"拟采取的措施属于他们认为如此解释第 19 条的条

---

① 纪文华、姜丽勇：《WTO 争端解决规则与中国的实践》，北京大学出版社 2005 年版，第 162 页。

② See Matthias Oesch, *Standards of Review in WTO Dispute Resolution*, Oxford University Press, 2003, p. 65.

③ United States – Anti – dumping Measures on Certain Hot – Rolled Steel Products from Japan, WT/DS184/AB/R, report of the panel, 28 February 2001, and the Appellate Body, 24 July 2001. 载于 WTO 官方网站：www. wto. org。

④ United States – Anti – dumping Measures on Certain Hot – Rolled Steel Products from Japan, WT/DS184/AB/R, para. 226. 载于 WTO 官方网站：www. wto. org；另参见冯军《WTO 案例集》(2001)（上、下册），上海人民出版社 2002 年版，第 444 页。

⑤ Hudec Robert E., *Enforcing International Trade Law: The Evolution of the Modern GATT Legal System*, Butterworth Legal Publishers, 1993, p. 266.

款。而且，工作组关于该条款的解释的不同观点，不足以影响到工作组成员对受审查的具体案件的观点"①。也就是说，只要美国政府善意地根据他们自己对第 19 条的理解采取了措施，即使工作组有着不同的解释，他们也不会推翻美国政府的措施，从而为美国政府在解释 GATT1947 规则的问题上留下了较大的自由裁量权。如前文所言，该案工作组的分析与 GATT/WTO 的宗旨不符，不会对今后的实践产生任何积极意义，只能视作法律解释审查标准的一个例外。

因此，在 GATT1947 的实践中，除了重新审查这个标准外专家组成功地避免了在争端解决中引入任何其他的关于法律解释的审查标准。也就是说，专家组没有给缔约方关于 GATT 规则的解释以任何尊重，关于 GATT 规则的解释权被紧握在专家组手中。

（二）国内法的审查标准的实践

GATT1947 专家组经常会被要求对缔约方的国内法与总协定义务的相符性进行审查。在实践中，GATT1947 专家组创造性地把国内法区分为裁量性立法和义务性立法，并在进行 GATT1947 相符性审查时予以区分对待。《美国烟草案》② 就是其中较为经典的案件。在该案中专家组一致性裁定，"强制性要求与 GATT 不符的立法可以被提起指控，而仅仅是给予缔约方行政机构与 GATT 不符行为的裁量权的立法本身，不能被指控；只有与 GATT 不一致的这类立法的实际适用，才能被指控"③。

在 GATT1947 中对国内法的审查标准的重要问题是国内法是被作为事实还是作为法律？在《美国烟草案》中专家组把对国内法的解释视为事实问题做出了重要的陈述。专家组认为："专家组注意到之前的专家组与国际裁判实践保持一致，避免对国内法作出独立的解释，而是把国内法的解释作为事实问题对待。基于这样的分析，专家组认为对于美国 1993 年预算法第 1106（a）条的理解应当从作为立法者的美国的行

---

① *Report on the Withdrawal by the United States of a Tariff Concession under Article* ⅩⅨ *of the General Agreement on Tariffs and Trade*, 27 March 1951, CP/106, para. 48. 载于 WTO 官方网站：www.wto.org。

② United States-Measures Affecting the Importation, Internal Sale and Use of Tobacco-Report of the Panel, 12/08/1994. GATT Doc. DS44/R.

③ Ibid., para. 118.

为方式和美国之前对于该条款的解释中去寻找指南。"① 也就是专家组不会对美国法的相关条文进行独立的解读，而是给对美国主管当局提交给他们的国内法解释以尊重。

但是，GATT1947 专家组对于如何对待国内法的态度不是一以贯之的。《美国烟草案》的专家组报告是唯一一份被通过的将国内法视为事实问题的专家组报告。② 还有其他专家组报告否定了把国内法视为事实问题的做法。在《美国 1930 年关税法第 337 节案》③ 中专家组就对美国相关立法及其实践进行了详细的审查，以确定这些条款是否与GATT1947 法律相符。④ 在这个案子中，专家组没有给美国对于其自身立法的解释以任何尊重，反而是采用了重新审查的审查标准。

总之，在 GATT1947 时期，专家组对于国内法进行审查时的态度是不一致的，上述两个案件已经足以揭示这种不一致的态度。不管如何，专家组还是意识到了对于国内法规则的解释和分析不应当建立的抽象的语境上，而是应该根据国内行政和司法实践去加以分析。因此，专家组通常会在对国内法规则进行审查时更多地考虑其国内实践中的观点和做法。

（三）国际法的审查标准的实践

在整个 GATT 临时适用的近 50 年时间里，GATT1947 法律体系与一般国际法似乎没有发生过多少关联。一般认为 GATT1947 是一个自足的（self-contained）体系而无须考虑更宽泛的国际法。GATT1947 体系在处理法律问题上有着自身的特点，只有很少的情形下专家组会明确参考国际法的实体和程序内容。⑤ 通常情况下专家组都是以 GATT1947 的法律

---

① United States-Measures Affecting the Importation, Internal Sale and Use of Tobacco-Report of the Panel, 12/08/1994. GATT Doc. DS44/R, para. 75.

② Matthias Odsch, *Standard of Review in WTO Dispute Resolution*, Oxford University Press, 2003, p. 69.

③ United States-Section 337 of the Tariff Act of 1930-Report by the Panel, adopted on 7 November 1989.

④ United States-Section 337 of the Tariff Act of 1930-Report by the Panel, adopted on 7 November 1989. L/6439, para. 5. 15-5. 20.

⑤ Matthias Odsch, *Standard of Review in WTO Dispute Resolution*, Oxford University Press, 2003, p. 69.

文本作为其法律渊源而不是国际法。因此在解释总协定时，专家组存在着忽略国际公法的倾向。① GATT1947专家组似乎就没有对国际法的审查标准作出过界定。

作为一个显著的例外是《VCLT》。实践中，GATT1947专家组仍然遵循了《VCLT》第31条和第32条的解释方法。② 在《美国软木措施案》③ 中专家组指出主动发起反补贴税调查受到第2条第1款的调整。虽然该款要求"充分证据"（sufficient evidence），并指明了要求这种证据的对象，但对什么构成了充分证据该条款没有提供指引。因此，专家组根据国际法条约解释的习惯原则，考查了第2条第1款中"特殊情形"的含义。根据这些原则，条约用语应根据其上下文、条约的目标及宗旨给予通常含义。④ 但是，专家组既没有给缔约方解释这些国际法条约解释的习惯原则的特权，也没有给予缔约方有关解释的任何尊重。因此，虽然GATT1947专家组对国际法的审查标准问题涉及很少，但是有限的经验表明，专家组对国际法的审查标准问题坚持着严格的审查标准，这与他们在对GATT法的审查标准问题上的做法是一致的。

本章小结

审查标准问题是一个不断在争端中被提及的棘手问题。GATT时期的专家组在实践中尽力在回避使用审查标准这一概念，而是通过解释具体争端中涉及的条款的方式来解决。虽然GATT时期的后几起案件在审查标准问题上表现出反复，我们还可以基于上述分析得出某些理性结论：第一，就事实确定而言，GATT时期的实践态度是连续性的，即不

---

① David Palmeter and Petros C. Mavroidis, *Dispute Settlement in the World Trade Organization: Practice and Procedure*, Cambridge University Press, 2004.

② Mituo Matusushita & Thomas J. Schoenbaum etc., *The World Trade Organization: Law, Practice and Policy*, Oxford University Press, 2003, p. 63.

③ United States-Measures Affecting Imports of Softwood Lumber from Canada-Report of the Panel, adopted by the Committee on Subsidies and Countervailing Measures on 27-28 October 1993.

④ United States-Measures Affecting Imports of Softwood Lumber from Canada-Report of the Panel, adopted by the Committee on Subsidies and Countervailing Measures on 27-28 October 1993. SCM/162, para. 330.

对主管当局提供的证据进行重新审查，也不用自己的判断来代替缔约方的判断而采用了尊重的审查标准，而是审查主管当局对事实证据的考虑是否适当。第二，对事实结论来说，从发展趋势上看，GATT 时期的审查标准从一开始的"比较宽松逐渐趋于严格"，[①] 要求主管当局既全面考虑和评估相关因素，而且对每一因素的考虑都应做出充分的说明。虽然从后期的几个案件中我们看到了专家组在这个问题上反复，但笔者认为，这并不代表审查标准的发展，而是与争端所涉及事项的政治敏感性和 GATT 争端解决的外交性所决定。而《美国鲑鱼反倾销税案》的做法也被后来的上诉机构报告所推翻。第三，就法律问题的审查标准而言，GATT 时期采取的是重新审查的标准，没有给缔约方关于 GATT 规则的解释以任何尊重。第四，专家组没有去阐述一个总的审查标准，而是根据争端产生的具体问题去审查有关事实和法律事项。

　　的确，审查标准问题是一个复杂的问题。由于缺乏相关的规定GATT 专家组在实践中表现出了一定的反复。而其中的一些做法遭到缔约方的批评，尤其是美国的批评。[②] 在乌拉圭回合谈判中审查标准问题引起了各方广泛的讨论，下面我们就来检讨一下这些讨论。

---

① 纪文华、姜丽勇：《WTO 争端解决规则与中国的实践》，北京大学出版社 2005 年版，第 163 页。

② Steven P. Croley & John H. Jackson，"WTO Dispute Procedures, Standard of Review, and Deference to National Governments"，*American Journal of International Law*，Vol. 90，No. 2，1996，p. 193.

第六章 乌拉圭回合关于审查标准问题的谈判

　　开始于 1986 年的乌拉圭回合谈判的议程是极具雄心而又目光远大的共有 14 个谈判小组负责各自的工作内容。原计划在 1990 年的布鲁塞尔部长级会议上结束谈判，但是直到 1993 年 12 月谈判工作才得以结束。1994 年 4 月 15 日，创始成员方在马拉喀什签署了谈判最终文本。1995 年 1 月，世界贸易组织成立。美国是这一轮谈判的主要构建者。

　　基于对 GATT1947 争端解决机制所存在的一些"严重缺陷"（grievous defects）① 的认识，一个专门的谈判小组负责争端解决机制的谈判并把争端解决机制的改革置优先议题。它的目标是强化争端解决过程的规则和程序并致力于提高执行的力度。争端解决机制谈判的重点是引入上诉审（appellate review）和反向一致原则（negative consensus）。② 当然，审查标准问题这个 WTO 争端解决中的基础法理问题是一定会涉及的。本章共由三个部分组成：第一部分对乌拉圭回合的谈判历程进行简要的回顾，以期使读者对审查标准问题在乌拉圭回合谈判中的经历有个大致的了解。第二部分是对美国所选择的审查标准模式进行分析，着重介绍美国行政法上的"谢弗林原则"。第三部分是分析美国在谈判中提交的不同版本的审查标准文本以及乌拉圭回合谈判在审查标准问题上的最终结果。

---

　　① John H. Jackson, *The World Trading System: Law and Policy of International Economic Relations* 2*nd* *edition*, The MIT Press, 1997, p. 45.

　　② Ross Becroft, *The Standard of Review in WTO Dispute Settlement: Critique and Development*, Edward Elgar Publishing Limited, 2012, p. 45.

第一节　乌拉圭回合关于审查标准
问题谈判历程回顾

根据《VCLT》第 32 条的规定，当用尽了第 31 条规定的解释方式仍然会导致"明显荒唐或者极不合理"的结果，则条约的准备工作和达成结论的背景可以作为条约解释的补充资料对条约进行解释。国际法院也多次肯定了谈判准备资料的作用，特别是这些资料在案件中的实用价值，因为它们通常在谈判中被精心准备、详细论述而且有着完整的谈判记录被保存下来。① 尽管如此，人们对于谈判准备工作的使用是持有一种小心而谨慎的态度。原因大体有三个，第一，是因为条约的模糊条款有可能就是来源于谈判的准备工作本身。第二，并不是所有的谈判代表都会出席每一场重要的谈判，因此他们不可能对谈判记录发表任何看法。第三，那些没有参与谈判的国家或者后加入条约的国家也不愿意受到那些不确定的而且往往不完整的谈判准备工作的约束。

上述三个原因对于乌拉圭回合谈判中关于一般审查标准，特别是《反倾销协议》中的审查标准条款而言也是成立的。我们观察到在乌拉圭回合谈判过程中所举行的非正式会议上，各方谈判代表的讨论和发言没有留下任何谈判记录，更为令人遗憾的是对于整个乌拉圭回合谈判唯一达成的审查标准条款——《反倾销协议》第 17 条第 6 款起草的最后文本也没有留下任何的官方记录。那是不是说谈判历史对于考察审查标准问题就没有意义呢？答案是否定的。毕竟在《反倾销协议》第 17 条第 6 款规定了一个明确的尊重性审查标准，虽然它仅适用于反倾销案件，但是对于其他协定的争端中适用的审查标准仍有借鉴意义。从这个意义上说，有关审查标准的谈判历史能提供大量的有用信息，因此，在解释相关条款的时候应当被充分考虑。② 下面我们就来简要回顾这一段谈判历史。

---

① Matthias Odsch, *Standard of Review in WTO Dispute Resolution*, Oxford University Press, 2003, p. 78.

② Ibid. , p. 79.

一　谈判初期未受关注

审查标准问题在乌拉圭回合谈判过程中经历了戏剧的变化。它从一个默默无闻的配角华丽转身为聚光灯下的主角。其间美国是最主要的谈判推动者，可以说是美国力排众议甚至用有些近乎"耍赖"的坚持才使得在谈判即将结束的前一天晚上把一个有关审查标准的条款写入了WTO一揽子协定的法律文本。这一谈判历程大体可以分为两个阶段：谈判初期和谈判后期。

正如前文所言，乌拉圭回合谈判有着十分远大的目标。因此，在乌拉圭回合谈判的初期争端解决机制谈判小组的工作重心在新的争端解决机制中写入上诉审和反向一致原则决策机制。在谈判初期，美国非常关注司法化的争端解决机制议题，强调要建立一个与 GATT 时期不同的以"规则为导向"的对各方有法律约束力的争端解决机制。① 美国在谈判中的目标非常明确，主要有两个：第一，就是要改变 GATT 时期已拖不久、效率低下的争端解决状态，谋求更高效率、更有约束力的争端解决机制；第二，被建立起来的新的争端解决机制要成为维护美国自身利益的有力武器。总之，就是要创建一个能最大程度的保障美国在多边贸易争端解决中利益的争端解决机制。② 在这种谈判目标的指引下，谈判小组的工作重心必然是更多地着眼于争端解决机制的体制性创新和制度性革新。

因此，在谈判初期审查标准问题并没有成为谈判的热点和焦点，人们似乎没有关注到这个问题的存在。我们可以看到在为了促成谈判早日结束的"邓克尔文本"（the Dunkel Draft）中，根本就找不到明确规定审查标准的条款。

二　谈判后期成为决定谈判能否成功的关键因素

在乌拉圭回合谈判中，关于审查标准是应当采用更严格的标准使争

---

① 罗文正：《世界贸易组织审查标准制度源流考——以乌拉圭回合谈判为主要线索》，《衡阳师范学院学报》2015 年第 3 期。

② U. S. C. 2901（B）（1）（1988），转引自贺艳《WTO 反倾销法中的审查标准问题探究》，《国际经济法学刊》2005 年第 3 期。

端解决机制有较大的权限来审查有关政府的诉争措施，还是应当对缔约方政府的权力给予更多的尊重一直有着不同的声音。如前所述美国在谈判初期并没有看重审查标准问题，而在 1992 年初美国政府态度明显变化，开始关注将遵从性的审查标准写入谈判的最终文本以便能有效地约束专家组的审查权限，确保美国国内主管当局的决定能得到专家组的实质性尊重。美国开始将审查标准问题列入了可能最终导致谈判破裂的名单当中。① 甚至强调审查标准问题的谈判比知识产权的谈判还要重要，这其实就是在告诉各方谈判代表如果在这个问题上不能取得一致的话，谈判就有可能全面失败。美国也是当时世界上使用反倾销调查和征收反倾销税最多的国家。②

促使美国谈判立场发生转变原因是复杂的。③ 主要原因在于作为世界上反倾销措施和反补贴措施使用最多的国家，美国发现自己越来越多在反倾销案件中成为被告，不利于维护美国的利益。在 GATT 后期，美国频繁因为反倾销问题被其他缔约方起诉，这使得美国发现其在 GATT 诉讼中的地位，它正面临越来越不利的境地。这一事实让美国人认识到如果没有一个遵从性的审查标准被写入谈判文本的话，那么在未来建立的严格而有效的争端解决机制中美国将面对不利的局面。于是美国极力主张要确立一个尊重性的审查标准来有效限制专家组的权力，使专家组能在实质意义上尊重美国主管机构的裁决，从而确保 WTO 协定不会损害美国的反倾销法的效力。

在乌拉圭回合谈判期间出台的几份针对美国和其他国家使用的反倾销措施的专家组报告点响了对更为尊重性的审查标准迫切需要的警钟。④

① Steven P. Croley & John H. Jackson, "WTO Dispute Procedures, Standard of Review, and Deference to National Governments", *American Journal of International Law*, Vol. 90, No. 2, 1996, p. 194.

② Matthias Odsch, *Standard of Review in WTO Dispute Resolution*, Oxford University Press, 2003, p. 73.

③ 关于具体原因的分析，可参见贺艳《WTO 反倾销法中的审查标准问题探究》，《国际经济法学刊》2005 年第 3 期；M. Finger, "Antidumping is Where the Action is", *The World Trading System*, Vol. 3, Routledge Publishing, 1998, p. 22.

④ 罗文正：《世界贸易组织审查标准制度源流考——以乌拉圭回合谈判为主要线索》，《衡阳师范学院学报》2015 年第 3 期。

1990 年《美国无缝钢管案》① 中的败诉是压垮美国谈判态度的最后一根稻草。②

在该案中美国认为审查标准问题对专家组的审查而言是一个"中心而不平常的问题"，因此，尊重性审查标准对本案而言是最合适的。③ 美国认为，他已经在国内调查程序中就倾销和损害以合理的方式审查了数以百计的证据，并做出了分析得出了相应地结论。专家组应当对美国当局的调查结论给予尊重。如果过度的审查，将会使专家组的角色由审查主体转变为超级调查主体，这也是与该协定起草者的意图相违背的。④ 但是瑞典的主张与美国恰恰相反。瑞典主张认为专家组对于事实问题的审查职责，要求他不可避免地要去对美国当局决定的某些事实进行细节性的分析。⑤ 专家组拒绝了美国的尊重性审查标准的要求，但是他仍然强调去审查和决定在争端中产生的与具体事项相关的争论和法律事项才是合适的审查标准，而不是试图阐述一般的审查标准。⑥ 这使得专家组巧妙地回避了对审查标准问题做出一般定义，并进一步强调专家组有权根据个案的情况对采取灵活审查的立场。最终，专家组裁决美国败诉。美国阻止了该报告的通过。这个案件也使美国强化了要在新的法律文件中确立一个尊重性的审查标准来限制专家组权限的态度。从这时开始，美国政府在乌拉圭回合谈判的优先议题的菜单中又多了一个选项——尊重性审查标准。⑦

---

① *United States-Imposition of antidumping duties on imports of seamless stainless steel hollow products from Sweden*（ADP/47），Report unadopted. 载于 WTO 官方网站：www.wto.org。

② 纪文华、姜丽勇：《WTO 争端解决规则与中国的实践》，北京大学出版社 2005 年版，第 166 页。

③ *Report on Imposition of antidumping duties on imports of seamless stainless steel hollow products from Sweden*，20 AUGUST 1990，ADP/47，para. 3. 11. 载于 WTO 官方网站：www.wto.org。

④ Ibid. .

⑤ *Report on Imposition of antidumping duties on imports of seamless stainless steel hollow products from Sweden*，20 AUGUST 1990，ADP/47，para. 3. 12. 载于 WTO 官方网站：www.wto.org。

⑥ *Report on Imposition of antidumping duties on imports of seamless stainless steel hollow products from Sweden*，20 AUGUST 1990，ADP/47，para. 5. 3. 载于 WTO 官方网站：www.wto.org。

⑦ Gary N. Horlick and Peggy A. Clarke，"Standards for Panel Reviewing Anti-dumping Determinations under the GATT and WTO"，in E-U Petersmann（ed.），*International Trade Law and GATT/WTO Dispute Settlement System*，Kluwer Law International，1997，pp. 317-321.

有意思的是，乌拉圭回合有关审查标准问题的谈判仅仅只涉及传统的审查标准，也就是说，只对事实确定和 GATT/WTO 法的解释这两方面提出了相应的谈判文本。而关于国内法和国际法的审查标准问题则在谈判过程中从未触及。

第二节　美国关于 GATT/WTO 体制下 审查标准模式的选择

如前所述，在新的法律文本写入一条尊重性审查标准是美国在乌拉圭回合谈判后期的基本态度。美国政府认为由于国内司法机构已经对美国主管当局的措施在国内法程序中进行了审理，这其实就意味着专家组在进行审查时是在做第二次复审，从而就具有了"上诉审查"的性质。① 因此，美国认为 WTO 争端解决机制完全应当考虑美国国内法所规定的"谢弗林原则"所体现的尊重态度在 DSU 文本写入类似的条款。② 美国所提出的审查标准的蓝本都是以其国内法院审查行政当局的审查标准为基础制定出来的，这其中主要是以"谢弗林诉自然资源委员会案"（Chevron V. S. Natural Resource Defense Counsil）③ 中美国联邦最高法院所确立的标准为依据的。下面我们将就"谢弗林原则"进行讨论，以了解美国有关审查标准提案的国内法背景。

在美国传统的司法体制中主要是由法院来对法律进行解释和说明。但是，由于行政国家的发展这一局面发生了重大的改变。众多的有法律解释权的行政机构被美国国会所创设。这些机关为了完成其工作职责一定会要对国内法有自己的理解，并且在实践中也会被要求对法律进行相应的解释。如果当事方对于行政机关有关法律的解释不满意，而向法院

---

① Matthias Odsch, *Standard of Review in WTO Dispute Resolution*, Oxford University Press, 2003, p. 74.

② E-U. Petersmann, The Dispute Settlement System of the World Trade Organization and the E-volution of the GATT Dispute Settlement System since 1948, *Common Market Law Review*, Vol. 31, 1994, pp. 1157-1204.

③ Chevron, U. S. A. , Inc. v. Natural Resources Defense Council, Inc. , 467 U. S. 837 (1984).

提起诉讼就会引发法院与行政机关的冲突。也就是说，对于行政机关在裁决中对法律所做出的解释，法院应当持哪一种立场和态度？是完全不理会行政机关的解释，还是要给予相应的司法尊重？

在美国，以政府工作部门为被告的行政案件审理过程中，联邦法院会适当地尊重行政机关的裁决。联邦法院通常的做法是将问题分为两类分别给予不同程度的尊重。也就是说，联邦法院会更多地尊重政府机关作出的有关事实的认定，而对于"法律"方面的问题，就是表现出更严格的态度给予的尊重在比例上要小很多。① 这种双轨方式反映了为人熟知的政府不同机构间的职能分工。根据这种分工，行政机关要处理成文法实施中的或多或少属于"技术性"方面的问题，而法院的职责则是要确保行政机关在法律规定的边界内行使权力。② 但是总的说来，在1984 年以前，美国各级法院对行政机关的法律解释所采用的审查标准是不统一的，直到《谢弗林诉自然资源委员会案》这个混乱的局面才得以改观。③ 在该案中联邦最高法院的态度发生了明显的转变，明确提出对于行政机关在合理范围内做出的对法律的解释法院应当转变以往的立场，给予适当的尊重。该规则被通称为"谢弗林原则"的规则。④ 在这一规则中联邦法院被要求对行政机构自己作出的针对成文法的模糊条款的解释予以尊重，只要这种解释是合理的（reasonable）或者可允许的（permissible），即使法院在审查成文法会得出另外的结论也不能放弃这种尊重。⑤

---

① 罗文正：《世界贸易组织审查标准制度源流考——以乌拉圭回合谈判为主要线索》，《衡阳师范学院学报》2015 年第 3 期。

② ［美］约翰·H. 杰克逊：《GATT/WTO 法理与实践》，张玉卿、李成钢等译，新华出版社 2002 年版，第 161 页。

③ 邓栗：《美国行政解释的司法审查标准——谢弗林案之后的发展》，《行政法学研究》2013 年第 1 期。

④ 赵维田：《"审查标准"：WTO 司法体制中的一个难题》，《外国法译评》1997 年第 3 期。

⑤ Croley, Steven P. and John H. Jackson, "WTO Dispute Settlement Panel Deference to National Government Decision: The Misplaced Analogy to the U. S. Chevron Standard-of -Review Doctrine", in E-U Petersmann（ed.）, *International Trade Law and GATT/WTO Dispute Settlement System*, Kluwer Law International, 1997, p. 200.

　　在美国国内法这个著名的规则中确立了两步走的分析方法，要求法院在对行政机关的决定进行审查遵循下列顺序：

　　第一步，向成文法寻求帮助和答案。法院被明确要求在此要做的第一件事情就是去查阅成文法以明确对这个问题在成文法中有没有规定？也就是说，要查明国会对于该问题有没有过相关的立法？如果有，立法表述清楚不清楚？同时，该规则也确认了法院在向成文法寻求帮助和答案要使用的工具——"法律推理的传统工具"。在利用了该工具对成文法进行分析之后，如果得出的答案是成文法有明确的规定，那么接下来就是继续追问行政机关的做法是不是符合该法令的要求。如果答案仍然是肯定的，那么就要裁定行政机关的行为是合法有效的，案件审理也就到此结束。但是，如果得出答案是行政机关的做法与成文法的规定不一样，则要启动下一步审查。

　　第二步，对该条法令的解释问题进行分析和审查。[①] 在这里该原则确立了"合理性"或者"容许性"标准。也就是说，接下来法院要审查行政机关对法令所作的解释是否属于可容许的（permissible）或者合理的（reasonable）范围。如果答案是肯定的话，那么，法院仍然应当尊重行政机关对于法令的解释，即使法院在第一次碰到这个问题时不会做出这样的解释，[②] 这就是著名的"谢弗林两步法"。正如杰克逊教授所指出的，乍一看"谢弗林原则"的规定是清晰的，当且仅当有关的成文法是模糊的而行政机构的解释又是合理的时候法院才要尊重行政机构对法律所作的解释。但是再仔细观察就会发现，其实"谢弗林原则"本身也是模糊的。[③] 从解释方法的角度看，"谢弗林原则"采用的是目的解释的方法。在谢弗林案的判决书中，斯蒂文斯大法官就考察了相关

---

　　① 赵维田：《"审查标准"：WTO 司法体制中的一个难题》，《外国法译评》1997 年第 3 期。

　　② 罗文正：《世界贸易组织审查标准制度源流考——以乌拉圭回合谈判为主要线索》，《衡阳师范学院学报》2015 年第 3 期。

　　③ Croley, Steven P. and John H. Jackson, "WTO Dispute Settlement Panel Deference to National Government Decision: The Misplaced Analogy to the U. S. Chevron Standard-of-Review Doctrine", in E-U Petersmann （ed.）, *International Trade Law and GATT/WTO Dispute Settlement System*, Kluwer Law International, 1997, p. 199.

的立法史并把它作为判决理由的支撑。① 其实，能否走到第二步取决于法院在第一步中的态度也就是说是由法院认定成文法是不是模糊的，这就为法院提供了足够的自由裁量的空间。分析至此至少可以得出一点结论，把"合理性"要求作为"谢弗林原则"的核心主张是美国国内法上有关审查标准的基本规定。②

因此，我们可以看出，"合理性审查标准"模式就是美国在乌拉圭回合谈判中所极力主张的。也就是说，只要主管当局在事实认定和法律解释是合理的，专家组就应当给予尊重，其目的在于限制专家组推翻主管当局决定的能力，以确保成员方主管当局有足够大的自由裁量权。

第三节　美国关于审查标准的一系列提议及最终结果

在乌拉圭回合谈判的后期，美国为在 WTO 体系中确立尊重性的审查标准做出了几番努力。由于美国关于审查标准的提案对专家组的审查权力过于限制遭到了大多数国家的反对，仅仅只获得了少数的支持。其中最有力的支持方是同样在实践中采取了大量反倾销措施的欧共体。③因此，美国在谈判的过程中，不断地调整谈判策略，放低身段终于在乌拉圭回合最终文件中的《反倾销协议》中写入一条尊重性审查标准。本节将集中对美国历次提交的审查标准的提案进行分析，主要包括1989 年到 1993 年 11 月期间美国所提交的议案。

一　美国的初步尝试：严格限制专家组的权限

各国谈判代表对于审查标准问题的讨论不仅仅限于在争端解决谈判

---

① 邓栗：《美国行政解释的司法审查标准——谢弗林案之后的发展》，《行政法学研究》2013 年第 1 期。

② 罗文正：《世界贸易组织审查标准制度源流考——以乌拉圭回合谈判为主要线索》，《衡阳师范学院学报》2015 年第 3 期。

③ Gary N. Horlick and Peggy A. Clarke, "Standards for Panel Reviewing Anti-dumping Determinations under the GATT and WTO", in E-U Petersmann (ed.), *International Trade Law and GATT/WTO Dispute Settlement System*, Kluwer Law International, 1997, p. 317.

小组中展开，而且在反倾销和反补贴协议的谈判中也有所涉及。有关贸易救济的争端，在缔约方国内一般都经历了行政机关的调查裁决和国内法院的审理，因此当它们被提交到专家组审查的时候就有了点"二审"的味道。因此，适用于贸易救济案件的审查标准较之其他协定来说要更加宽松、更具有尊重性，而且在 GATT1947 专家组的实践中专家组对于反倾销和反补贴案件适用了同一的审查标准。于是，美国首先选择从贸易救济领域的角度提出了第一轮审查标准的提案。

在 1989 年，美国尝试性地在补贴与反补贴措施小组中提交了一个框架性的提案，美国建议 GATT 争端解决专家组不能采用重新审查的审查标准。

到了 1992 年 11 月，第一个针对反倾销领域的审查标准提案被美国提交，这是一个极端尊重的审查标准。这份提案包括了三个方面的限制性因素。① 该提案第三项中规定的内容很明显就是针对判决美国败诉的 GATT1947 专家组在《美国水泥渣案》② 和《美国鲑鱼反倾销税案》中的做法而提出来的，旨在限制专家组获取证据的渠道，进而限制专家组的审查范围和力度以保证作为反倾销措施使用大国的美国的利益。

从这个提案的用语可以看出这是一个过于尊重性审查标准。对于事实问题的审查标准居然是除非国内主管当局没有对其做决定进行解释，否则都不能认为它的做法违反其承担的协议项下的义务。而就法律问题而言，也在强调只要是"合理的解释"专家组就必须接受。这个审查标准实在是太过于强调尊重性，仅仅用"合理性"这个似是而非标准就把专家组的审查范围压缩到非常狭窄的地步，等待它的命运只有一个，就是因为大多数谈判代表反对而被束之高阁。

---

① Gary N. Horlick and Peggy A. Clarke, "Standards for Panel Reviewing Anti-dumping Determinations under the GATT and WTO", in E-U Petersmann (ed.), *International Trade Law and GATT/ WTO Dispute Settlement System*, Kluwer Law International, 1997, p. 317. 美国该项提案的内容如下：第一，只要调查当局的行为是对本协议条款的合理解释，就不能认定其行为违反了协议。第二，就事实性问题（factual issues）而言，只有一种情形下可以认定调查当局违反了协议，即调查当局缺乏基于事实信息的确切解释以支持其最终决定。第三，专家组不得审查那些与有关成员方国民提交给调查当局不一致的或者是没有提供给调查当局的观点。

② *United States-Anti-Dumping Duties on Gray Portland Cement and Cement Clinker from Mexico-* Report of the Panel, GATT Doc. ADP/82 (unadopted 7 September 1992).

二 美国审查标准提案态度的首次转变：将限制进行到底

在 1993 年 10 月，美国不但没有降低尊重性标准，反而想确立一个对全部协议都适用的普遍性的限制性审查标准。① 这一次美国的提案是建议对 DSU 第 11 条增加两个注释。② 这个提案仍然对专家组的审查权限设定了诸多限制，而且它是适用于所有领域的审查标准而不再局限于反倾销领域和反补贴领域中。

很显然，美国并不打算把这样一个条款正式写入 DSU 当中，而是以解释性注释的方式附于 DSU 第 11 条。提案中仍然在强调"合理解释"标准，即只要成员方主管当局的措施属于"合理解释"的范围，专家组就应当予以尊重。这样的用语除了使原本就不那么清晰的"合理性"标准，更加难以捉摸和理解外，似乎看不到其他积极的效果。正如"一千个观众就有一千个哈姆雷特"一样，不同的人基于不同的立场、学识、人生经历、教育状况、民族习惯等对于"合理"的认识也会是千差万别的。如果适用这样的审查标准，在对案件事实履行客观评估的职责时专家组会无从下手，因为看起来几乎所有的主张都可能是"合理的"。夸张一点说，这几乎就是一个接近了"完全尊重"的审查标准。由此可以看出，这份提案中对专家组审查能力的权限要远超过上一份提案，遭到更为激烈地反对也就是情理之中的事情了。反对的声音至少来自两大阵营。第一大阵营的人担心这样的尊重性审查标准会最终导致多边贸易体制的"巴别通天塔"化。因为这对专家组的权限限制得过于苛刻以至于会使成员方政府滥用其自由裁量权而得不到应有的约束。没有约束的权力就会如脱缰的野马没法控制，这将会使得原本单一的 WTO 协定文本衍生出多个不同语言的国内版本，最终破坏多边贸易制

---

① Gary N. Horlick and Peggy A. Clarke，"Standards for Panel Reviewing Anti-dumping Determinations under the GATT and WTO"，in E-U Petersmann（ed.），*International Trade Law and GATT/WTO Dispute Settlement System*，Kluwer Law International，1997，p. 318.

② Cited from "U. S. Moves to LIMIT Dispute Settlement Panel's Scope of Review"，*Inside U. S. Trade*，5 November 1993，p. 7. 大体内容如下："当一个成员推行的或者所采取措施是基于对于特定事实的评估，由于认识到对于某些事实的重要程度给予的考虑不同会导致不同的合理意见，那么专家组对事实的客观评估就在于这个成员的评估是否与对这些事实的一种合理解释相符合。"

度的统一性。① 有趣的是，另一个反对的声音居然来自美国内部。因为这样的审查标准与美国人在诸如知识产权协议谈判中所主张一种更为严格的审查标准是相矛盾的。在有关知识产权协定的谈判中美国政府代表则是另一个态度。他们谋求确立极为严苛的审查标准以确保专家组在该类案件中处于强势地位，能够对其他成员方有关知识产权执法、施行等方面的决定予以近乎"重新审查"的模式以维护美国在该领域的优势。② 一份连自己人都反对的提案的失败命运是早已注定的。美国人主动收回了提案又一次铩羽而归。

三　美国人最后的态度：反倾销领域的尊重性标准

如前所述，美国人一直在坚持不懈地寻求在专家组程序中写入"合理标准"。即如果主管当局关于事实结论和法律解释是合理的专家组就尊重他们的做法。但是过于宽泛的审查标准，即使是仅限于反倾销和反补贴领域也会招致来自多方的反对和非议。在这个问题上，美国人虽然屡遭挫败但是仍然志在必得。于是，美国人调整了谈判策略。一方面，只在反倾销领域谋求确立以其国内法的"谢弗林原则"为基础的尊重性审查标准。另一方面，美国不惜与全世界为敌，在一开始谈判时就表现出极为强硬的态度。美国贸易谈判代表米奇·坎特（Mickey Kantor）明确指出审查标准问题对美国而言就是一个极为关键的问题（crunch is-sue）。这就在暗示美国一定要在这个问题上有所收获。对此，日本的首席谈判代表感叹道："乌拉圭回合谈判也许会无果而终，如果美国在审查标准问题上没有什么收获的话。"③ 用乌拉圭回合谈判期间 GATT1947 的总干事萨瑟兰的话说，这就意味着其实所有人都已经接受了这样的事

---

① Croley, Steven P. and John H. Jackson, "WTO Dispute Settlement Panel Deference to National Government Decision: The Misplaced Analogy to the U. S. Chevron Standard-of-Review Doctrine", in E-U Petersmann (ed.), *International Trade Law and GATT/WTO Dispute Settlement System*, Kluwer Law International, 1997, p. 194.

② 罗文正：《世界贸易组织审查标准制度源流考——以乌拉圭回合谈判为主要线索》，《衡阳师范学院学报》2015 年第 3 期。

③ Matthias Odsch, *Standard of Review in WTO Dispute Resolution*, Oxford University Press, 2003, p. 76.

实，即最终一定能达成一个既包含相当尊重又能确保专家组进行真正审查的审查标准。①

　　1993 年 11 月美国人又提出了一些新的审查标准提案。该提案就事实问题和法律问题的审查标准是要求专家组进行"客观评估"，以便去认定调查当局对事实的评估是否合理，但是，该提案还是被谈判代表拒绝了。② 直到星期天晚上，谈判各方终于就在《反倾销协议》正式写入一条尊重性的审查标准达成了一致。有人评论说谈判取得突破的时间太晚了，以致准备在星期一早上出版的大多数晨报都已经准备好报道称"乌拉圭回合谈判仍然陷入僵局中"③。简单地说，该妥协的要点有三：第一，用十分清晰的语言把尊重性审查标准写入《反倾销协议》，而且它仅仅适用于反倾销案件。第二，一直反复出现在美国提案中的"合理的"（reasonable）一词，被"可允许"（permissible）替代。这主要是为了满足那些强烈反对尊重性审查标准的国家的需要。第三，为今后将《反倾销协议》中的尊重性审查标准拓展到其他协定中留下了一线希望。谈判代表以部长决定④的方式指出三年后再考虑将该协定中的审查标准适用到其他协议的可能性。

　　因此，在乌拉圭回合谈判的最后法律文件中仅在《反倾销协议》第 17 条第 6 款中写入了适用于反倾销领域的审查标准。

本章小结

　　经过艰苦谈判和讨价还价，各方谈判代表终于在谈判限期前星期天的晚上就审查标准问题达成了妥协。回顾谈判过程和最终结果可以得出

---

　　① "Ending the Uruguay Round: An Interview with GATT Chief Sutherland", in *Inside U. S. Trade*, 24 December 1993, p. 4.

　　② Gary N. Horlick and Peggy A. Clarke, "Standards for Panel Reviewing Anti-dumping Determinations under the GATT and WTO", in E-U Petersmann（ed.）, *International Trade Law and GATT/ WTO Dispute Settlement System*, Kluwer Law International, 1997, p. 319.

　　③ Croome John, *Reshaping the World Trading System: A History of the Uruguay Round*, Geneva: World Trade Organization, 1995. p. 374.

　　④ 关于审议《关于实施 1994 年关税与贸易总协定第 6 条的协定》第 17 条第 6 款的决定。

如下结论性认识：

第一，在新达成的《争端解决谅解》（DSU）中没有任何一个条款明确规定了审查标准问题。因为在谈判者看来关于一般性审查标准的分歧太大，不可能达成一致。由于 WTO 决策机制的低效率性——协商一致的议事方式，于是什么是 WTO 争端解决体制中可适用的一般性审查标准问题就只能留待专家组和上诉机构在今后的实践中具体情况具体分析了。那么 WTO 裁判机构会不会在今后的实践中适用两种不同的审查标准？如果会的话，那什么才是除反倾销案之外的合适的审查标准？从谈判的往复情况和 GATT1947 专家组一直回避给出一个一般性的审查标准的实践来看，在 WTO 争端解决过程中也许也很难找到什么是一般性的审查标准，也许由 WTO 裁判机构在个案中去阐明所适用的具体的审查标准是一个更为明智的选择。

第二，作为乌拉圭回合谈判达成了仅有一条关于审查标准的规定是《反倾销协议》第 17 条第 6 款。普遍认为这一条所规定的审查标准是源自美国行政法的"谢弗林原则"，但是值得我们注意的是，第 17 条第 6 款的用语是模糊的。我们会在第七章详细展开对这一条的分析。这是一条尊重性的审查标准用于要求专家组对成员方在事实确定和《反倾销协议》的解释上给予相应地尊重。虽然美国代表认为这就是其国内法上"谢弗林原则"的翻版。但是日本乌拉圭回合首席谈判代表 Akao 直接表达了他对第 17 条第 6 款的不满，"虽然我们不喜欢审查标准上的用语，但是它比美国建议的审查标准要好得多。美国建议的审查标准是非常可怕的。……对第 17 条第 6 款在今后的实践会如何得到执行，我们只有等着瞧"。① 专家组会如何去适用第 17 条第 6 款的审查标准？它确实是美国政府所追求的更为尊重的审查标准吗？正如我们在前文提到过的，美国国内法上的"谢弗林原则"实际上给予了法院比较大的自由裁量空间。对于第 17 条第 6 款在实践中的效果，只能看 WTO 裁判机构尤其是上诉机构在实践中如何适用了。在缺乏明确指导的情况下，上诉机构只能在不超出 WTO 协定授权的范围内去小心翼翼地"发现"什么才是一般性的审查标准。

---

① "Japan's Chief Negotiator, in Interview, Discusses GATT Round Endgame", *Inside U. S. Trade*, 24 December 1993.

第七章 WTO 体制对审查标准的规定

从前一章的论述中，我们可以看出乌拉圭回合谈判显然并未能有效解决审查标准问题。谈判者没有就适用于所有适用协定的审查标准达成一致，而只是将一条尊重性的具体适用于反倾销领域审查标准写入了《反倾销协议》。既然是准司法性质的争端解决机制在反倾销领域之外一定也存在着审查标准的问题。那么问题是其他领域的审查标准是什么？它与已经写入《反倾销协议》的审查标准是什么关系？是每个不同的领域都应当有自己独特的审查标准，还是需要在 WTO 争端解决体制采用统一的审查标准？

虽然乌拉圭回合谈判并没有就普遍适用于所有适用协定的审查标准的定义达成一致。但是，有关审查标准的问题在 WTO 的法律文件中还是有所涉及。其中《反倾销协议》的第 17 条第 6 款是最直接规定审查标准的条款。[①] 此外，有两个部长决定和声明与审查标准相关。也有学者认为，DSU 的第 3 条第 2 款和第 11 条与专家组的权限直接相关，所以也与审查标准问题密不可分。[②]

本章是 WTO 法律文件中有关审查标准规定的图谱分析，共分为六个部分：第一部分是对《反倾销协议》第 17 条第 6 款的解读，我们会把它与美国法上的"谢弗林原则"作进一步的对比；第二部分是关于 DSU 第 3 条第 2 款的含义的分析；第三部分是 DSU 第 11 条的分析；第四部分是对有关审查标准的部长决定进行分析；第五部分是关于《反倾销协议》第 17 条第 6 款和 DSU 第 11 条的同一性问题的分析；第六部

---

① 罗文正：《世界贸易组织法律文本中的审查标准探析》，《法学杂志》2011 年第 11 期。

② Matthias Odsch, *Standard of Review in WTO Dispute Resolution*, Oxford University Press, 2003, p. 82.

分是本章的小结。下面我们逐一进行分析。

第一节　《反倾销协议》第 17 条第 6 款

如前所述，乌拉圭回合谈判的历史表明《反倾销协议》第 17 条第 6 款规定的审查标准是一个尊重性的审查标准，目的是使国内主管当局在事实调查和结论中享有合理的自由裁量空间。[①] 美国对于该条款也抱有极大的希望，在一份行政行为声明中对第 17 条第 6 款的意味做出了极富洞见的说明。美国政府认为根据第 17 条第 6 款即使专家组会得出与主管当局不同的结论，专家组也不会去审查主管当局的事实结论。此外，该条款还保证专家组也不会在任何法律解释的外表下重写《反倾销协议》的条款。

这是目前 WTO 法律文本中清晰的写明了审查标准的仅有的一个条款，它共有 2 款分别规定了事实问题和法律问题的审查标准。[②] 这是一条尊重性的审查标准被认为是源自美国国内行政法上的"谢弗林原则"。

一　对事实的审查标准——第 17 条第 6 款第 1 项

第 17 条第 6 款第 1 项是对于事实问题审查标准的规定，它要求只要满足下列条件，即便他们自己有不同的看法专家组也应当尊重国内主管当局对事实的认定：第一，国内调查机关对事实的认定是适当的；第二，国内调查机关是在无偏见且客观的基础上对事实进行的评估。这实

---

① Gary N. Horlick and Peggy A. Clarke, "Standards for Panel Reviewing Anti-dumping Determinations under the GATT and WTO", in E-U Petersmann (ed.), *International Trade Law and GATT/WTO Dispute Settlement System*, Kluwer Law International, 1997, p. 300.

② 《反倾销协议》第 17 条第 6 款的内容如下："在审查第 5 款所指的事实时：（i）在评估该事项的事实时，专家组应确定主管机关对事实的确定是否适当，及他们对事实的评估是否无偏见和客观的。如事实的确定是适当的，且评估是无偏见和客观的，则即使专家组可能得出不同的结论，而该评估也不得被推翻；（ii）专家组应依照关于解释国际公法的习惯规则，解释本协定的有关规定。在专家组认为本协定的有关规定可以做出一种以上允许的解释时，如主管机关的措施符合其中一种允许的解释，则专家组应认定该措施符合本协定。"中文译文参见 at http://law.chinalawinfo.com/other/WTO/Legal3/317.doc，2004 年 4 月 20 日。

际上是赋予了主管当局在事实评估上广泛的自由裁量权。从该款的用语看排除事实问题重新审查的审查标准是没有争议的。① 因此，专家组需要给国内主管当局在事实确定上以某种程度的尊重。

遗憾的是，除了明显的排除重新审查的审查标准外该条款的用语是模糊的，没有明确指出专家组对国家当局事实确实的恰当性和客观性如何进行审查。于是有学者从国内法中类似审查标准的角度去确定该条款的具体含义并试图对第 17 条第 6 款第 1 项的审查标准进行分类。Akakwam 指出要确定该条款采用的审查标准是"实质性证据标准"（substantial evidence test）还是"任意标准"（arbitrariness test）是困难的。② 齐格勒（Ziegler）则认为该条款所规定的审查标准与美国法律体系所称的"明显错误标准"（clearly erroneous test）相类似——这是限制专家组权力的尊重性标准。

有学者具体分析了第 17 条第 6 款第 1 项的具体含义，他指出，这一条款实际提供了既相互联系又相对独立的两个审查标准：其中，第一个是关于事实确定（establishment of the facts）的审查标准强调的是主管当局的事实确定是合适的（proper）。第二个则是有关事实结论（evaluation of the facts）的审查标准强调原始证据与事实结论之间的关系，要求对证据的评估是"无偏见的和客观的"（unbiased and objective）。③ 笔者认为，这种观点是可信的。

（一）对事实确定的审查标准——合适

对于事实确定而言，该条要求只要国内调查机关的事实确定是合适的专家组就必须给予尊重。该条文防止了专家组仅仅由于偏爱其他的可替代的裁定就拒绝适用主管当局的结论。④ 这里对于"合适"理解，可

---

①　Matthias Odsch, *Standard of Review in WTO Dispute Resolution*, Oxford University Press, 2003, p. 89.

②　Akawam, "The Standard of review in the 1994 Anti-Dumping Code: Circumscribing the Role of GATT Panels in Reviewing National Anti-Dumping Determinations", *Minnesota Journal of Golobal Trade*, Vol. 5, No. 2, 1996, p. 306.

③　Matthias Odsch, *Standard of Review in WTO Dispute Resolution*, Oxford University Press, 2003, p. 90.

④　Claus-Dieter Ehlermann, Nicolas Lockhart, "Standard of Review in WTO Law", *Journal of International Economic Law*, Vol. 7, No. 3, 2004, pp. 504-505.

以两个方面予以把握。

　　首先，从实体方面对"合适"的含义进行理解。根据牛津高阶英语词典，"合适"的含义是"正确的、适合的、恰当的、符合规则的；正当的；真正的；严格意义上的；完全的；特有的"。① 为了确定国内主管当局的事实确定是符合"正确的、适合的、恰当的、符合规则的"的要求，专家组可以对事实确定的过程进行必要的审查。只要这样做才能使专家组确认哪些因素不利于被申诉方，哪些会贬损倾销的认定、实质性损害的认定以及它们之间的因果关系。如前所述这里的审查不是重新审查，而是建立在对国内主管当局选定的事实认定方法基础上对反倾销事项进行调查。

　　其次，所谓事实确定是合适的还包括正当程序要求。对国内主管当局在证据调取中是否使用了公正的程序，是否给各利益相关方以合适的机会去回应事实记录和反驳或修正事实等方面都要求专家组进行审查。② 需要说明的是，在该条款当中找不到程序事项方面的用语，倒是《反倾销协议》第 3 条的内容涉及了正当程序的要求。对于在事实确定环节是否要有程序公正的要求是存在争议的。③ 笔者认为，审查标准作为 WTO 争端解决中的程序性事项包含正当程序的要求是其中应有之义。从具体要求上看，第 17 条第 6 款第 1 项要求专家组应当审查主管当局对事实的认定是否"合适"，重点是对过程的"合适"性进行评估而不是对事实做出评估。除非主管调查机关在确定事实的过程中没有尽到恰当的义务，否则他所做出的事实确定的裁定就是不可替代的就应当被尊重，即使专家组可能会得出不同的结论。"合适"一词就暗含了专家组应该关注国内主管当局在作出裁决时对所有相关事实审查是不是满足了程序上的要求。

　　也就是说，对于事实确定，该条款仅要求审查国内主管当局确定事

---

①　《牛津高阶英汉双解词典》（第 7 版），牛津出版社、商务印书馆 2009 年版，第 1589 页。

②　E-U Petersmann, *the GATT/WTO Dispute Settlement System*, Kluwer Law International LTD, 1997, pp. 226-227.

③　Matthias Odsch, *Standard of Review in WTO Dispute Resolution*, Oxford University Press, 2003, p. 91.

实的过程是否"适当"从而排除了"重新审查"的标准，也禁止专家组自己的结论代替主管调查当局的结论。[①] 只有当主管当局的裁定出现明显、异常的错误时，专家组才能对该裁定予以推翻。总之，专家组对于此类问题应给予主管当局足够的自由裁量权。

（二）对事实结论的审查标准——"无偏见和客观的"

就事实结论来看，该条款对国内主管当局的事实结论提出了应当符合客观性和公正性的要求。换言之，就是要求国内主管当局对证据的评估是"客观的和无偏见的"，这其实是要求专家组作为一个中立的裁判者去审查国内主管当局的事实结论的客观性和公正性，同样也是对"重新审查"标准的排除，目的在于防止专家组作出自己的事实结论。《牛津高阶英汉双解词典》对"无偏见"的解释是"公正的且不被自己或别人的观点所影响"[②]，这和"客观的"含义几乎同一的。这实际上是在强调专家组应该注重的是主管当局的调查结果而不是考察作出结果的过程。

换句话说，有关事实结论的审查标准专家组的任务是重点考察主管当局的事实结论是不是建立在"无偏见的和客观的"基础上？如果答案是肯定的，就算专家组有自己不同的观点，也应当给予主管当局的事实结论以尊重。这其实就是对国内主管当局提出了事实结论应当是客观无偏见的要求，再一次防止了专家组自己进行独立的事实结论。[③]

（三）对事实的审查标准小结

就实际情况来看，《反倾销协议》第 17 条第 6 款第 1 项所规定的对事实问题采取遵从性的审查标准是合适的。这主要是由专家组在调查资源上的匮乏和技术性知识的有限两方面来决定的。第一，专家组是临时性的仲裁机构，因此它不可能像国内调查机关那样拥有丰富的调查资源，他们手头能用于事实调查的手段非常有限，缺乏获取和收集尽可能多的相关的数据的便利性；第二，专家组成员都是来自国际贸易领域或

---

① 罗文正：《世界贸易组织法律文本中的审查标准探析》，《法学杂志》2011 年第 11 期。

② 《牛津高阶英汉双解词典》（第 7 版），牛津出版社、商务印书馆 2009 年版，第 2187 页。

③ Claus-Dieter Ehlermann, Nicolas Lockhart, "Standard of Review in WTO Law", *Journal of International Economic Law*, Vol. 7, No. 3, 2004, p. 505.

者国际贸易法和 WTO 法律领域的专门人才，他们精通贸易规则、熟悉法律程序，但是他们不是技术专家，对于技术性问题缺乏事实认定的能力，这一点是无法与国内主管当局掌握的技术人才相比的。试想一下在调查措施有限而专业技术知识又不足的情况下，专家组做出的事实认定的可信程度也是值得怀疑的。因此，专家组不会去独立的作事实调查和评判，而是按照"合适"和"客观"标准去审查成员方当局事实问题的裁决。

总之，第 17 条第 6 款第 1 项规定的是一个尊重性的审查标准。它的总要求是专家组既不能采用"完全尊重"的标准，因为那样无法完成任务；也不能采用"重新审查"的标准，这不是专家组的工作职责。它具体要求对国内调查机关事实确定的审查是关注主管当局的调查过程，核心是"适当"性标准；而对其事实结论/评估的审查是着眼于主管当局的调查结果，核心是"客观和无偏见"标准。

二　对法律的审查标准——第 17 条第 6 款第 2 项

第 17 条第 6 款第 2 项是关于反倾销案件法律问题的审查标准。这一条极具争议的条款，各方对这一条款的理解差异性较大。它是在谈判的最后关头所达成的妥协，因此，在语言上本身就具有较大的模糊性。该条款共有两个分句：第一分句是有关《反倾销协议》条文的解释规则的陈述，该条与 DSU 第 3 条第 2 款所规定的解释规则是非常相近的。对专家组提出的要求是"应依照关于解释国际公法的习惯规则"进行解释，很显然这里的指向非常明确那就是《VCLT》第 31 和第 32 条。① 这就是说，对《反倾销协议》的规定进行解释的规则与其他协议没有差别。第二分句规定了一个尊重性的审查标准，它的核心是"可允许的解

---

① 关于什么是 WTO 体制中遵循的"国际公法解释惯例"？可参见《美国精炼汽油案》（*United States—Standards for Reformulated and Conventional Gasol*, WT/DS2/AB/R, report of the panel, 29 January 1996, and the Appellate Body, 29 April 1996. 载于 WTO 官方网站：www.wto.org), para. 17.；《日本酒精饮料案 II》（*Japan—Taxes on Alcoholic Beverages*, WT/DS8/AB/R, report of the panel, 11 July 1996, and the Appellate Body, 4 October 1996. 载于 WTO 官方网站：www.wto.org), para. 6.7；唐青阳：《WTO 规则的法解释学初探》，《现代法学》2003 年第 10 期。

释"和"尊重"。对专家组提出的要求不是强求对《反倾销协议》的条款进行单一正确解释，而承认存在多种可允许解释的可能，只要国内主管当局的解释符合其中的一种就应被尊重。

实践中，对于第一分句规定的解释方法没有多大的争议，已经为大家所普遍接受，产生分歧最大的是第二分句。美国认为这一条就是其国内法上的"谢弗林原则"的翻版，是一条较为宽松的尊重性审查标准，而更多的人对其实际效果画上了一个问号，期待实践来检验它的真实含义。

（一）第 17 条第 6 款第 2 项两句话的关系

据美国学者的一般理解，该条款要求采用两步走的方法来审查《反倾销协议》的解释性问题。[①] 要想让专家组对国内主管当局的决定采用尊重性的态度，首先要找到多种可允许的解释。也就是说，第一步是要求专家组判断有没有多种可允许解释存在的可能。如果专家组经过审查发现没有多种可允许解释，那他就需要说明什么才是需要解释条款的唯一的、真正的含义，并按照这一含义去判断成员方的行为是否与《反倾销协议》的规定相一致。但是如果专家组经过审查发现有多种可允许的解释，则自动启动第二步审查。

在第二步审查中，专家组需要做的工作就是进行分析对照来判断多种可允许的解释中有没有包括成员方主管当局的解释。如果有的话说明主管当局的解释是必须要被接受的，专家组应当给予相应的尊重。如果答案是否定的话，则要认定成员方的解释违背了其在《反倾销协议》项下的义务。[②]

因此，要真正适用第 17 条第 6 款第 2 项中规定的所谓尊重性审查标准的关键是要存在多种可允许的解释。那么我们看一看这一项规定的两个分句就很容易发现有一个逻辑上的悖论。按照条约解释的目的是寻求条约的真正含义，最终的解释结果应当是清晰和唯一的。而对于这种

---

① 罗文正：《世界贸易组织法律文本中的审查标准探析》，《法学杂志》2011 年第 11 期。

② Croley, Steven P. and John H. Jackson, "WTO Dispute Settlement Panel Deference to National Government Decision: The Misplaced Analogy to the U. S. Chevron Standard-of-Review Doctrine", in E-U Petersmann（ed.）, *International Trade Law and GATT/WTO Dispute Settlement System*, Kluwer Law International, 1997, pp. 195-196.

单一解释结果的追求也正是《VCLT》所追求的目标。也就是说，一项约文经过了文义解释、上下文及目的与宗旨解释甚至辅助措施的解释应该要排除两种及其以上解释的可能性。只有这样解释 WTO 适用协定的条约约文才能保障多边贸易体制的"可靠性和可预测性"。著名的 WTO 法专家 Petersmann 就用"巴别通天塔"① 这个比喻来形容放任多种解释可能性存在的危害，那样会导致各成员方各自为政、恣意妄为，从而减损 GATT/WTO 法的权威性和一致性，进而会破坏 WTO 争端解决机制的统一性，最终受损的是多边贸易体制。因此，按照第一分句所规定的解释规则最终只能得出单一的解释结果。

而第二分句所规定的"尊重"标准被启动的前提是"《反倾销协议》可以存在多种可允许的解释"。悖论由此就产生了：要适用尊重的审查标准就需要先有多种可允许解释存在，而确定多种可允许解释的存在需要依据追求单一解释结果的《VCLT》规定的解释方法来完成。这似乎是"不可能完成的任务"。笔者认为，《反倾销协议》第 17 条第 6 款第 2 项的两个分句之间的关系在逻辑上是冲突和矛盾的。这种冲突和矛盾很好地展示了乌拉圭回合谈判的激烈程度，为了达成最终的妥协，谈判代表们只好用一种模糊的语言来促使谈判尽快结束。因此，该条款所规定的尊重性审查标准能否发挥其作用只有留待专家组和上诉机构在个案的裁判中去进行验证了。不过，需要强调的是，只要正确适用《VCLT》规定的解释规则就永远不会得到超过一个的正确解释结论，因此，这样看来《反倾销协议》第 17 条第 6 款第 2 项根本就无用武之地。

（二）第 17 条第 6 款第 2 项第 2 句是多余而无用的吗？

如前所述，根据《VCLT》的解释方法《反倾销协议》第 17 条第 6 款第 2 项是无法得以适用的。这肯定不是该条款起草者所愿意看到的情形。但是，问题是《VCLT》的首要解释原则是善意解释原则。按照朱文奇教授的理解善意解释原则是包括了有效性原则。② 上诉机构在《美国精炼汽油案》《韩国奶制品案》《阿根廷鞋类案》和《印度专利案

---

① E-U Petersmann, *the GATT/WTO Dispute Settlement System*, Kluwer Law International LTD, 1997, p. 227.

② 朱文奇：《国际条约法》，中国人民大学出版社 2008 年版，第 240 页。

（美国）》中多次强调过 WTO 争端解决中进行条约解释必须遵循有效性原则。该原则要求解释者对条约的全部条款赋予意义并使之有效，不能使条约的某个条款或某段条款归于无效。按照有效性原则，对第 17 条第 6 款第 2 项的解释不能导致该条款无效。因此，有学者主张，作为例外情况使得第 17 条第 6 款第 2 款第 2 句能得以适用。①

　　但是，笔者认为，一个严肃的不容回避的问题是，如果可允许的解释过多将会导致 WTO 体系的不一致性从而危及 WTO 体系的稳定性和可预测性，而这种稳定性和可预测性正是 DSU 第 3 条第 2 款所强调的。因此一致性解释 WTO 法是争端解决过程中应当优先处理的事项，对《反倾销协议》第 17 条第 6 款第 2 项第 2 句话的解释也应当适用一致性解释的规则。因此，解决问题的关键不是争论《反倾销协议》第 17 条第 6 款第 2 项是否有效的问题。事实上，谁都无法否定生效的国际条约条款的效力，即使它是极度妥协的结果。在笔者看来问题的症结在于由谁来掌握触发"多种可允许解释"的扳机，也就是说由谁来决定条约的解释规则。有学者认为扳机掌握在 WTO 成员方手上从而大大限制了专家组决定案件是非曲直的能力。② 而笔者的观点恰恰与之相反。在我们看来，这个扳机被十分牢靠地掌握在 WTO 裁判机构手中。实际上，我们只要简单回顾一下 WTO 争端解决的案例就很容易回答这个问题。在《美国精炼汽油》案中，上诉机构通过对 DSU 第 3 条第 2 款进行解释确定了只追求单一解释结果的《VCLT》所规定的条约的解释方法作为 WTO 争端解决中的解释工具。这样 WTO 裁判机构就把触发"多种可允许的解释"的扳机握在了自己手中。退一步说，即使经过解释确定发现了《反倾销协议》某条款存在"多种可允许的解释"，但是，判断主管当局的解释是否属于可允许的解释的裁量权也还是掌握在 WTO 裁判机构手中。也就是说，专家组手上有着双重保险来确保对 WTO 规则的

---

① Bourgeois Jacques H. J., GATT/WTO Dispute Settlement Practice in the Field of Antidumping Law, in E-U Petersmann （ed.）, *International Trade Law and the GATT/WTO Dispute Settlement System*, Kluwer Law International, 1997, p. 301.

② 可参见伯纳德·霍克曼、迈克尔·考斯泰基《世界贸易体制的政治经济学——从 GATT 到 WTO》，刘平等译，法律出版社 1999 年版，第 182 页；李小年：《WTO 法律规则和争端解决机制》，上海财经大学出版社 2000 年版，第 242 页。

解释符合维护多边贸易体制的稳定性和可预测性的要求。第一重保险是"WTO 规则的排他解释权"，第二重保险是"对国内调查当局解释的自由裁量权"①，这就使得 WTO 裁判机构完全控制了第 17 条第 6 款第 2 项规定的尊重性审查标准的可适用性。

由此我们至少可以初步得出结论，在可预见的将来第 17 条第 6 款第 2 项的第二分句就是一个不折不扣的纸上规则很难在 WTO 争端解决中发挥原本被认为应当发挥的作用——尊重性审查标准。对这一现实就连当年在谈判中极尽其能事要求一定要在《反倾销协议》中写入一条尊重性审查标准的美国谈判代表也认为，"第二句话永远无法援用"。②

（三）第 17 条第 6 款第 2 项与"谢弗林原则"的对比

众所周知，《反倾销协议》第 17 条第 6 款第 2 项是深受"谢弗林原则"的影响的。第 17 条第 6 款第 2 项与"谢弗林原则"比较，他们有着相似的方面：首先，他们都规定了两步走的分析模式。"谢弗林原则"要求法院对行政机关所做的成文法解释进行审查时要遵循两步走的顺序，即第一步，看成文法的规定是不是清楚的，如果是清楚的就应依成文法的规定处理。第二步，如果成文法的规定是模糊的则再对行政机关的解释做合理性审查。第 17 条第 6 款第 2 项也有类似的规定。其次，他们都有着"合理性"或"被允许性"的规定。"谢弗林原则"要求，只要行政机关的解释是"合理的"或"被允许的"，法院就应给予尊重，即使有自己不同的解释。而第 17 条第 6 款第 2 项也有着类似的规定，只不过他使用了"可允许的"这样的用语。再次，他们都规定了裁判机构进行第二步审查时所要依据的原则和方法。"谢弗林原则"规定采用"法定推理的传统工具"，而第 17 条第 6 款第 2 项则规定要适用"解释国际公法的习惯规则"。复次，他们对启动第二步调查的规定都是不清楚的。"谢弗林原则"关于要达到何种程度的模糊性才能启动第

---

① 纪文华、姜丽勇：《WTO 争端解决规则与中国的实践》，北京大学出版社 2005 年版，第 170 页。

② Croley, Steven P. and John H. Jackson, "WTO Dispute Settlement Panel Deference to National Government Decision: The Misplaced Analogy to the U. S. Chevron Standard-of-Review Doctrine", in E-U Petersmann（ed.）, *International Trade Law and GATT/WTO Dispute Settlement System*, Kluwer Law International, 1997, p. 197.

二步分析的规定是不清楚，同样第 17 条第 6 款的第二步审查要在什么情况下被启动也是模糊的。最后，"谢弗林原则"和第 17 条第 6 款第 2 项中的审查标准问题都对法律和政治权力的分配具有十分重要的意义。

即使"谢弗林原则"和第 17 条第 6 款第 2 项有着诸多类似的地方，但是，某些在美国国内适用"谢弗林原则"的法理在 WTO 体系下是无效的。杰克逊教授对此做过精细的分析。① 在美国"谢弗林原则"是成文法解释权从联邦法院向行政机关转移的依据。支持这一做法的理由有很多，概括起来有三个方面：专业知识论（expertise argument）、民主论（democracy argument）和行政效率或协调论（administrative efficiency or coordination argument）。② 问题是这些支持"谢弗林原则"的理由在 WTO 语境还能有效吗？

就专业知识论而言，其基本的观点是行政机关在其法定领域是专家有着比法院更多的专业知识，因此，法院应尊重行政机关的解释。而在 WTO 体系中情况就不是那么一回事了。我们不否定成员方主管当局在进行事实调查方面的确拥有比专家组更多的能力和资源，因此第 17 条第 6 款第 1 项在事实的审查标准问题上表现出尊重性。但是如果要说成员方主管当局在对《反倾销协议》条款的含义以及目的的理解比专家组要更有优势，恐怕这是无法令人信服的。相反，专家组和上诉机构成员都是公认的国际贸易和国际法领域中的权威，他们对《反倾销协议》的理解和认识可能比成员方要更好。

民主论在 WTO 体系中就更站不住脚了。首先，世界贸易组织的组织架构并没有像有些国家那样的分权制衡的宪政体系。其次，在世界贸易组织的争端解决中恰恰是专家组和上诉机构对 WTO 总理事会负责。换言之，专家组和上诉机构才是整个 WTO 成员的代表，而非成员方主管当局。WTO 裁判机构的职责就是在维护多边贸易体制的稳定性和可预测性并确保不因此增加或减少成员方在 WTO 协定下所享有的权利和

① Steven P. Croley & John H. Jackson, "WTO Dispute Procedures, Standard of Review, and Deference to National Governments", *American Journal of International Law*, Vol. 90, No. 2, 1996, pp. 206–211.

② Matthias Odsch, *Standard of Review in WTO Dispute Resolution*, Oxford University Press, 2003, p. 96.

承担的义务。因此，民主论当中那种法官应尊重由全体公民的代表的行政机关做出的决定的说法在 WTO 反倾销问题上没有存在的空间。

行政效率与协调论的观点如果被引入 WTO 体系中反而会产生相反的效果。如果是由成员方主管当局掌握 WTO 法的解释权的话，各成员方主管当局就有做出有利于自己的解释而这就可能造成同一规则有着不同的解释版本最终使 WTO 规则碎片化。因此，把 WTO 规则的解释权交给有效的争端解决机制的维护者——专家组和上诉机构才是更为合适的选择。

此外，"谢弗林原则"要法院进行解释时的依据是"法定推理的传统工具"。一般认为，该工具的适用所增加的法律模糊性和减少的模糊性一样多。① 而这与第 17 条第 6 款第 2 项所追求的单一正确解释的做法是背道而驰的。

最后，第 17 条第 6 款第 2 项中所使用的"可允许的"一词与"谢弗林原则"中所使用的"合理的"一词也不是完全同一的。正如我们在之前回顾乌拉圭回合关于审查标准问题谈判过程中所指出的，使用"可允许的"代替"合理的"正是谈判各方妥协的结果。这说明两者之间差别也是明显的。

因此，正如杰克逊教授指出的那样，如果第 17 条第 6 款像"谢弗林原则"那样被适用，那么它的正当性也一定源自"谢弗林原则"（Chevron pardigm）之外。②

第二节　DSU 第 11 条

在乌拉圭回合谈判达成的最终成果中《反倾销协议》第 17 第 6 款是唯一一条直接规定了审查标准的条文。在实践中，WTO 裁判机构也多次强调了这一事实，"在《反倾销协议》之外再没有任何一个条款是

---

① Steven P. Croley & John H. Jackson, "WTO Dispute Procedures, Standard of Review, and Deference to National Governments", *American Journal of International Law*, Vol. 90, No. 2, 1996, p. 202.

② Ibid. , p. 211.

规定具体的审查标准的，这在 DSU 中找不到在其他协定中也没有"①。WTO 裁判机构从最早期案件开始就把目光放到 DSU 第 11 条上，认为这一条款最适合作为专家组管辖权的法律基础和合适的审查标准。从《欧共体荷尔蒙案》开始上诉机构在一系列的案件中，反复强调规定在 DSU 第 11 条②中的"客观评估"标准③就是合适的审查标准，这跟《1979 年争端解决谅解》第 16 条中关于 GATT1947 专家组职能的描述是一样的。④ 有意思的是，在 GATT 时期没有一个专家组认为第 16 条与审查标准有关，而 WTO 的上诉机构则不遗余力地强调 DSU 第 11 条就是一般争端适用的审查标准。下面我们来看一看上诉机构如何将 DSU 第 11 条确立为审查标准。

一　《欧共体荷尔蒙案》之前情形

在 1995 年和 1998 年有两个专家组报告明确对应当在争端解决中适用的适合的审查标准做出了阐述，分别是《美国内衣案》⑤ 和《美国影响印度针织羊毛衣裤进口措施案》（以下简称《美国羊毛衫案》）⑥。这两个案件都涉及《纺织品与服装协定》中的保障措施条款，专家组对

① United States-Restrictions on Imports of Cotton and Man-made Fibre Underwear, WT/DS24/R, adopted 25 February 1997, para. 7. 8. 载于 WTO 官方网站：www. wto. org。

② DSU 第 11 条，中文译文参见 at http://law.chinalawinfo.com/other/WTO/Legal3/326.doc，2004 年 4 月 20 日。"专家组的职能是协助 DSB 履行本谅解和适用协定项下的职责。因此，专家组应对其审议的事项做出客观评估，包括对该案件事实及有关适用协定的适用性和与有关适用协定的一致性的客观评估，并做出可协助 DSB 提出建议或提出适用协定所规定的裁决的其他调查结果。专家组应定期与争端各方磋商，并给予它们充分的机会以形成双方满意的解决办法。"

③ 它的主要内容是"对其审议的事项做出客观评估，包括对该案件事实及有关适用协定的适用性和与有关适用协定的一致性的客观评估"。

④ Matthias Odsch, Standard of Review in WTO Dispute Resolution, Oxford University Press, 2003, p. 61.

⑤ United States-Restrictions on Imports of Cotton and Man-Made Fibre Underwear, WT/DS24/AB/R, report of the panel, 8 November 1996, and the Appellate Body, 10 February 1997. 载于 WTO 官方网站：www. wto. org。

⑥ United States-Restrictions on Imports of Textile and Clothing Products from India, WT/DS33/AB/R, report of the panel, 6 January 1997, and the Appellate Body, 25, April 1997. 载于 WTO 官方网站：www. wto. org。

审查标准的分析是建立在 DSU 第 11 条之上的。

专家组在《美国内衣案》中第一次有机会来讨论审查标准问题。该案专家组被迫在美国建议的曾在 GATT 时期《美国皮帽案》适用的"合理性标准"（reasonableness standard）和哥斯达黎加建议的"标识标准"（identified criteria）之间做出选择。美国主张的审查标准要求专家组给予美国主管当局以更多的尊重，而哥斯达黎加主张的审查标准要求专家组采取五步法来确定进口国在实施限制时是否适当确立事实以及是否对事实进行了客观公正的评估。专家组说到不仅《纺织品与服装协定》中没有像《反倾销协议》那样有规定审查标准的条款，而且 DSU 也没有规定强制的具体审查标准。在专家组眼中"第 11 条就是 DSU 中与审查标准密切关联的条款"①。接着专家组指出，如果对主管当局的结论采取完全尊重的态度第 11 条所预期的"客观评估"恐怕无法实现，并回顾了 GATT 时期《新西兰对进口变压器征收反倾销税案》专家组的报告的观点"如果任由政府在反倾销案件中享有完全的自由和不受限制的裁量权，而不对其措施进行审查，会使得 GATT 的纪律松懈、各持己见，最终发生的国际贸易法律中令人难以忍受的状况"②。于是，审查美国国内调查当局的措施就成了专家组必须要进行的工作。另外不能用自己的结论来替代国内调查当局结论的观点也被专家组所强调。同样地，专家组把自己的论述建立在对 GATT1947 专家组报告进行回顾的基础上，指出，众多 GATT1947 时期的专家组的做法是一贯地拒绝"重新审查"，然后，专家组明确提出自己的职责就是客观评估国家当局进行的审查。这就要求对国家调查当局实施限制的裁定据相关的 WTO 法律文件的规定进行相符性审查。专家组的任务是审查美国措施与美国的国际义务的相符性，而不是美国措施与美国实施美国的国际义务的国内法的相符性。因而，专家组决定他们应当采用的审查标准是对美国 3 月份的陈述进行"客观评估"而不是重新审查，依据就是 DSU 第 11 条。并

---

① Panel Report, *Restrictions on Imports of Cotton and Man-Made Fibre Underwear*, WT/DS24//R, para. 7.8-7.9. 载于 WTO 官方网站：www.wto.org。

② Panel Report, *Restrictions on Imports of Cotton and Man-Made Fibre Underwear*, WT/DS24//R, para. 7.11. 载于 WTO 官方网站：www.wto.org。

且，专家组进一步阐述了"客观评估所提交的事项"的具体含义。专家组说在本案中"客观评估"就是要求他们从三个方面对美国的相关陈述进行审查：第一，与本案相关的全部事实是否在美国国内主管当局进行国内裁定时进行了审查；第二，是否做出过充分地解释以说明上述相关全部事实是如何在整体上对他们的结论给予了支持；第三，依据美国在WTO下所承担的国际义务去审查美国当局的上述结论的相符性。[①]

由此可见，在该案中专家组完成了对事实问题两个层级——事实确定和事实结论——的审查标准以及对法律问题审查标准的分析。在《美国羊毛衫案》中，专家组也阐述了类似的观点。[②]但是，在上述两个案件中专家组都没有阐明一般审查标准是什么，而只是在具体案件中利用DSU第11条来完成自己的工作。此外，在《加拿大期刊案》[③]中，虽然WTO裁判机构并未提及上述两个案件，但上诉机构仍然强调了专家组的法律结论应当建立在对事实的充分分析基础上。[④]

二　《欧共体荷尔蒙案》对审查标准的发展

（一）《欧共体荷尔蒙案》案情简介

自1981年开始，欧共体通过一系列指令规定禁止使用荷尔蒙促进生长的牛肉和牛肉制品的进口。1996年4月25日美国就欧共体上述措施向WTO提起申诉，认为这些措施违反了GATT第3条（国民待遇）或第11条（数量限制）和《SPS协议》第2、3、5条，《TBT协定》第2条以及《农业协定》第4条的有关规定。1996年5月20日DSB设立了专家组。专家组裁定欧共体的措施与《SPS协议》第3条第1款、第5条第1款和第5款不相符合。1997年8月18日，争端解决机构在

①　Panel Report, *Restrictions on Imports of Cotton and Man-Made Fibre Underwear*, WT/DS24//R, para. 7.12-7.13. 载于WTO官方网站：www.wto.org；另参见韩立余《WTO案例及评析》（下卷）（1995—1999），中国人民大学出版社2001年版，第389—390页。

②　Matthias Odsch, *Standard of Review in WTO Dispute Resolution*, Oxford University Press, 2003, p. 82.

③　*Canada-Certain Measure Concerning Periodicals*, WT/DS31/AB/R, report of the panel, 14 March 1997, and the Appellate Body, 30 June 1997. 载于WTO官方网站：www.wto.org。

④　See Matthias Odsch, *Standard of Review in WTO Dispute Resolution*, Oxford University Press, 2003, p. 85.

会议上散发了该报告。欧共体不服上述报告的结果，于是提出了上诉。除了专家组有关 SPS 程序中的举证责任裁决以外，上诉机构支持了专家组的裁定。1998 年 2 月 13 日，DSB 通过了上诉机构报告和上诉机构变更的专家组报告。①

（二）当事方关于审查标准的观点

就审查标准而言，本案的中心是对于欧共体的措施是不是建立在《SPS 协议》第 5 条第 1 款所要求的风险评估的基础上？②

专家组裁定欧共体的禁令违反了世界贸易组织《SPS 协议》的规定。欧共体认为专家组没有适用正确的审查标准，尤其是在其审查欧共体提交的科学证据时没有尽到其应尽的职责。③ 于是，欧共体提起了上诉，要求上诉机构纠正专家组的错误。就专家组应当采用的适当审查标准，欧共体认为有两种审查标准可供选。第一个是"重新审查"标准，如果选用这一审查标准，专家组就会被允许根据自己的理解和推理得出与国内主管当局的观点不同的结论。在适用"重新审查"标准时，专家组的主要职责是从程序和事实两方面来核查受审查的成员方调查机关裁决的正确性。第二个就是所谓的"尊重"标准。此时，专家组只需要审查 WTO 的《SPS 协议》中所要求的"程序规则"是否被主管当局在调查时所遵循而不必对主管当局已经开展的调查再次进行调查。④

欧共体指出，当 WTO 专家组审查成员方当局下列措施时应当采用尊重性的合理标准：有关特定科学问题的措施或者成员方当局来自可获

---

① 加拿大于 1996 年 7 月 28 日也就欧共体的措施提出了申诉。该案专家组报告的结论与美国专家组的结论相似，分发时间一样。欧共体也提出了上诉。上诉机构报告于 1998 年 1 月 16 日分发。2 月 18 日，DSB 通过了上诉机构报告和上诉机构变更的专家组的报告。上述专家组报告是两份，而上诉机构的报告是同一份。在本书的叙述中专家组的报告主要依据审理美国申诉的专家组报告。

② Ross Becroft, *The Standard of Review in WTO Dispute Settlement: Critique and Development*, Edward Elgar Publishing Limited, 2012, p. 49.

③ Appellate Body, *European Communities-Measures Concerning Meat and Meat Products（Hormones）*, WT/DS26/AB/R, adopted 13 February 1998, para. 110. 载于 WTO 官方网站：www. wto. org。

④ Appellate Body, *European Communities-Measures Concerning Meat and Meat Products（Hormones）*, WT/DS26/AB/R, adopted 13 February 1998, para. 111. 载于 WTO 官方网站：www. wto. org。

得数据的推测决定在科学上是合理的。① 欧共体还指出就事实确定的审查标准而言尊重性的审查标准适用于事实情况极为复杂的案件，而这样的尊重性审查标准在 WTO 法律文件中规定在《反倾销协议》的第 17 条第 6 款第 1 项当中。欧共体组还指出像本案这样涉及对由污染物等引起的对人类健康产生影响的风险评估就属于典型的事实复杂的案件，因此，本案专家组就应当采用这一尊重性的标准。② 欧共体声明，专家组在分析本案时没有适用该原则，而更多的是采用了"重新审查"标准。欧共体特别指出，专家组过多地依赖它自己选择的技术专家组的意见，而对欧共体以科学证据为基础得出的结论没有给予适当的尊重。它认为，专家组应仅审查欧共体得出结论的过程而不应审查结论本身的实体。

美国则认为，欧共体所主张的尊重性合理标准无论在 DSU 还是在《SPS 协议》中都找不到根据。美国指出根据《SPS 协议》第 5 条第 1 款的规定，欧共体的禁令应当是基于适应环境的对于人类、动植物和生命或健康的风险评估。作出这样的裁决并不要求专家组自己进行风险评估或用自己关于风险的判断替代，而是要求审查措施是不是基于风险评估而做出的。美国也认为在第 2 条第 2 款下专家组面临的问题不是它"基于"证据是否会得出不同的结论，而是成员提出科学证据是否足够作为该措施的基础，因此，从这个意义上说，欧共体主张专家组对基于科学依据的措施不进行"重新审查"是正确的。③ 但是，美国又辩论说《SPS 协议》或者 WTO 协定并没有要求专家组对成员方采用的 SPS 措施要采用尊重的态度。美国提醒，欧共体援引 GATT1947 时期专家组在反倾销和反补贴案件中的报告，并不表明《SPS 协议》中存在尊重性审查标准。因此，美国宣称对于欧共体主张本案专家组应当适用《反倾销协

---

① Appellate Body, *European Communities-Measures Concerning Meat and Meat Products* (*Hormones*), WT/DS26/AB/R, adopted 13 February 1998, para. 14. 载于 WTO 官方网站：www.wto.org。

② Appellate Body, *European Communities-Measures Concerning Meat and Meat Products* (*Hormones*), WT/DS26/AB/R, adopted 13 February 1998, paras. 112-113.

③ Ibid., para. 41.

议》第 17 条第 6 款第 1 项的审查标准的主张是错误的。① 在美国看来,本案专家组把是否有充分的科学证据作为衡量诉争措施是基于风险评估的做法是正确地完成了他的职责。②

（三）上诉机构关于审查标准的观点

《欧共体荷尔蒙案》给了上诉机构第一次触及审查标准问题的机会。上诉机构拒绝了欧共体和美国关于审查标准的观点,上诉机构指出,首先应当确认在《SPS 协议》中有没有规定适用了 SPS 措施的审查标准? 对这一点上诉机构给出了否定性的答案。上诉机构接着追查在《SPS 协议》之外的 WTO 法律文件中有没有规定审查标准呢? 追查的结果是只有《反倾销协议》规定了可供适用的审查标准。③ 那么对上诉机构来说,接下来的问题就是考察欧共体所提出的《反倾销协议》第 17 条第 6 款第 1 项的审查标准。然而,上诉机构发现该条款只规定了事实评估的审查标准而没有关于法律评估的审查标准,进而上诉机构指出没有任何迹象表明《SPS 协议》要成员方采取《反倾销协议》第 17 条第 6 款第 1 项所规定的审查标准或者将该审查标准融入《SPS 协议》。第 17 条第 6 款第 1 项的文字含义是专门针对《反倾销协议》的。④

接着上诉机构严肃地指出,争端解决机构的职责是迅速解决争端以确保维护 WTO 法治,因此适用什么样的审查标准来审查成员方的 SPS 措施事关重大要非常谨慎。他们绝对不能采用一个会破坏《SPS 协议》中经各方谈判达成的 WTO 与成员方之间权利平衡的审查标准。也就是说,无论是上诉机构还是专家组都没有权力去适用一个在《SPS 协议》上不存在的审查标准,因为这样做"相当于改变了成员方通过谈判精心打造的平衡"⑤,这种结果是无论如何不能被接受的。然后上诉机构道出了自己关

---

① Appellate Body, *European Communities-Measures Concerning Meat and Meat Products* (*Hormones*), WT/DS26/AB/R, adopted 13 February 1998, para. 42.

② Ross Becroft, *The Standard of Review in WTO Dispute Settlement: Critique and Development*, Edward Elgar Publishing Limited, 2012, p. 50.

③ Appellate Body, *European Communities-Measures Concerning Meat and Meat Products* (*Hormones*), WT/DS26/AB/R, adopted 13 February 1998, para. 114.

④ Ibid. .

⑤ Ibid. , para. 115.

于什么才是合适的审查标准的观点，DSU 第 11 条就是合适的审查标准。①

因此，就事实确定来讲，适当的审查标准就是"对事实的客观评估"。在这里上诉机构第一次明确提出了"客观评估"的标准就当然要排除"完全尊重"和"重新审查"的做法。② 过去有许多专家组拒绝重新审查这是明智的，因为按现有体制与做法不适合这样去审查。另外对"完全尊重"的标准则完全可以说"这无法保证 DSU 第 11 条所预期的'客观评估'的需要"③，并认为，WTO 裁判机构应履行据国际公法的解释的习惯规则的义务，这是在法律问题上应当适用的审查标准。④ 并进一步强调，这一标准就是要求专家组对法律问题作客观评估，DSU 第 11 条的规定仍然直接发挥作用。⑤

可见，上诉机构确立了适用于除《反倾销协议》之外的其他所有WTO 协定的合适的审查标准——"客观评估标准"（objective assessment doctrine）。有意思的是，到目前为止，专家组和上诉机构都没有对"客观评估标准"的具体含义做出过正面的回答。因此，我们只能从世界贸易组织争端解决机构的实践中去归纳和整理。这一部分工作我们将在第八章展开。

三　后《欧共体荷尔蒙案》的情形

在之后的案件中，为了进一步明确和加深人们对于 DSU 第 11 条规

①　Appellate Body, *European Communities-Measures Concerning Meat and Meat Products* (*Hormones*), WT/DS26/AB/R, adopted 13 February 1998, para. 116. 载于 WTO 官方网站：www. wto. org。

②　Ibid. .

③　Appellate Body, *European Communities-Measures Concerning Meat and Meat Products* (*Hormones*), WT/DS26/AB/R, adopted 13 February 1998, paras. 116 - 119. 载于 WTO 官方网站：www. wto. org。上诉机构还概括了"对事实的客观评估"的三大要素：案件的相关事实、相关适用协定的可适用性和事实与适用协定规定的一致性。

④　Appellate Body, *European Communities-Measures Concerning Meat and Meat Products* (*Hormones*), WT/DS26/AB/R, adopted 13 February 1998, para. 118. 载于 WTO 官方网站：www. wto. org；另参见韩立余《WTO 案例及评析》（下卷）（1995—1999），中国人民大学出版社 2001 年版，第 61—62 页。

⑤　Appellate Body, *European Communities-Measures Concerning Meat and Meat Products* (*Hormones*), WT/DS26/AB/R, adopted 13 February 1998, para. 118.

定的审查标准的理解和认识,上诉机构在一切可能的场合不厌其烦地重申了 DSU 第 11 条确立的"客观评估标准"。其中,一个典型的案件就是《阿根廷鞋类案》。① 在该案中专家组在回顾了一系列的专家组报告并具体引用了《美国内衣案》中专家组的结论后指出,专家组没有义务对国家当局进行的保障措施调查重新审查。虽然专家组适用了上诉机构也认为是正确的审查标准,但是因为专家组在阐述审查标准问题时,只是泛泛地指出了应该适用的审查标准而没有把它与 DSU 第 11 条联系起来。上诉机构对此表达了非常不满的情绪,上诉机构指出我们已经不止一次在不同的场合反复声明和强调了 DSU 第 11 条所确立的"客观评估"的审查标准就是最适合的专家组应当适用于所有协议的审查标准。专家组的结论仅仅是建立在对以往报告的分析基础上,这"使我们十分惊讶和震惊"②。这意味着,在上诉机构看来,有关适用于所有协议而不是单个协议的审查标准就是第 11 条确立的"客观评估",它要求专家组在阐述审查标准问题时要旗帜鲜明地提到 DSU 第 11 条。这甚至有暗示不要去管《反倾销协议》或者其他协议中关于审查标准的规定,"客观评估"标准就是最具有正当性的 WTO 争端解决中应当被适用的审查标准。在随后的保障措施领域的《美国羊肉案》③ 中,WTO 裁判机构再次确认了 DSU 第 11 条是保障措施案中适当的审查标准。④

　　虽然上诉机构关于审查标准的态度已经如此鲜明,但是在实践中还是会有某些成员方要向这一观点提出挑战。在《美国铅铋钢Ⅱ反补贴税案》⑤

---

① *Argentina—Safeguard Measures on Imports of Footwear*, WT/DS121/AB/R, adopted 12 January 2000, DSR 2000:I, 515. 载于 WTO 官方网站:www. wto. org。

② Appellate Body, *Argentina—Safeguard Measures on Imports of Footwear*, WT/DS121/AB/R, adopted 12 January 2000, paras. 117–118. 载于 WTO 官方网站:www. wto. org。

③ United Stated–Safeguard Measures on Imports of Fresh, Chilled or Frozen Lamb Meat from New Zealand and Australia, WT/DS177/AB/R, WT/DS178/AB/R, report of the panel, 21 December 2000, and the Appellate Body, 1 May 2001. 载于 WTO 官方网站:www. wto. org。

④ Appellate Body, *Safeguard Measures on Imports of Fresh, Chilled or Frozen Lamb Meat from New Zealand and Australia*, WT/DS177/AB/R, adopted 1 May, 2001, paras. 99–102. 载于 WTO 官方网站:www. wto. org。

⑤ *United States—Imposition of Countervailing Duties on Certain Hot-rolled Lead and Bismuth Carbon Steel Products Originating in the United Kingdom*, WT/DS138/AB/R, report of the panel, 23 December 1999, and the Appellate Body, 10 May 2000. 载于 WTO 官方网站:www. wto. org。

中，美国就企图这样做。美国在上诉提呈中明确地告诉上诉机构在他们看来就审查标准问题专家组犯下了一个大的错误。美国认为，纵观GATT 时期的实践和相关理论，在反倾销领域和反补贴领域应当适用同样的审查标准。专家组在本案中不去适用第 17 条第 6 款规定的审查标准反而去适用 DSU 第 11 条，这完全是一种不能容忍的错误。① 美国还搬出了一份部长声明②作为支持自己观点的依据。

对这种公然挑衅上诉机构权威的做法，最终的结果只能是失败的。上诉机构毫不客气地反驳了美国的主张。他们指出，该声明使用的词语是"部长承认"这样的规劝式的说辞，因此，就声明条文本身而言，无论如何都不可能得出对反补贴领域的案件规定了某种特定的审查标准的义务的结论。根据该声明我们最多只能认识到部长们觉得有使这两类案件的争端处理在审查标准问题上保持一致的必要，但也仅仅是表达了一种意向，绝对没有关于具体的审查标准是什么的规定。③ 上诉机构还拿出了同样是部长级会议的决定的一份文件④来进一步驳斥美国的主张。⑤ 在该决定中，部长们表达了目前第 17 条第 6 款规定的审查标准仅适用于反倾销领域的案件，这一点是明确的。至于今后能不能扩展适用了其他所有的协定，决定只是表明了先给三年的时间进行实践，三年后再来讨论这个问题。也就是说，这份部长决定就清楚地表达了，到目前为止，该条款中的审查标准仅适用《反倾销协议》的争端不适用于其他领域的争端。而且，上诉机构还指出了一个事实，那就是不仅在三年后部长们没有开始讨论拓展适用第 17 条第 6 款的审查

① Appellate Body, *Imposition of Countervailing Duties on Certain Hot-rolled Lead and Bismuth Carbon Steel Products Originating in the United Kingdom*, WT/DS138/AB/R, adopted 10 May 2000, para. 9. 载于 WTO 官方网站：www. wto. org。

② 《关于实施 GATT 第 6 条或反补贴协议第五部分解决争端的部长声明》。

③ Appellate Body, *Imposition of Countervailing Duties on Certain Hot-rolled Lead and Bismuth Carbon Steel Products Originating in the United Kingdom*, WT/DS138/AB/R, adopted 10 May 2000, para. 49. 载于 WTO 官方网站：www. wto. org。

④ 该文件是《关于审议实施 GATT1947 第 6 条协议的第 17 条第 6 款的决定》。

⑤ Appellate Body, *Imposition of Countervailing Duties on Certain Hot-rolled Lead and Bismuth Carbon Steel Products Originating in the United Kingdom*, WT/DS138/AB/R, adopted 10 May 2000, para. 50. 载于 WTO 官方网站：www. wto. org。

标准问题，而且到现在为止，这样的审议也没有发生。更有意思的是，看起来这样的审议今后发生的可能性也不大。论证到此，上诉机构理直气壮地支持了专家组在审查标准问题上的结论：把 DSU 第 11 条规定的审查标准适用于反补贴领域案件的做法是完全正确和合理的。①

四 DSU 第 11 条的含义

初看上去，DSU 第 11 条的含义非常清楚。专家组应当对提交给他的事项从三个方面进行客观评估：事实方面和相关规则的可适用性以及事实与规则的相符性。问题是在现实中对"客观评估案件的事实"的文本解释是否真能对澄清它的准确含义有多大帮助。②

无论如何，至少有三个基础的解释性结论可以从 DSU 第 11 条的用语中推导出来。

首先，既不过分强调司法克制，也不过分否认司法能动。DSU 第 11 条是关于专家组职能的规定。它的重点不是强调国内主管当局如何做，而是要求专家组如何做。这就意味着 DSU 第 11 条其实是规定了相当侵入性的审查标准，对国内主管当局的结论不用给予相当大的尊重。更为重要的是 DSU 第 11 条没有限制专家组对国家措施进行全面审查的能力。③ 虽然上诉机构指出适当的审查标准不是重新审查，但这并不意味着 DSU 第 11 条公开地宣称专家组在对国内措施进行审查时就当秉持司法克制的态度。在 WTO 体系内，司法克制的确有其必要性，但是不能仅仅从 DSU 第 11 条就必然得出专家组要秉持司法克制的态度。应该说，为了确立尊重性的审查标准，不单单是 DSU 第 11 条还需要有其他的因素一并考虑。也就是说，在 WTO 体系内司法克制虽然有其必要性，但是，考虑到在提高 WTO 整套规则的实施程度、提高这套规则的有效性和可信度方面，GATT/WTO 司法制度所起的核心作用，专家组会对

---

① 罗文正：《世界贸易组织法律文本中的审查标准探析》，《法学杂志》2011 年第 11 期。

② G. Axel Desmedt, "Hormones：'Objective Assessment' and（or as）Standard of Review", *J. Int'l Econ. L.* Vol. 1, No. 4, 1998, p. 698.

③ Matthias Odsch, *Standard of Review in WTO Dispute Resolution*, Oxford University Press, 2003, p. 87.

于成员方主管当局破坏多边贸易规则有效性的行为给予更少的尊重。①
因此说，DSU第11条并没有过分强调司法克制。相反，我们同样也可
以推论司法能动的态度也不是完全不被DSU第11条所接受。上诉机构
也强调了"完全尊重"在专家组的审查中也是不合适的。在维护多边
贸易体制的稳定性和可预测性方面，DSU第11条也没有过分限制专家
组全面调查国家当局措施的能力。因此，专家组适合的客观评估的审查
标准应当服务于争端解决机制的目标，在既不增加或减少成员方的权利
和义务的基础上，在司法克制和司法能动之间找到有效地的平衡，以寻
求迅速解决争端的可能。

其次，对事实问题的审查标准和法律问题的审查标准是不一致的。
上诉机构所强调的"客观评估原则"既是对事实问题的审查标准也是
对法律问题的审查标准。但是，如果考虑到DSU第3条第2款所规定的
"按照国际公法习惯规则"解释WTO法的要求，专家组和上诉机构不
仅不能奉行司法克制的态度，反而应当采用重新审查的方式来解释
WTO法。② 同时，上诉机构在《欧共体荷尔蒙案》中明确指出了事实问
题的审查标准不是重新审查。从一般意义讲，对《欧共体荷尔蒙案》
相关段落的解读应当与DSU第11条所规定的事实问题和法律问题的审
查标准结合起来，而不是僵硬地把法律问题和事实问题等同起来。因
此，DSU第11条所规定的法律问题的审查标准是重新审查的标准，而
对于事实问题的审查标准应当是在重新审查和完全尊重这两个极端之
间，但是无论如何都应当满足客观评估的需要。

最后，与GATT1947专家组的实践一脉相承。从DSU第11条的用
语来看，这和《1979年争端解决谅解》第16条极其相似。虽然在实践
中被GATT1947专家组从没有将《1979年争端解决谅解》第16条作为
审查标准来对待，但是尊重GATT时期的争端解决的一贯做法是一个共
识。因此，可以说DSU第11条并没有创造一个新的或者修订的审查标

---

① Steven P. Croley & John H. Jackson, "WTO Dispute Procedures, Standard of Review, and
Deference to National Governments, *American Journal of International Law*", Vol. 90, No. 2, 1996,
p. 213.

② Matthias Odsch, *Standard of Review in WTO Dispute Resolution*, Oxford University Press,
2003, p. 87.

准，而仅仅是对 GATT1947 专家组在实践中所表达的审查标准的重现。GATT 时期关于审查标准的实践对 WTO 裁判机构仍然具有重要的指导意义。

第三节　DSU 第 3 条第 2 款

DSU 第 3 条第 2 款[①]被很多人认为与审查标准问题相关。普遍被接受的观点是 DSU 第 3 条第 2 款是关于 WTO 争端解决机制的目标的规定，其中包含了三个目标：为多边贸易体制提供安全性和可预测性的保障，保护成员方经过艰苦谈判获得的依照 WTO 各种协定所应当享有的权利和义务，澄清 WTO 协定条款的含义。其中两个方面与审查标准问题相关。首先是其中关于条约解释的应有规则和方法的表述与法律解释的审查标准相关。其次是有关争端解决机构对诉争案件的裁决不能够增加或减少 WTO 成员方享有的权利和义务的规定也被认为与审查标准相关。这些规定都为适当的审查标准的确定提供了方向和指引。

当然，关于 DSU 第 3 条第 2 款的表述是否构成审查标准还有着不同的观点和争议。主张构成审查标准的学者以杰克逊教授为代表，他认为虽然 DSU 第 3 条第 2 款的用语还没有《反倾销协议》第 17 条第 6 款那样清晰、明确，但是，通过合理的推理和分析，还是可以从中发现其实这就是一个尊重性的审查标准。[②] 为了论证其观点的合理性，杰克逊教授还引入了司法节制的观点，指出专家组在对主管当局的措施进行审查

---

① DSU 第 3 条第 2 款，中文译文 at http://law.chinalawinfo.com/other/WTO/Legal3/326.doc，2004 年 4 月 20 日。WTO 争端解决体制在为多边贸易体制提供可靠性和可预测性方面是一个重要因素。各成员认识到该体制适用于保护各成员在适用协定项下的权利和义务，及依照解释国际公法的惯例澄清这些协定的现有规定。DSB 的建议和裁决不能增加或减少适用协定所规定的权利和义务。

② Croley, Steven P. AND Jackson, "WTO Dispute Settlement Panel Deference to National Government Decisions: The Misplaced Analogy to the U. S. Chevron Standard–Of–Reivew Doctrine", in Ernst–Ulrich Petersmann (ed.), *International Trade Law and the GATT/WTO Dispute Settlement System*, Kluwer Law International, 1997, p. 195.

时不应当过于积极。① 我国也有人指出，审查标准和有关 WTO 法的解释规则的联系要从实际案例中去分析和把握。这两者初看上去似乎没有直接联系，但是只要专家组履行 DSU 第 11 条所规定的职责时就不可避免地要把审查标准和解释规则联系起来，否则专家组就无法完成其工作，而解释规则的不同会导致不同的"尊重"程度。② 因此，持这一观点的学者都主张 DSU 第 3 条第 2 款就是有关审查标准的规定。

有趣的是，持反对意见的人立场也十分鲜明，丝毫没有退让的打算。Matthias Oesch 就毫不含糊地在其那本有关审查标准的著作中指出，DSU 第 3 条第 2 款并不是对专家组应当适用的审查标准的规定。③他经过认真的分析和比对，从该条款的宗旨的角度指出 DSU 第 3 条第 2 款并不着眼于解释和适用 WTO 条款时的尊重性进路，而是强调 WTO 的结构性体系。它最重要的目标指向是强调一定要确保以规则为导向的 WTO 争端解决机制能够为人们理解和适用，并为 WTO 规则提供清晰、稳定和可预见性的保证，致力于维持 WTO 成员方权利与义务的平衡。④

笔者认为，DSU 第 3 条第 2 款对于世界贸易组织的争端解决机制而言非常重要的是一个方向性的条款，它必然会对争端解决过程中的方方面面产生实质性意义，当然也包括对审查标准的影响，但是，这并不能构成支撑该条款就是关于适当的审查标准规定的理由。⑤ 就如有学者所指出的，DSU 第 3 条第 2 款旨在于限制专家在解释 WTO 法上的自由以防止他们"充满变数的或者构建性的发展"（dynamic or constructive development）世界贸易组织法。⑥ 当然这种限制专家组通过解释创造新义务的做法，不仅仅关注实体权利和义务的平衡也与审查标准的解释和适

---

① John H. Jackson, *The World Trade Organization: Constitution and Jurisprudence*, London: Royal Institute of International Affairs, 1998, p. 91.

② 冯佳：《论 WTO 争端解决机制中的审查标准》，硕士学位论文，西南政法大学，2005 年。

③ Matthias Odsch, *Standard of Review in WTO Dispute Resolution*, Oxford University Press, 2003, p. 83.

④ Ibid. .

⑤ 罗文正：《世界贸易组织法律文本中的审查标准探析》，《法学杂志》2011 年第 11 期。

⑥ Pescatore Pierre, "The GATT Dispute Settlement Mechanism: Its Present Situation and its Prospects", *Journal of World Trade*, Vol. 27, No. 1, 1993, p. 6.

用有关。适用一个会打破 WTO 法上被谈判者设定的精巧平衡的审查标准无疑是错误。也就是说，对 DSU 第 3 条第 2 款而言采用过于严格的审查标准和过于尊重的审查标准都是不合适的。

正如我们在前文中提到过的，上诉机构一直在强调 DSU 第 11 条才是最为合适的 WTO 争端解决中的审查标准，并否认了 DSU 第 3 条第 2 款成为审查标准的可能。上诉机构在《欧共体荷尔蒙案》中有一段精彩的论述①，来证明 DSU 第 11 条作为审查标准的正当性。由此可以看出，上诉机构从来没有把 DSU 第 3 条第 2 款作为审查标准来看待，在他们眼中有且只有 DSU 第 11 条才能最合适的审查标准的规定。

笔者赞同上诉机构的观点。DSU 第 3 条第 2 款虽然与审查标准问题相关，但是它在整个 DSU 文件中所起的作用是强调 WTO 裁判机构不能在个案的处理中给 WTO 成员创设新的义务。也就是说，其目的是在于限制 WTO 裁判机构在法律解释上的自由以防止其实质性发展 WTO 法。另外，我们在实践中也看不到 WTO 裁判机构在适当的审查标准问题上提及过 DSU 第 3 条第 2 款。

因此，无论从该款本身的目的而言，还是从 WTO 的实践来看，我们都没有理由认为 DSU 第 3 条第 2 款也构成审查标准的一部分。②

第四节　有关审查标准的部长决定和声明

WTO 体制的法律文件中还有两个文件是明确涉及审查标准事项。一个是《关于审议〈关于 GATT1994 第 6 条的协定〉第 17 条第 6 款的决定》，其内容大体是，要求在三年后对于《关于实施 GATT1994 第 6 条的协定》第 17 条第 6 款进行审议，以便考虑是否可将该审查标准普遍适用。而实际的情况是，WTO 已经成立了 20 多年远远超过了部长决

---

① "审查标准……必须反映 WTO 协议中确立的成员方让渡的司法权限和保留的司法权限的平衡。采用一个在 SPS 协议中并没有清楚规定的审查标准，可能就会改变这种精巧的平衡，而无论是专家组还是上诉机构都没有被权力这样做。" Appellate Body, *European Communities-Measures Concerning Meat and Meat Products* (*Hormones*), WT/DS26/AB/R, adopted 13 February 1998, para. 115. 载于 WTO 官方网站：www.wto.org。

② 罗文正：《世界贸易组织法律文本中的审查标准探析》，《法学杂志》2011 年第 11 期。

定中规定的期限，不仅没有就进行该项审议而在笔者看来在可预见的时间里也不会发生，甚至可以更极端地说没有人想去做这样的审议。

　　另一个与审查标准能够有所关联的法律文件就是《关于根据〈关于实施 GATT1994 第 6 条的协定〉或〈补贴与反补贴措施协定〉第五部分争端解决的声明》。该项声明的目的要告诉人们部长们达成了一点共识，那就是部长们认识到，对于反补贴和反倾销领域案件，采用相同的审查标准是可以被讨论的。对于这份部长声明的实际作用，我们只要稍微观察一下 WTO 争端解决的实践，就会发现它根本就没有引起过专家组和上诉机构的注意。也就是说，它对于实践而言就是一份写在纸上的文件而已。在《美国铅铋钢Ⅱ反补贴税案》中，专家组的态度就是一个很好的例子。专家组根本就没有考虑这份部长声明，而态度鲜明地拒绝了在反补贴案件适用《反倾销协议》所规定的审查标准的要求。[①]

　　以上情况表明该两项部长决定和声明更大程度上是具有宣示作用，而没有实际可操作性，并没有对 WTO 审查标准实践产生实质影响。因此，我们认为，它们不是 WTO 体制下的审查标准体系的一部分。[②]

第五节　《反倾销协议》第 17 条第 6 款与 DSU 第 11 条的关系

　　基于以上分析，我们的初步结论是 DSU 第 11 条和《反倾销协议》第 17 条第 6 款是 WTO 法律文件中关于审查标准规定的条款。那么两者的关系如何？《反倾销协议》第 17 条第 6 款规定的审查标准能适用到 WTO 其他协定中吗？特别是能适用到反补贴案件和保障措施案中吗？《反倾销协议》第 17 条第 6 款相对于 DSU 第 11 条而言是特别法吗？

一　《反倾销协议》第 17 条第 6 款能否适用于其他领域

　　从字面上来理解，人们很容易会形成一个直观的印象——《反倾销

---

① United States-Imposition of Countervailing Duties on Certain Hot-rolled Lead and Bismuth Carbon Steel Products Originating in the United Kingdom, WT/DS138//R, para. 6. 17. 载于 WTO 官方网站：www. wto. org。

② 罗文正：《世界贸易组织法律文本中的审查标准探析》，《法学杂志》2011 年第 11 期。

协议》第 17 条第 6 款规定的审查标准是一个更加尊重性的审查标准。因此，在实践中某些成员方出于维护自身利益的考虑主张《反倾销协议》第 17 条第 6 款规定的审查标准可以适用到除反倾销案件以外的其他领域。其中有两个典型的案件：《欧共体荷尔蒙案》和《美国铅铋钢Ⅱ反补贴税案》①。

在《欧共体荷尔蒙案》中欧共体就极力主张要将第 17 条第 6 款第 1 项中的审查标准适用到 SPS 案件中。欧共体认为就事实审查而言，专家组应当对成员方基于科学证据的措施给予相当的尊重并指出像本案这样事实问题高度复杂的案件就应当适用第 17 条第 6 款第 1 项所规定的尊重性审查标准。② 上诉机构不留情面直接驳斥了欧共体的这一观点。它明确指出"没有任何迹象表明《SPS 协议》要成员方采取《反倾销协议》第 17 条第 6 款第 1 项所规定的审查标准，或者将该审查标准融入《SPS 协议》。第 17 条第 6 款第 1 项的文字含义是专门针对《反倾销协议》的"。③ 这也是上诉机构第一次明确表示第 17 条第 6 款第 1 项的审查标准只能适用于《反倾销协议》。

在随后的反补贴领域美国人又一次提出了这个富有争议的问题，他们也打算说服专家组把《反倾销协议》中审查标准适用到反补贴领域。这个案件就是《美国铅铋钢Ⅱ反补贴税案》。美国断言本案中应当适用《反倾销协议》第 17 条第 6 款所规定的审查标准。因为有一份部长宣言④明确提到"需要对反倾销和反补贴税措施引起的争端采取一致的解决办法"。美国指出这个部长宣言必须具有某种意义。在美国看来，成员方意识到在专家组对反倾销程序和反补贴程序进行审查时存在很多相似之处，成员方不愿看到仅仅因为审查标准的不同而造成反倾销协议和反补贴协定下的争端产生不一致的结果。因此，美国主张考虑到部长宣

---

① *United States—Imposition of Countervailing Duties on Certain Hot-Rolled Lead and Bismuth Carbon Steel Products Originating in the United Kingdom*, WT/DS138/AB/R, adopted 7 June 2000, DSR 2000: V, 2595.

② Appellate Body, *European Communities-Measures Concerning Meat and Meat Products (Hormones)*, WT/DS26/AB/R, adopted 13 February 1998, para. 112.

③ Ibid., para. 114.

④ 《关于实施 GATT 第 6 条或反补贴协议第五部分解决争端的部长宣言》。

言的重要性，在审查反补贴税措施时应当适用第 17 条第 6 款规定的审查标准。①

专家组同意部长宣言必须具有某种意义。但是仅从宣言本身的条文并不能立即看出美国所赋予它的含义。退一步说，即使假定将《反倾销协议》第 17 条第 6 款的审查标准引入《反补贴协议》是部长们的意图，部长宣言在这方面也没有规定任何义务。因为部长宣言仅仅是一个"宣言"，而不是"决定"。专家组认为，宣言缺乏强制性的法律约束力。因此，不应当适用美国所主张的审查标准。② 接着专家组分析了《反补贴协议》第 30 条的规定，得出了自己的结论，既然《反补贴协议》中没规定适用于该领域的审查标准，那就应当适用上诉机构反复强调过的 DSU 第 11 条所规定的审查标准。③

美国也没有轻易放弃自己的主张，开始了他们的上诉之旅。上诉机构从 DSU 的第 1 条开始了它的分析。经过考察上诉机构认定《反补贴协议》中的确没有包括专家组适用的审查标准的特殊或额外规则。④ 接着上诉机构驳斥了美国认为 DSU 第 11 条不是合适的审查标准的主张。上诉机构开始罗列他们在以往的案件中对于 DSU 第 11 条的性质表达的观点。首先提到了《欧共体荷尔蒙案》，他们指出我们早在《欧共体荷尔蒙案》中就已经很清楚明白地指出了 DSU 第 11 条直接与审查标准有关，它就是适当的审查标准。不仅如此，在《阿根廷鞋类案》中也有类似的表述："在不止一个场合上诉机构已经指出，除了一个相关协议外，DSU 第 11 条规定了专家组适当的审查标准。"⑤ 关于美国指出的部长宣言，上诉机构也毫不客气地指出，美国的这一主张没有什么法律意义。上诉机构分析了该宣言的法律性质，认为从宣言使用的语言看，它

---

① Panel Report, *United States—Imposition of Countervailing Duties on Certain Hot-Rolled Lead and Bismuth Carbon Steel Products Originating in the United Kingdom*, WT/DS138/R and Corr. 2, adopted 7 June 2000, upheld by Appellate Body Report WT/DS138/AB/R, para. 6.8.

② Ibid., para. 6.17.

③ Ibid., para. 6.18.

④ Appellate Body Report, *United States—Imposition of Countervailing Duties on Certain Hot-Rolled Lead and Bismuth Carbon Steel Products Originating in the United Kingdom*, WT/DS138/AB/R, adopted 7 June 2000, paras. 44–45.

⑤ Ibid., para. 46.

没有法律强制力。而且宣言中部长们也仅仅是承诺有这种必要，并没有具体规定应采取的具体措施。最重要的是，整篇宣言都找不到应当适用的审查标准的规定。① 论述于此，上诉机构还不忘记加上一句对乌拉圭回合谈判历史的回顾。乌拉圭回合谈判的结果已经表明了第 17 条第 6 款仅适用于《反倾销协议》。上诉机构还专门提到了另一份部长决定② 来否认美国的主张。

总之，专家组和上诉机构立场坚定地将《反倾销协议》第 17 条第 6 款的适用范围限定于反倾销案件中，而不能采取类似适用的方法扩大他的适用范围。

二 《反倾销协议》第 17 条第 6 款与 DSU 第 11 条含义相同吗？

仅仅把《反倾销协议》第 17 条第 6 款和 DSU 第 11 条的文字进行对比，确实会使人们形成这样的认识——前者所规定的审查标准比后者要更宽松，更趋向于尊重性。这样的理解源于对这两条不同用语的体系性解释。对前者而言很明显无论从事实问题还是法律问题上都排除了重新审查的空间，而对于后者则没有明确地排除专家组对主管当局的措施进行重新审查的可能。③ 有学者精练地指出，造成这种窘境的原因是有两个审查标准的存在。一个专门适用于反倾销协议和反补贴协议，另一个规定在 DSU 当中，比前者的尊重性更少，适用于其他所有协议。④

显然这种观点是值得商榷的，而且第 17 条第 6 款的审查标准应该仅适用于《反倾销协议》而不应当包括《反补贴协议》。我们不能仅仅

① Appellate Body Report, *United States—Imposition of Countervailing Duties on Certain Hot-Rolled Lead and Bismuth Carbon Steel Products Originating in the United Kingdom*, WT/DS138/AB/R, adopted 7 June 2000, para. 47-49.

② 《关于审议〈关于实施 1994 年关税与贸易总协定第 6 条的协定〉第 17 条第 6 款的决定》。

③ Matthias Odsch, *Standard of Review in WTO Dispute Resolution*, Oxford University Press, 2003, pp. 97-98.

④ Paul C. Rosenthal & Robert T. C. Vermylen, "WTO Antidumping and Subsidies Agreements: Did the United States Achieve Its Objectives during the Uruguay Round", *Law & Pol'y Int'l Bus*, Vol. 31, No. 3, 2000, p. 879.

只从字面上去理解这两个条款的含义。首先，第 17 条第 6 款第 1 项规定的事实问题的审查标准就分了两个层级：事实确定和事实评估。就事实确定的审查标准而言，的确是一条较高尊重性的审查标准，但也不是完全尊重。从事实结论的审查标准来看，表现出尊重性，但也还是要求审查成员方对证据的评估是否达到"无偏见和客观"。而且上诉机构也曾表示过很难想象反倾销案件专家组在对成员方当局的措施进行事实审查时不进行"客观评估"。① 因此第 17 条第 6 款第 1 项的规定与 DSU 第 11 条所规定的事实问题的审查标准——"客观评估标准"是大体相似的。至于第 17 条第 6 款第 2 项规定的法律问题的审查标准与 DSU 第 11 条所规定的法律问题的审查标准至少在对 WTO 法的解释审查上是同一的——重新审查。这个观点在下一节的分析中也会得到验证。

三 《反倾销协议》第 17 条第 6 款是特别法吗？

如果《反倾销协议》第 17 条第 6 款的规定仅能在反倾销领域适用，那么是否可以认为这一款相对于 DSU 的规定，特别是 DSU 第 11 条的规定，就是特别法（Lex Specialis）呢？当然从字面上来理解会得出一个很随意的结论作为 DSU 第 11 条的例外《反倾销协议》中规定了一个遵从性的审查标准。也就是说，《反倾销协议》第 17 条就是《WTO 协定》附件 2 中所称的争端解决的特殊、额外规定。按照"特别法优于普通法"的原理，该条规定的审查标准应当优先于 DSU 的规定，甚至作为替代 DSU 整体而适用于反倾销争端。这一结论能否成立且看专家组和上诉机构在实践中是如何解答的。

在《危地马拉水泥案》② 中，专家组就认为《反倾销协议》第 17 条应当代替（replace）DSU 而适用。③ 上诉机构纠正了这一错误并首次

---

① Appellate Body, Anti-dumping Measures on Certain Hot-Rolled Steel Products from Japan, WT/DS184/AB/R, adopted 24 July 2001, para. 55. 载于 WTO 官方网站：www. wto. org。

② Guatemala-Anti-dumping Investigation Regarding Portland Cement from Mexico, WT/DS60/AB/R, report of the panel, 19 June 1998, and the Appellate Body, 2 November 1998. 载于 WTO 官方网站：www. wto. org。

③ Panel Report, Guatemala - Anti - dumping Investigation Regarding Portland Cement from Mexico, WT/DS60/R, adopted 19 June 1998, para 7. 16. 载于 WTO 官方网站：www. wto. org。

阐明了 DSU 第 11 条与《反倾销协议》第 17 条第 6 款的关系。它强调了被 DSU 所创设的争端解决制度是一项历史性的创举，它是一项完整而又统一的准司法性质的争端解决机制。它应当对 DSU 附件所列举的所有相关协议适用，这一点是毋庸置疑也没有例外可言的。如果说，某个具体协定规定了自身的争端解决规则和程序，也不会与 DSU 的规则构成冲突和矛盾。相反，它们与 DSU 中的规则和程序一起构成了 WTO 统一的争端解决制度。《反倾销协议》是附件 1 中所列的其中一个相关协议。因而 DSU 的规则和程序适用于反倾销领域的案件。① 然后，上诉机构开始详细解释了 DSU 规则与附件 2 中列举的特殊规则应当如何适用。上诉机构认为，"DSU 第 1 条第 2 款规定，DSU 的规则和程序的适用受到特殊或额外的规则和程序的限制。如前者与后者之间有差别，则后者在差别的范围内，具有优先效力。如果没有差别，DSU 的规则及程序与相关协议的特殊或额外的规则和程序可以一同适用。后者优先适用的情形只有一种，那就是两种规则之间在适用效果上存在冲突"②。可见，特殊的或额外的规定得以适用有着较为严格的要求和程序，而最终能否适用还是取决于解释者采用的解释方法。笔者认为，这实际上给予 WTO 裁判机构相当的自由裁量权。

上诉机构接着进一步说明了相关协议的磋商和争端解决规定与 DSU 的关系，"它们并不是要取代作为综合性统一争端解决制度的 DSU 的规定"③。人们永远不能忘记 WTO 争端解决机制的统一性，那种将《反倾销协议》中第 17 条理解为替代整体的 DSU 制度的观点在认识上是错误的，在实践中是有害的。试想一下，如果真是这种被整体取代的关系的

---

① Appellate Body, Guatemala‐Anti‐dumping Investigation Regarding Portland Cement from Mexico, WT/DS60/AB/R, adopted 2 November 1998, para. 64. 载于 WTO 官方网站：www. wto. org。

② Appellate Body, Guatemala‐Anti‐dumping Investigation Regarding Portland Cement from Mexico, WT/DS60/AB/R, adopted 2 November 1998, para. 65. 载于 WTO 官方网站：www. wto. org；另参见韩立余《WTO 案例及评析》（下卷）（1995—1999），中国人民大学出版社 2001 年版，第 150—151 页。

③ Appellate Body, Guatemala‐Anti‐dumping Investigation Regarding Portland Cement from Mexico, WT/DS60/AB/R, adopted 2 November 1998, para. 67. 载于 WTO 官方网站：www. wto. org。

话，DSU 中关于争端解决的详细的成体系的规定岂不是也不能在反倾销案件中适用了，那样反倾销案件的争端解决规则应当是什么样的呢？上诉机构接着指出，专家组的结论让人想起了以前的 GATT1947 和东京回合协议时的分散的争端解决制度。这样就不能反映 WTO 统一的争端解决体系。[①] 这意味着 WTO 时期的基本的争端解决制度集中规定在 DSU 当中，其他适用协定中包含的争端解决条款是作为 DSU 的例外而存在，统一的争端解决机制才是 WTO 争端解决体系的核心理念之一。因此在对特殊和额外规定与 DSU 的规定是否存在差异性进行解释时，应当秉持体系性解释的方法，从维护 WTO 法律制度的统一性的角度出发，切实厘清替代关系与统一适用关系。

在《美国热轧钢案》[②] 中，上诉机构有机会再一次就这两个关于审查标准规定的条款的关系做更为详细地阐述。上诉机构首次阐明了《反倾销协议》第 17 条第 6 款的两个先决问题。第一个先决问题是作为被 DSU 第 1 条第 2 款和附录 2 中所确立的"特殊或额外规则和程序"之一。在重申了《危地马拉水泥案》中的逻辑方法之后，上诉机构指出其必须要进行的下一步工作，就是思考第 17 条第 6 款能否适当地理解为"补充"（complementing）DSU 的规则和程序的程度，或者相反，考虑它与 DSU "冲突"（conflicts）的程度。第二个先决问题是紧接第一个问题的，涉及第 17 条第 6 款与 DSU 第 11 条的关系。第 17 条第 6 款规定了专家组审查《反倾销协议》项下的"事项"（matter）的规则。而 DSU 就规定了适用于专家组任何相关协议项下的事项的规则。[③] 在这里上诉机构阐明了如果附件 2 中特殊与额外规则和程序与 DSU 是补充关系就视为不存在差别，而与 DSU 一并适用；反之，如果是冲突关系则

①　Appellate Body, Guatemala – Anti – dumping Investigation Regarding Portland Cement from Mexico, WT/DS60/AB/R, adopted 2 November 1998, para. 67. 载于 WTO 官方网站：www. wto. org。

②　United States – Anti – dumping Measures on Certain Hot – Rolled Steel Products from Japan, WT/DS184/AB/R, report of the panel, 28 February 2001, and the Appellate Body, 24 July 2001. 载于 WTO 官方网站：www. wto. org。

③　Appellate Body, Anti – dumping Measures on Certain Hot – Rolled Steel Products from Japan, WT/DS184/AB/R, adopted 24 July 2001, paras. 51–53. 载于 WTO 官方网站：www. wto. org。

视为存在差别，在差别范围内优先适用特殊与额外规则和程序。这就使得人们对如何理解在《危地马拉水泥案》中上诉机构说的"特殊和额外规则和程序与 DSU 的不一致或差别"提供了更为清晰的指引——"补充"或者"冲突"。

接下来上诉机构就开始对于《反倾销协议》第 17 条第 6 款的第 1 项和第 2 项与 DSU 第 11 条的关系做了逐一对比而又详细的精彩分析。上诉机构指出，DSU 第 11 条，确立了专家组进行客观评估的义务，这一义务包括专家组对事项审查的所有方面。第 17 条第 6 款有两个单独的分段。第一分段包含专家组的"对事实事项的评估"，而第二分段则包括对"相关条款的解释"。两个分段所适用的审查标准有着明显区别。①

就事实评估而言，《反倾销协议》第 17 条第 6 款第 1 项，只要求专家组审查调查当局对事实的认定和评估且该词语的语言紧密地反映了 DSU 第 11 条下给专家组规定的做出"事实客观评估"的义务。进而上诉机构得出结论，两条款均要求专家组"评估"事实，而且都要求专家组积极审查相关事实。因此，两者没有任何"冲突"，有关审查标准的要求是一致的。② 前者是后者的补充，两者共同适用于反倾销案件的事实调查。此外，上诉机构还强调了第 17 条第 6 款第 1 项还明确规定了专家组作出客观的"事项事实评估"包括两个方面：首先认定调查主管机构的"事实确定是适当的"，其次是认定主管机构对"这些事实的评价是公正和客观的"。③ 这就明确了在反倾销案件中专家组就事实问题进行客观评估的准则。如果主管当局的做法不能达到上述两方面规定的要求，专家组就可以得出结论主管当局对事实的认定和评估与《反倾销协议》不存在相符性，即没有尽到"客观评估"的职责。也就是

---

① Appellate Body, Anti-dumping Measures on Certain Hot-Rolled Steel Products from Japan, WT/DS184/AB/R, adopted 24 July 2001, para.54. 载于 WTO 官方网站：www.wto.org；另参见韩立余《WTO 案例及评析》(2001)，中国人民大学出版社 2002 年版，第 403 页。

② Appellate Body, Anti-dumping Measures on Certain Hot-Rolled Steel Products from Japan, WT/DS184/AB/R, adopted 24 July 2001, para.55. 载于 WTO 官方网站：www.wto.org。

③ Appellate Body, Anti-dumping Measures on Certain Hot-Rolled Steel Products from Japan, WT/DS184/AB/R, adopted 24 July 2001, para.56. 载于 WTO 官方网站：www.wto.org。

说，在其他协定中的专家组"客观评估标准"在《反倾销协议》当中就是具体化为第 17 条第 6 款第 1 项所规定的事实确定的适当性和事实评价的公正性和客观性，两者之间不仅没有存在冲突甚至可以认为两者实质上的要求是相同的。

就法律解释而言，上诉机构指出第 2 项第 1 句与 DSU 第 3 条第 2 款密切呼应，规定了专家组在解释《反倾销协议》时应当采用的条约解释方法。而这些条约解释方法就《VCLT》第 31 条和第 32 条所规定的方法。显然在这一方面第 17 条第 6 款第 2 项与 DSU 没有"冲突"之处，而是相反，DSU 下的条款解释一般规则同样适用于《反倾销协议》。[①] 因此，第 17 条第 6 款第 2 项是 DSU 第 11 条的补充而不是代替，两者共同适用于《反倾销协议》的法律解释。

当然，上诉机构还是没有忘记第 17 条第 6 款第 2 项中与 DSU 第 11 条不同的地方，那就是它多了一项根据条约解释的习惯规则对《反倾销协议》的规定进行解释的要求。但是，上诉机构特别强调"可允许解释是指在适用《VCLT》相关规则之后认为是合适的"，并指出究竟哪些条款包含多种可允许解释需要在个案的具体情况下适用《VCLT》的条约解释规则后才能揭晓。正如有人指出的，上述两案确立的《反倾销协议》第 17 条第 6 款与 DSU 第 11 条的关系至少表明它们所确立的审查标准的差异并没有谈判方最初设想的那样巨大，而且前者所规定的审查标准的尊重性也不会比后者多。这恐怕与美国坚持将其国内法上的"谢弗林原则"引入《反倾销协议》的想法差别很大。[②] 最后上诉机构得出结论，这两个条款统一于《VCLT》第 31 条和第 32 条所确立的解释规则，两者之间也没有任何"冲突"。[③] 因此，两者具有同一性。

笔者认为，这正是上诉机构的高明之处。实际上就如 GATT/WTO 裁判机构一直有刻意避免给审查标准问题给出具体界定一样，也许在具

---

① Appellate Body, Anti-dumping Measures on Certain Hot-Rolled Steel Products from Japan, WT/DS184/AB/R, adopted 24 July 2001, para. 57. 载于 WTO 官方网站：www.wto.org。

② 冯佳：《论 WTO 争端解决机制中的审查标准》，硕士学位论文，西南政法大学，2005 年。

③ Mituo Matusushita & Thomas J. Schoenbaum etc., *The World Trade Organization：Law, Practice and Policy*, Oxford University Press, 2003, p. 41.

体的案件中具体情况具体分析的解释《反倾销协议》是目前情况下的最优选择。实际上从 WTO 争端解决机制运作 20 多年来的情况看，第 17 条第 6 款第 2 项所说的一种以上的"可允许解释"在经由 WTO 裁判机构按照《VCLT》的解释方法解释后至今尚未出现。可以说，上诉机构运用娴熟的技法和严谨的推理，在不违反 WTO 争端解决机制目标的基础上有效地避免了两种不同审查标准可能给统一的多边贸易争端解决机制带着的碎化片的伤害。

本章小结

总之，《反倾销协议》的第 17 条第 6 款和 DSU 的第 11 条都是 WTO 法律文件中关于审查标准的规定两者具有同一性，没有实质差别。在事实问题审查标准，前者强调事实确定的适当性和事实评价的公正性和客观性，后者着眼于所提供事项的"客观评估"。两者之间并没有"冲突"，统一于对被提交事项的客观评估之中；而在法律审查方面，前者是后者的有益补充而非代替，都遵循了重新审查的标准，共同构成了现行多边贸易体制的审查标准。而 DSU 第 3 条第 2 款的目的是在于限制 WTO 裁判机构在法律解释上的自由，以防止其实质性发展 WTO 法，并不构成审查标准的一部分。而两个相关部长决定和声明更多是具有说明性质，又没有现实可操作性，没有也不可能会实质性的影响到世界贸易组织的实践，也不是审查标准的一部分。

第八章 WTO体制一般争端适用审查标准的实践

在上一章我们已经完成了WTO法律文件关于审查标准具体规定的分析，接下来我们把目光转向实践环节。如上所述，WTO体制下一般争端适用的审查标准——DSU第11条"客观评估标准"是上诉机构在争端解决过程中所确立的。因此，在WTO法律文件中找不到关于一般审查标准的定义。客观评估标准是由专家组和上诉机构通过个案分析的方式不断地明晰它的概念、丰富它的内涵，使一般争端中适用的审查标准逐渐清晰。在本章中我们拟对DSU第11条在争端解决过程中的具体发展进行分析。本章共分为四个部分：第一部分是关于DSU第11条总论的分析；第二部分是关于事实问题审查标准的分析，先对其框架进行描述，然后对事实确定和事实结论两个阶段逐一分开；第三部分是对法律解释的审查标准的阐述，包括对WTO法、国内法和国际法解释的审查标准的理解；第四部分是本章小结。

第一节 DSU第11条的总要求——客观评估事项

上诉机构在《欧共体荷尔蒙案》《阿根廷鞋类案》《美国铅铋钢Ⅱ反补贴税案》《美国热轧钢案》《美国棉花保障措施案》①《美国DRAMS

---

① *United States – Transitional Safeguard Measure on Combed Cotton Yarn from Pakistan*，WT/DS192/AB/R，adopted 5 November 2001，DSR 2001：Ⅻ，p. 6027.

反补贴税调查案》①《美国针叶木材Ⅵ案》②《美国石油国管状产品日落复审案》③《美国不锈钢产品最终反倾销措施案（墨西哥）》④《泰国香烟案》⑤《美国民用大型飞机案（第二次起诉）》⑥ 和《中国取向电工案》⑦ 中反复确认 DSU 第 11 条是 WTO 体制中关于事实和法律问题的审查标准。根据 DSU 第 11 条的规定，要求专家组对提交给他的事项（matter）进行客观评估，以确定主管当局的措施是否与其承担 WTO 协议中的义务相符。上诉机构强调 DSU 是适用于所有协定的审查标准，可见，DSU 第 11 条确立的一个综合性的审查标准。上诉机构在具体的裁决中进一步澄清了客观评估标准，明确提出了 DSU 第 11 条审查标准的总要求是"客观评估事项"。那么如何评估才满足客观评估的要求呢？从 WTO 争端解决的实践可以看出，DSU 第 11 条所规定的"客观评估事项"的审查标准从总体上看至少包括以下四个方面的要求：

首先，客观评估包括三个层次的要求，即案件事实、可适用性和与相符性。这是 WTO 争端解决机制中对专家组审查标准的总要求，它不仅体现在 DSU 第 11 条的用语中，也为 WTO 裁判机构在众多报告中确认。

其次，只要对所评估的事项采取的是客观评估的方式就满足了 DSU

---

① *United States-Countervailing Duty Investigation on Dynamic Random Access Memory Semiconductors（DRAMS）from Korea*，WT/DS296/AB/R，adopted 20 July 2005.

② *United States-Investigation of the International Trade Commission in Softwood Lumber from Canada-Recourse to Article* 21.5 *of the DSU by Canada*，WT/DS277/AB/RW，adopted 9 May 2006，and Corr. 1.

③ *United States-Sunset Reviews of Anti-Dumping Measures on Oil Country Tubular Goods from Argentina*，WT/DS268/AB/R，adopted 17 December 2004.

④ *United States-Final Anti-Dumping Measures on Stainless Steel from Mexico*，WT/DS344/AB/R，adopted 20 May 2008.

⑤ *Thailand-Customs and Fiscal Measures on Cigarettes from the Philippines*，WT/DS371/AB/R，adopted 15 July 2011.

⑥ *United States-Measures Affecting Trade in Large Civil Aircraft（Second Complaint）*，WT/DS353/AB/R，adopted 23 March 2012.

⑦ *Countervailing and Anti-Dumping Duties on Grain Oriented Flat-Rolled Electrical Steel from the United States*，WT/DS414/AB/R，adopted 16 November 2012.

第 11 条的要求。"客观评估"不要求专家组对所有提交的事项均做出审查，对于应当审查的事项专家组有自己的裁量权，但是该项裁量权要受到客观评估义务的限制。

在《欧共体家禽案》① 当中，巴西主张专家组对向其提交的事项没有进行客观评估，因为专家组没有对巴西提交的一些观点予以考虑。首先上诉机构严肃地指出，宣称专家组没有履行 DSU 第 11 条所要求的客观评估是非常严重的主张，该主张直接涉及 WTO 争端解决程序本身的完整性的核心。然后，在引用了《欧共体荷尔蒙案》《阿根廷鞋类案》和《美国羊毛衫案》的观点后，指出 DSU 第 11 条并不要求专家组对所有主张都予以审查，进而认定巴西的指控不成立。② 这意味着专家组在审查事项的范围上有自由裁量权以决定哪些事项应给予评估，哪些事项不应给予评估。可见，只要对所评估的事项采取的是客观评估的方式就满足了 DSU 第 11 条的要求。

再次，"客观评估"的范围只能是属于"其审议的事项"，否则就是对"客观评估"的违反。

在《智利农产品价格幅度机制案》③ 中，智利主张，专家组根据一个没有向其提出主张或意见的规定做出裁决的行为，从而剥夺了智利在答辩中的公平权利。④ 因此，智利认为，专家组超越了职权并违反了 DSU 第 11 条。阿根廷主张专家组的行为符合第 11 条，并提出违反第 11 条的标准"非常高"，而专家组并没有"故意忽视"或"拒绝考虑"或

①　Appellate Body, *European Communities—Measures Affecting Importation of Certain Poultry Product*, WT/DS69/AB/R, adopted 13 July 1998. 载于 WTO 官方网站：www. wto. org。

②　Appellate Body, *European Communities—Measures Affecting Importation of Certain Poultry Product*, WT/DS69/AB/R, adopted 13 July 1998, para. 131 – 136. 载于 WTO 官方网站：www. wto. org。

③　Appellate Body, Chile—Price Band System and Safeguard Measures Relating to Certain Agricultural Products, WT/DS207/AB/R, adopted 23 September 2002. 载于 WTO 官方网站：www. wto. org；另参见龚柏华《WTO 案例集》（2002），上海人民出版社 2003 年版，第 248—254 页。

④　Appellate Body, Chile—Price Band System and Safeguard Measures Relating to Certain Agricultural Products, WT/DS207/AB/R, adopted 23 September 2002, para. 170. 载于 WTO 官方网站：www. wto. org；另参见龚柏华《WTO 案例集》（2002），上海人民出版社 2003 年版，第 253 页。

"蓄意歪曲"或"错误说明"其审议的证据。① 上诉机构强调了第 11 条是要求专家组不仅对"案件事实"做出"客观评估",而且对"其审议的事项"做出"客观评估"。② 进而指出,本案专家组对不是由阿根廷提出的主张做出了裁决,这是对并非属于"其审议的事项"的规定做出了评估,不属于依照第 11 条的要求对其审议的事项做出客观评估。③ 最后断定,专家组的这种做法超越了职权(ultra petita)并违反了 DSU 第 11 条。

最后,错误地适用司法经济原则,未审查申诉方的主张使其丧失本可能得到的救济,构成未履行客观评估的职责。

在《欧共体食糖出口补贴案》④ 中,专家组在认定欧共体行为不符合《农业协定》第 3.3 条和第 8 条的义务后,自己也认识到,原则上其还应审查申诉方提出的欧共体食糖管理体制或其部分构成了与《SCM 协定》不符的出口补贴的主张。⑤ 但是,专家组在引用了《澳大利亚三文鱼案》的上诉机构报告后,认为其只需要审理"作出以下认定所必需的各项主张,该认定可以使 DSB 作出足够精确的各项建议和裁决从而可以保证成员迅速遵守、确保有利于所有成员的有效解决争端"。⑥

---

① Appellate Body, Chile—Price Band System and Safeguard Measures Relating to Certain Agricultural Products, WT/DS207/AB/R, adopted 23 September 2002, para. 171. 载于 WTO 官方网站: www. wto. org;另参见龚柏华《WTO 案例集》(2002),上海人民出版社 2003 年版,第 253 页。

② Appellate Body, Chile—Price Band System and Safeguard Measures Relating to Certain Agricultural Products, WT/DS207/AB/R, adopted 23 September 2002, para. 172. 载于 WTO 官方网站: www. wto. org。

③ Appellate Body, Chile—Price Band System and Safeguard Measures Relating to Certain Agricultural Products, WT/DS207/AB/R, adopted 23 September 2002, para. 173. 载于 WTO 官方网站: www. wto. org。

④ European Communities-Export Subsidies on Sugar, WT/DS265/AB/R, WT/DS266/AB/R, WT/DS283/AB/R, adopted 19 May 2005, para. 324.

⑤ Panel Report, European Communities-Export Subsidies on Sugar, Complaint by Australia, WT/DS265/R, adopted 19 May 2005, as modified by Appellate Body Report WT/DS265/AB/R, WT/DS266/AB/R, WT/DS283/AB/R, para. 7. 381.

⑥ Ibid. , para. 7. 382.

专家组认为，其根据《农业协定》做出的各项认定应该足以解决争论的问题，而且，申诉方没有像列出《农业协定》下的主张那样清楚无误地列出其根据《SCM协定》第3条提出的各项主张。基于该分析，专家组对申诉方根据《SCM协定》第3条提出的各项主张适用了司法经济原则。①

对此，申诉方提起了上诉，认为专家组适用司法经济不符合DSU第11条。理由是专家组适用司法经济措施，但是其没有考虑如果申诉方第3条下的主张得到支持，其本来可以根据《SCM协定》得到救济。参考了WTO司法经济的判例，申诉方主张专家组需要审核一项主张，如果其对"DSB作出足够精确的各项建议和裁决对于确定执行过程是必需的"。②上诉机构在回顾了WTO争端解决中普遍适用的司法经济原则后，指出专家组拒绝对申诉方根据《SCM协定》第3条提出的各项主张做出裁定属于没有完成DSU第11条下的义务，因为其没有做出其应当做出的裁决。③这是对司法经济原则的错误适用从而也没有完成客观评估。

基于上述分析，我们认为，所谓"对事项做出客观评估"至少可以从以下四个方面予以把握：第一，专家组的审查标准既不是"重新审查"，也不是"完全尊重"，而是"对事项的客观评估"。第二，"客观评估"不要求专家组对所有提交的事项均做出审查，对于应当审查的事项专家组有自己的裁量权，但是该项裁量权要受到客观评估义务的限制。第三，"客观评估"的范围只能是属于"其审议的事项"，否则就是对"客观评估"的违反。第四，错误地适用司法经济原则，未审查申诉方的主张使其丧失本可能得到的救济构成未履行客观评估的职责。

---

① Panel Report, *European Communities - Export Subsidies on Sugar*, *Complaint by Australia*, WT/DS265/R, adopted 19 May 2005, as modified by Appellate Body Report WT/DS265/AB/R, WT/DS266/AB/R, WT/DS283/AB/R, para. 7. 387.

② Appellate Body Report, *European Communities-Export Subsidies on Sugar*, WT/DS265/AB/R, WT/DS266/AB/R, WT/DS283/AB/R, adopted 19 May 2005.

③ *European Communities-Export Subsidies on Sugar*, WT/DS265/AB/R, WT/DS266/AB/R, WT/DS283/AB/R, adopted 19 May 2005, para. 335.

第二节　DSU 第 11 条对事实问题
审查标准的实践

一　事实问题审查标准的框架

从 WTO 争端解决的实践来看，长期以来专家组和上诉机构都不愿意对事实问题审查标准的轮廓给出一般性的阐述而是专注于个案分析。因此，专家组和上诉机构关于事实问题审查标准的论述都是基于个案而展开的。但是，随着争端解决实践的发展人们总能在其中找到一些具有普遍性的原则和尝试性的结论。这些原则和结论为事实问题审查标准的案例法分析提供了一般框架。

（一）"重新审查"与"完全尊重"之间的范围

大量的专家组和上诉机构的报告都将"重新审查"和"完全尊重"标准排除在有关事实问题的审查标准之外。《美国内衣案》是 WTO 裁判机构第一次对事实问题的审查标准进行分析的案件。专家组在回顾了 GATT1947 时期处理相同问题的专家组报告①之后，拒绝了对国内主管当局的结论采用"完全尊重"的审查标准，因为那样不能确保 DSU 第 11 条所预期的"客观评估"。紧接着专家组又回顾了以前反倾销、反补贴案件的专家组报告②中所明确的专家组的任务不是进行"重新审查"的观点并表示赞同。之后，多个专家组报告笃信就事实问题不应当进行"重新审查"，适合的审查标准应当存在于"重新审查"和"完全尊重"

---

① "New Zealand-Imports of Electrical Transformers from Finland", adopted on 18 July 1985, BISD 32S/55.

② 参见 the panel reports on "Korea-Anti-Dumping Duties on Imports of Polyacetal Resins from the United States", adopted on 27 April 1993, BISD 40S/205; "United States-Imposition of Anti-Dumping Duties on Imports of Fresh and Chilled Atlantic Salmon from Norway", adopted on 27 April 1994; "United States-Initiation of a Countervailing Duty Investigation into Softwood Lumber Products from Canada", adopted on 3 June 1987, BISD 34S/194。

两个极端之间。① 多份上诉机构报告都对专家组的这一做法表示了肯定。② 《欧共体荷尔蒙案》中上诉机构对上述专家组的做法给予高度肯定并充分阐述了自己的立场。上诉机构解释道：过去有许多专家组明智地拒绝了"重新审查"，因为按现有体制与做法不适合这样去审查。另一方面，对"完全尊重"的标准则完全可以说"这无法保证 DSU 第 11 条所预期的'客观评估'"。③ 在《欧共体大型民用飞机案》④ 中，上诉机构再次强调对调查当局的决定的审查，专家组既不可以"重新审查"也不可以用自己的结论代替调查当局的结论。⑤

　　关于既不"完全尊重"又不"重新审查"的原则对专家组的指引，上诉机构在《美国羊肉案》⑥ 中有过一段精彩的评论。上诉机构指出，专家组既不对证据作重新审查，也不用自己的结论代替的做法当然是正确的，但是，这并不是说专家组就只能消极行事，一味接受国内主管当局所给出的结论，而是要积极地履行客观评估的职责。⑦ 也就是说，不

---

① 参见《美国棉纱案》，第 7.32 段；《阿根廷鞋类案》，第 8.117 段；《美国羊毛衫案》，第 7.21 段；《澳大利亚鲑鱼案》，第 8.41 段；《美国小麦面筋案》，第 8.5 段；《墨西哥玉米糖浆案》，第 7.57 段；《韩国奶制品案》，第 7.30 段；《危地马拉水泥案》，第 7.57 段；《美国 DRAMS 反补贴税案》，第 4.53 段；《美国热轧钢案》，第 7.6 段；《美国羊肉案》，第 7.3 段；《阿根廷瓷砖案》第 6.3 段。

② 参见《美国棉纱案》，第 74 段；《阿根廷内衣案》，第 121 段；《美国羊肉案》，第 106—107 段，第 113 段；《美国钢铁保障措施案》，第 298—299 段，第 303 段；《美国 DRAMS 反补贴税案》，第 150 段，第 187—189 段；《美国针叶木材 Ⅵ 案（执行情况审查）》，第 99 段；《欧共体大型民用飞机案》，第 1133 段。

③ Appellate Body, *European Communities-Measures Concerning Meat and Meat Products* (*Hormones*), WT/DS26/AB/R, adopted 13 February 1998, para. 117. 载于 WTO 官方网站：www. wto. org。

④ *European Communities and Certain Member States-Measures Affecting Trade in Large Civil Aircraft*, WT/DS316/AB/R, adopted 1 June 2011.

⑤ Appellate Body Report, *European Communities and Certain Member States-Measures Affecting Trade in Large Civil Aircraft*, WT/DS316/AB/R, adopted 1 June 2011, para. 1133.

⑥ *United States-Safeguard Measures on Imports of Fresh*, *Chilled or Frozen Lamb Meat from New Zealand and Australia*, WT/DS177/AB/R, WT/DS178/AB/R, adopted 16 May 2001.

⑦ Appellate Body Report, *United States-Safeguard Measures on Imports of Fresh*, *Chilled or Frozen Lamb Meat from New Zealand and Australia*, WT/DS177/AB/R, WT/DS178/AB/R, adopted 16 May 2001, para. 106.

"重新审查"并不意味着"完全尊重",在这两个极端之间专家组应该去寻找适合个案的具体情形。专家组在审查主管当局的行为时,只有按照其手中的事实批评性地对该解释进行彻底的审查才可能评估主管当局对其裁定的解释是否阐述了理由并充分。因此,专家组必须审查该数据的本质和复杂性是否完全被国内调查机关的解释所涉及,该解释有没有回应对这些数据的其他貌似合理的理解。特别是,如果对事实的某些替代解释看上去是合理的,并且从该替代解释看来主管当局的解释看上去没有那么充分,则专家组必须得出该解释阐述理由并不充分的结论。因此,上诉机构认为所谓对事实的"客观评估",就是要求专家组必须考虑到主管当局所作的解释并没有阐述理由或并不充分的可能性。① 也就是说,上诉机构要求专家组在进行事实问题审查时,应当把重点放在审查国内调查机关的解释理由的充分性。

因此,我们大胆地得出结论,就事实问题审查标准而言是要由专家组和上诉机构在个案裁决中结合实际情况在这两个极端之间去找寻,审查的重点是国内主管当局解释的充分性。

(二)"事实的客观评估"的两个阶段

如前所述,事实问题的审查标准涉及两个阶段。第一阶段是事实确定,即依据原始证据确定客观事实,主要关注专家组应当如何审查相关事实证据的范围和适当性。这是事实问题审查标准在形式上的要求。第二阶段是事实结论,即根据原始证据所确定的与之相关的客观事实得出案件的事实结论。专家组主要关注国内调查机关的事实结论是否具有合理性,这是事实问题审查标准在实质上的要求。

事实上,很长一段时间以来专家组和上诉机构对于事实问题审查的这两个阶段是否要适用相类似的审查标准或者是否采用不同的审查标准是不明确的。直到《美国羊肉案》上诉机构才明确了上述做法。下面我们来简要回顾一下这个案件。

美国对羊肉进口以关税配额的形式采取了保障措施。该保障措施区

---

① Appellate Body Report, *United States-Safeguard Measures on Imports of Fresh*, *Chilled or Frozen Lamb Meat from New Zealand and Australia*, WT/DS177/AB/R, WT/DS178/AB/R, adopted 16 May 2001, para. 106.

分不同对象采用不同的配额供给方式，对澳大利亚、新西兰给予了单独的配额，而对其他国家未作区分笼统给予了一个总的配额。同时指出，该保障措施对美国的自由贸易协定国、美国相关法律的受益国以及美国保障措施中指明的发展中国家不适用。对美国这一保障措施澳大利亚和新西兰分别提起了申诉。在对是否存在"严重损害威胁"是进行分析的时候涉及了专家组应当采用的审查标准。

一开始专家组就意识到自己在坚持正确的审查标准。于是，专家组开始追溯以往的类似案例。专家组发现在《阿根廷鞋类案》中，该专家组认定的"对威胁的任何确定都必须有具体证据和充分分析的支持（specific evidence and adequate analysis）"① 的做法得到了上诉机构的肯定，也就是说主管当局必须充分解释事实如何支持其决定。此外，本案专家组还注意到了《韩国奶制品案》中所强调的专家组的任务是根据主管当局的多少确定和搜集的证据，审查主管当局在调查时进行的分析。② 因此，专家组得出结论，保障措施争端中适用的审查标准不是对证据重新进行审查。专家组的任务在于审查美国国际贸易委员会（United States International Trade Commission，以下简称 USITC）作出的威胁确定的事实结论，审查公布的报告是否对事实整体上如何支持 USITC 的威胁确定提供充分的解释。③

澳大利亚和新西兰对专家组的审查标准提出了两个方面的异议。上诉机构重申 DSU 第 11 条是恰当的审查标准，然后特别引述了其在《阿根廷鞋类案》中关于如何适用第 11 条审查标准的观点：

"对于审查标准的适用而言，我们不认为专家组对证据进行了重新审查，也不认为他用自己的分析和裁决代替了阿根廷主管机关所作的分析和裁决。相反，正如《保障措施协定》第 4 条要求的那样，专家组审

① Panel Report, *Argentina - Safeguard Measures on Imports of Footwear*, WT/DS121/R, adopted 12 January 2000, para. 8. 285.

② Panel Report, *Korea-Definitive Safeguard Measure on Imports of Certain Dairy Products*, WT/DS98/R and Corr. 1, adopted 12 January 2000, para. 7. 55.

③ Panel Report, *United States-Safeguard Measures on Imports of Fresh, Chilled or Frozen Lamb Meat from New Zealand and Australia*, WT/DS177/AB/R, WT/DS178/AB/R, adopted 16 May 2001, para. 7. 3.

查了阿根廷主管机关是否已经考虑到所有的有关事实，是否对这些事实是如何支持其所作出的裁定进行了充分的解释。更确切地说，我们认为，通过其所实施的方法，专家组不过是履行了其在《保障措施协定》第 11 条项下的义务，而根本谈不上违背自己的义务。"①

接着上诉机构就开始其经典分类的论述。上诉机构指出：

"对根据《保障措施协定》第 4 条第 2 款（a）项提出的请求所进行的'客观评估'原则上有两个因素，首先，专家组必须审查是否所有有关因素都被国内调查机关所考虑；其次，对于这些因素如何支持其裁定，主管机关是否已经提出了一个合理、充分的解释也是专家组必须要做的事情。因此，专家组的客观评估涉及形式方面和实质方面。形式方面是指主管机关是否已经评估了'所有的有关因素'。实质方面是指主管机关对于他们所作的裁定是否已经提供了一个合理、充分的解释。"②

于是，上诉机构就确立了事实问题审查标准的两个方面：事实确定和事实结论，而且对专家组在这两个方面也提出了不同的要求。就事实确定而言，强调专家组要重点审查主管当局是否已经评估了"所有的有关因素"。从事实结论来讲，强调专家组要重点审查主管当局的裁定是否有"合理、充分的解释"。

另外，通过考察 WTO 争端解决机制的运作，人们可以发现一个有趣的现象。虽然上诉机构有无数的机会实质地澄清 DSU 第 11 条的含义，但是上诉机构除了明确而坚定地排除"重新审查"和"完全尊重"标准外，一直基于 DSU 第 11 条很谨慎地限制着专家组的授权。随着时间的推移，事实问题审查标准的关键因素被发展起来了。到了 2001 年年底，上诉机构不再保持以前的克制态度，在《美国棉纱案》中明确地指出了这些关键因素是什么，明确了主管当局在做出决定时应当遵守的义务，并为专家组指明了事实问题审查的方向使其得到了更加清晰的

---

① Appellate Body Report, *United States-Safeguard Measures on Imports of Fresh*, *Chilled or Frozen Lamb Meat from New Zealand and Australia*, WT/DS177/AB/R, WT/DS178/AB/R, adopted 16 May 2001, para. 102.

② Ibid., para. 103.

指南。

"这些因素与审查标准相关，其目的是为了使专家组能够根据 DSU 第 11 条来评判主管当局是否履行了在做出决定时应当遵守的义务。这个标准可以归纳如下：专家组必须检查主管当局是否评价了所有的因素；他们必须判断主管当局是否检查了所有相关的事实，并且还要判断是否有充分的解释来支持主管当局做出的决定；他们还必须考虑主管当局的解释是否完全表达了有关数据的本质和复杂性，是否对其他可能的、关于这些数据的解释做出了反应。当然，专家组一定不能对这些证据做出重新审查，也不可以代替主管当局做出判断。"①

上述关键因素概括起来就是明确了专家组进行事实事项"客观评估"要看遵循的两个关键因素：所有相关事实和充分解释。就事实评估而言，第一个因素是形式上的要求，第二个因素是实质上的要求。虽然上诉机构是在《美国棉纱案》这样的保障措施案的报告中阐明的这些因素，但是其实这些关键因素还作为一般准则对所有适用协定都适用。这些因素是对 WTO 裁判机构在实践中发展起来的一般原则的精确概括。② 可以预见到，这些关键因素会成为今后专家组审查时的有效指南。专家组仍然会根据不同的协定具体情况找到具体适用的审查标准，但是这些相似的关键因素会在今后专家组和上诉机构的实践被应用于所有的协定。

二　DSU 第 11 条事实确定审查标准的实践

如上所述，根据 DSU 第 11 条的规定专家组对事实问题遵循的审查标准分为两个阶段；事实确定和事实结论。截至 2013 年 12 月，至少有 36 份上诉机构报告对 DSU 第 11 条中的事实问题的审查标准进行了论述。本部分着眼于对事实确定的审查标准的分析。这是专家组根据 DSU 第 11 条的要求进行客观评估时的第一阶段和形式方面。对专家组而言，

①　Appellate Body Report, *United States-Transitional Safeguard Measure on Combed Cotton Yarn from Pakistan*, WT/DS192/AB/R, adopted 5 November 2001, para. 74.

②　McGovern, Edmond, *International Trade Regulation* (loose-leaf), Issue 12, dated March 2002, Globefield Press, 2002.

这一阶段的中心工作就是"评估所有相关事实",而对于事实的评估是建立在对被诉方提交的事实记录的审查基础上。也就是说,这一阶段是依据原始证据确定客观事实。对于事实确定不可避免地与证据的收集和裁量有关,"从某种意义上说证据的采纳标准与审查标准是一致的"①。

(一)"评估所有相关事实"的要求

审查所有相关事实是"客观评估"标准在事实确定阶段的首要原则。这一切都依赖于对"原始证据"的审查,专家组必须在众多的原始证据中,去伪存真去发现事实真相。因此,专家组一般不会遵循被申诉方提交的事实记录(factual records)而是会全面完整地审查相关事实的范围和适当性。

事实上,在 WTO 争端解决机制运行之初,专家组和上诉机构就对国内主管当局是否尽到了"审查所有相关事实"的义务进行了全面的审查。《美国内衣案》给了专家组就事实问题审查标准发表观点的首次机会,一开始,专家组就排除了"重新审查"和"完全尊重"审查标准适用的可能性,然后阐明了什么是"对案件事实的客观评估"的要求:"审查美国纺织品协议执行委员会(United States Committee for the Implementation of Textiles Agreements,CITA)是否审查了提交给它的所有事实(包括那些减损根据《纺织品与服装协定》(ATC)第 6.2 条所作出的肯定性决定的事实);是否对这些事实从整体上支持他们的结论做出过充分地解释;以及该结论是否与美国承担的国际义务相一致。"② 在这里专家组明确了"评估所有相关事实"中的"事实"既包括支持国内主管当局作出决定的事实,还要包括否定国内主管当局作出决定的事实。也就是要求国内主管当局对有利因素和不利因素全面进行评估。

虽然有关"评估所有相关事实"的要求并没有在所有的 WTO 协定中都有所规定,而只是在《反倾销协议》第 3 条第 4 款和《保障措施

---

① 吕微平:《WTO 争端解决机制的正当程序研究——以专家组证据规则和审查标准为视角》,法律出版社 2014 年版,第 175 页。

② Panel Report, *United States-Restrictions on Imports of Cotton and Man-made Fibre Underwear*, WT/DS24/R, adopted 25 February 1997, para. 7.12. 载于 WTO 官方网站: www.wto.org。

协定》第4条第2款有所体现。但是,在随后的案件中,① 其他专家组通过对 DSU 第11条的解释毫不犹豫地阐述了与《美国内衣案》专家组一样的要求。于是,"评估所有相关事实"就变成了专家组在界定事实确定审查标准问题上的标准用语(standard phrase)。这里有两个案件由于专家组的精彩论述值得一提。分别是《美国棉纱案》和《韩国奶制品案》。

在《美国棉纱案》中,专家组明确提出,"为了审查美国当局的裁决是否基于完全的和有效的调查,专家组应该审查任何证据,无须考虑它是否在美国当局调查时提供或考虑过"②。

在《韩国奶制品案》中专家组回顾了《欧共体荷尔蒙案》中上诉机构的指引,认定在《保障措施协定》没有对审查标准作出明确规定的情况下,DSU 第11条就是合适的审查标准。③ 随后,在韩国对国内产业严重损害的审查这个问题上,专家组对其全面审查事实记录的职责作了详细的表述。④ 专家组首先对《保障措施协定》第4条第2款的内容进行了分析,然后指出在本案专家组的职责可以概括为两个方面:第一,审查韩国调查当局是否对其所掌握的全部相关事实进行了应有的评

---

① 相关的案件有:《美国小麦面筋案》(WT/DS166/R, para. 8. 5.);《美国热轧钢案》(WT/DS184/R, para. 7. 26);《韩国奶制品案》(WT/DS98/R, para. 7. 30);《阿根廷鞋类案》(WT/DS121/R, para. 7. 11). 载于 WTO 官方网站:www. wto. org。

② Panel Report, *United States—Transitional Safeguard Measure on Combed Cotton Yarn from Pakistan*, WT/DS192/R, adopted 5 November 2001, para. 7. 33.

③ Panel Report, *Korea—Definitive Safeguard Measure on Imports of Certain Dairy Products*, WT/DS98/R and Corr. 1, adopted 12 January 2000, para. 7. 30.

④ Panel Report, *Korea—Definitive Safeguard Measure on Imports of Certain Dairy Products*, WT/DS98/R and Corr. 1, adopted 12 January 2000, para. 7. 55. 全文如下:"《保障措施协定》第4条第2款规定了严重损害调查中应考虑的经济因素的一般原则,并规定了预先被视为与国内产业特别相关、提供资料性的因素清单。'尤其'一词的使用明确了调查当局除了应评估的其他因素外,对清单因素的审查总是相关的,因而是应审查的,即使其中的一些因素后来因与产业没有关系而被调查当局驳回。根据适用的审查标准,专家组的职责是评估(1)韩国是否审查了其掌握的所有相关事实或根据《保障措施协定》第4条第2款进行调查时应当获得的事实;(2)对这些因素从整体上如何对韩国作出的裁定提供充分的解释。因此,专家组应该审查,韩国当局在裁定时是否适当审议了清单列举的因素,是否对与每一个因素是如何支持严重损害的裁定进行了解释,驳回有关因素是否提供了有效的理由。"

估；第二，审查韩国调查当局对于裁定的解释理由是否充分。

上诉机构坚定地支持了专家组们对国内主管当局决定进行事实确定审查时应当"评估所有相关事实"的观点。在《韩国奶制品案》当中，上诉机构指出，根据 DSU 第 11 条的要求，专家组被要求确定案件的事实和得出事实结论。为完成该任务专家组在对证据的取舍上，应当全面考虑所有的证据而不应只对任何一方的证据有所偏好。此外，专家组还有义务评估每一份证据的相关性和证明力。① 由此，可以看出对案件事实的客观评估的基本要求是审查所有相关事实。专家组和上诉机构的上述论述清楚地表明，专家组在对被申诉方的提交的事实记录进行调查的时候是全面而又细致的，而且，我们从这些论述中找不到任何暗示用来限制专家组的审查权。②

基于以上分析，可以得出如下结论，根据 DSU 第 11 条专家组对国内主管当局的裁决进行事实确定审查时，其基本的、首要的要求是"评估所有相关事实"。只要是为了确保"评估所有相关事实"任务的完成，专家组不需要给国内主管当局以任何尊重。当然，我们同样也不能忘记上诉机构一直以来的谆谆教诲——专家组在进行事实确定时不能采用"完全审查"的审查标准。因而，此处的审查标准是介于"重新审查"和"完全尊重"之间的，而又偏向"重新审查"的一种审查标准——"评估所有相关事实"。

尽管这看上去有些矛盾。既要求专家组审查事项的所有相关因素又不能实质性地审查主管当局的事实结论过程，这对专家来说是很困难的任务。甚至有人质疑这样的要求是不可能完成的任务。③ 这其实并不矛盾，我们只要回顾一下在上一节提到过的上诉机构在《欧共体荷尔蒙案》中苦口婆心地的劝说——在"现有体制"下"重新审查"的做法

① Appellate Body Report, *Korea-Definitive Safeguard Measure on Imports of Certain Dairy Products*, WT/DS98/AB/R, adopted 12 January 2000, para. 137.

② Matthias Oesch, *Standards of Review in WTO Dispute Resolution*, Oxford University Press, 2003, p. 119.

③ Lee Yong-Shki, "Critical Issues in the Application of the WTO Rules on Safeguards: In the Light of the Recent Panel Reports and the Appellate Body Decisions", *Journal of World Trade*, Vol. 34, No. 2, 2000, p. 34.

是不合时宜的——就会明白"评估所有相关事实"和"重新审查"之间有着不能逾越的鸿沟。考虑到国家主权这一敏感主题、国际司法体制的特殊性和司法克制的理念以及程序正义的要求等诸多因素，我们也就不难理解上诉机构为什么要一再强调审查标准既不是"完全尊重"，也不是"重新审查"？为什么一直采取个案解释方式去阐述具体案件中的审查标准，而不去对通常意义的审查标准去下一个定义？总之，事实确定的审查标准就是"评估所有相关事实"。这一审查标准大体上是侵入性的审查标准。其原因可能就如有学者评价的"毕竟法院的角色是在于寻求真相。诉讼当事人所提出的诉求不应当被理想为真相的界限"①。那么专家组在实践中又是如何去丰富"评估所有相关事实"标准的内涵，上诉机构又是如何去控制和引导这一近乎"完全审查"又有实质区别的审查标准的发展方向呢？

（二）专家组"原始证据自由裁量权"

如上所述，对于事实确定不可避免地与证据的收集和裁量有关。专家组在对成员方主管当局的裁决是否满足了"评估所有相关事实"的要求进行审查时，往往表现为专家组如何看待不同的原始证据对案件事实的确实的意义。也就是说，对于原始证据的采用与否，在多大程度上采用等都属于专家组的自由裁量权的范畴。实践中，专家组也是基于对"原始证据自由裁量权"的行使来完成审查的任务，而上诉机构也是通过控制专家组"原始证据自由裁量权"的"度"来引导"评估所有相关事实"审查标准的发展方向。因此，有关于"评估所有相关事实"的审查标准的实践分析，就可以转换为专家组"原始证据自由裁量权"的行使的实践分析。下面我们就围绕专家组"原始证据自由裁量权"的行使与限制来展开对"评估所有相关事实"审查标准的实践分析。

在 WTO 争端解决中，上诉方往往提出专家组在审查证据时没有尽到适当评估的诉求，并把这一点与专家组没有适当地分配当事方的举证责任相联系。在建立初步证据的案件中这一点更为突出，集中表现为专

---

① Mavroidis Petros C，"Amicus Curiae Briefs Before The WTO：Much Ado About Nothing"，in Armin von Bogdandy（eds.），*European Integration and International Coordination*，The Hague/London/New York：Kluwer Law International，2002，p. 325.

家组如何审查和评估证据。① 因此，专家组审查和评估证据的权力是
WTO 争端解决中的重要因素之一，我们在这儿把它称为专家组"原始
证据自由裁量权"。它是指根据 DSU 第 11 条规定的"客观评估"的要
求，专家组在事实确定过程中对与被诉成员方主管当局的裁决有关的事
实证据进行审查所享有的对原始证据审查和权衡的权力。因此，对原始
证据的审查和权衡原则上属于专家组的自由裁量权的范围。它涉及的面
非常广，"诸如营销调研、生产方法、口味、色彩、消费地以及价格等
证据所给予的证据力不受上诉机构的审查。一公司是否是某国公司、公
司的所有权及控制、供应方的市场配额、大多数经营者的国籍都是事实
性的结论"② 属于专家组"原始证据自由裁量权"的范围。应该指出的
是，专家组的该项权力源自于 DSU 第 11 条所规定的"客观评估"项下
的要求。不正确行使该权力是对于"客观评估"职责的违背。从这个
意义上说，它对专家组而言同时也是一项义务。③

在 WTO 争端解决的实践中，上诉机构也多次强调并阐述专家组
"原始证据自由裁量权"。在《欧共体荷尔蒙案》中，上诉机构就明确
表示，"对一特定证据可信度进行判断以及对该证据重要性的正确认定
（即正确评估）是事实裁定的一部分，原则上应由专家组来做出判
断"④。进而上诉机构首次表明"专家组有自由裁量权来决定其选择哪
些证据来支持其裁定"⑤。之后，这一观点被后续多份专家组和上诉机

---

① 韩立余：《WTO 案例及评析》（上卷）（1995—1999），中国人民大学出版社 2001 年
版，第 272 页。

② 同上书，第 273 页。

③ 世界贸易组织编写的《世界贸易组织分析索引——WTO 法律和实践的指南》一书，
就是将"专家组职责的程度"和"审查证据的自由裁量权"编写在同一条目之下。详见 Legal
Affairs Division, World Trade Organization, *WTO Analytical Index—Guide to WTO Law and Practice*,
Cambridge University Press, 2012, p. 1193。

④ Appellate Body, *European Communities-Measures Concerning Meat and Meat Products* (*Hormones*), WT/DS26/AB/R, adopted 13 February 1998, para. 132. 载于 WTO 官方网站：
www. wto. org。

⑤ Appellate Body, *European Communities-Measures Concerning Meat and Meat Products* (*Hormones*), WT/DS26/AB/R, adopted 13 February 1998, para. 135. 载于 WTO 官方网站：
www. wto. org。

构引用。在《欧共体家禽案》中，上诉机构就暗示过专家组自由裁量权的重要性。上诉机构说，指称专家组没有履行 DSU 第 11 条所要求的对事项进行客观评估是一件非常严重的事情，因为这会涉及 WTO 争端解决程序本身的完整性的核心。① 这其实就是暗指专家组在事实问题的认定上享有较大的自主权，为指责专家组没有尽到客观评估的职责设定了一个比较高的门槛。

在《韩国酒类税案》② 中，韩国提出专家组没有据 DSU 第 11 条对向其提交的事项进行客观的评估没有适用适当的审查标准也没有足够的证据进行客观评估，对证据的评估还出现了一系列明显的重大错误。③ 上诉机构在回顾了《欧共体荷尔蒙案》中的有关结论后，再一次指出证据的证据力和可采用性的确定是专家组的权力，不在上诉审查的范围之列。最终上诉机构裁决韩国的立张不能成立。④ 在《欧共体沙丁鱼案》⑤ 中，针对欧共体关于专家组没有对案件事实作客观的评估的主张，上诉机构不厌其烦地指出，"在先前的几个上诉案中我们已经陈述过，作为事实裁判者专家组享有事实的自由裁量权；专家组享有'在评估证据的价值，以及归于证据的重要性方面一定的自由裁量权'"，⑥ 因此，专家组的审查是符合 DSU 第 11 条的要求的。在《美国碳钢案》⑦

---

① Appellate Body, *European Communities—Measures Affecting Importation of Certain Poultry Product*, WT/DS69/AB/R, adopted 13 July 1998, para. 131 - 136. 载于 WTO 官方网站：www. wto. org。

② Korea—Taxes on Alcoholic Beverages, WT/DS75/AB/R, 18 January 1999. 载于 WTO 官方网站：www. wto. org。

③ Appellate Body, Korea—Taxes on Alcoholic Beverages, WT/DS75/AB/R, adopted 18 January 1999, para. 159. 载于 WTO 官方网站：www. wto. org。

④ Appellate Body, Korea—Taxes on Alcoholic Beverages, WT/DS75/AB/R, adopted 18 January 1999, para. 159-165. 载于 WTO 官方网站：www. wto. org。

⑤ European Communities - Trade Description of Sardines, WT/DS231/AB/R, 26 September 2002. 载于 WTO 官方网站：www. wto. org。

⑥ Appellate Body, European Communities - Trade Description of Sardines, WT/DS231/AB/R, adopted 26 September 2002, para. 299. 载于 WTO 官方网站：www. wto. org。

⑦ United States—Countervailing Duties on Certain Corrosion-Resistant Carbon Steel Flat Products from Germany, WT/DS213/AB/R, 28 November 2002. 载于 WTO 官方网站：www. wto. org。

中，上诉机构也强调了这一观点。①

在《美国原产国标签要求案》② 中，针对美国对专家组没有尽到 DSU 第 11 条中所规定的客观评估的义务的主张，上诉机构坚持一贯立场对专家组在事实问题上的自由裁量权进行了再一次强调：我们重申 DSU 第 11 条要求专家组考虑所有提交给它的证据，评估其可信度，判断其重要性，并确定其事实裁定在这些证据中能找到合理的基础。专家组还必须进一步在它的报告中提供合理的充分的解释和条理分明的推理。在这些因素中，通常专家组有自由裁量权来决定其选择哪些证据来支持其裁定。③

（三）专家组"原始证据自由裁量权"的行使准则

专家组和上诉机构多年个案分析已经为我们提供了丰富的素材，通过一份份专家组和上诉机构报告，我们可以试图找到专家组"原始证据自由裁量权"行使的准则。其中一条具体的规律性的准则是"专家组对证据的审查的自由裁量权的界限是客观评估"。

《印度数量限制案》④ 中，印度提出专家组将其对事项客观评估的义务转给国际货币基金组织（简称 IMF），与 DSU 第 11 条的要求不一致。⑤ 上诉机构引用了 DSU 第 13 条和 GATT1994 第 15 条第 2 款中的相关部分后，指出基于这些规定专家组向 IMF 提交了一些有关印度收支平衡情况的问卷。专家组对 IMF 的答复给予了相当的证据力。仔细阅读专家组的报告就会清楚地发现，专家组并没有简单地接受 IMF 的观点，而

---

① Appellate Body, United States—Countervailing Duties on Certain Corrosion-Resistant Carbon Steel Flat Products from Germany, WT/DS213/AB/R, 28 November 2002, para. 142. 载于 WTO 官方网站：www. wto. org。

② *United States-Certain Country of Origin Labelling (COOL) Requirements*, WT/DS384/AB/R/ WT/DS386/AB/R, adopted 23 July 2012.

③ Appellate Body Reports, *United States-Certain Country of Origin Labelling (COOL) Requirements*, WT/DS384/AB/R / WT/DS386/AB/R, adopted 23 July 2012, para. 299.

④ Appellate Body, India—Quantitative Restrictions on Imports of Agricultural, Textile and Industrial Products, WT/DS90/AB/R, 23 August 1999. 载于 WTO 官方网站：www. wto. org。

⑤ Appellate Body, India—Quantitative Restrictions on Imports of Agricultural, Textile and Industrial Products, WT/DS90/AB/R, adopted 23 August 1999, para. 146. 载于 WTO 官方网站：www. wto. org；另参见韩立余《WTO 案例及评析》（上卷）（1995—1999），中国人民大学出版社 2001 年版，第 394 页。

是严格地评估了这些观点并审查了其他的数据和观点的基础上才得出了结论。① 上诉机构认为，专家组确定对事项进行了客观评估，没有与 DSU 第 11 条的要求不符。②

　　什么时候专家组被视为没有对事实进行客观评估？上诉机构在《欧共体荷尔蒙案》中做出了明确的回答："很明确，并非评估事项中的任何一个差错都能被定性为没有对事实进行客观的评估。"③ 只有故意无视或者拒绝审查或故意扭曲或误述提交给专家组的证据是构成第 11 条意义上的没有对事实进行客观评估。④ 在随后的《日本农产品措施案》⑤中，日本再次提出了这个问题，声称专家组以随意的方式引用了专家的观点，对证据的评估是矛盾的。⑥ 上诉机构马上引用《欧共体荷尔蒙案》中的观点，指出并不是专家组的每一个没有适当评估证据的行为都能定性为没有满足第 11 条要求的客观评估。只有非常严重的错误才构成第 11 条客观评估要求的不满足。⑦ 在《欧共体床上用品案》⑧ 中，印

---

① Appellate Body, India—Quantitative Restrictions on Imports of Agricultural, Textile and Industrial Products, WT/DS90/AB/R, adopted 23 August 1999, para.149. 载于 WTO 官方网站：www. wto. org；另参见韩立余《WTO 案例及评析》（上卷）（1995—1999），中国人民大学出版社 2001 年版，第 394 页。

② Appellate Body, India—Quantitative Restrictions on Imports of Agricultural, Textile and Industrial Products, WT/DS90/AB/R, adopted 23 August 1999, para.151. 载于 WTO 官方网站：www. wto. org；另参见韩立余《WTO 案例及评析》（上卷）（1995—1999），中国人民大学出版社 2001 年版，第 394 页。

③ Appellate Body, *European Communities—Measures Concerning Meat and Meat Products（Hormones）*, WT/DS26/AB/R, adopted 13 February 1998, p. 133. 载于 WTO 官方网站：www. wto. org。

④ Ibid. .

⑤ Japan—Measures Affecting Agricultural Products, WT/DS76/AB/R, 22 February 1999. 载于 WTO 官方网站：www. wto. org。

⑥ Appellate Body, Japan—Measures Affecting Agricultural Products, WT/DS76/AB/R, 22 February 1999, para.140. 载于 WTO 官方网站：www. wto. org。

⑦ Appellate Body, Japan—Measures Affecting Agricultural Products, WT/DS76/AB/R, adopted 22 February 1999, para.141. 载于 WTO 官方网站：www. wto. org；另参见韩立余《WTO 案例及评析》（1995—1999），（下卷），中国人民大学出版社 2001 年版，第 29 页。

⑧ European Communities—Anti-Dumping Duties on Imports of Cotton-type Bed Linen from India, WT/DS141/AB/RW, adopted 8 April 2003. 载于 WTO 官方网站：www. wto. org。

度在上诉中辩称专家组没有对案件事实进行客观评估是因为专家组由于过多考虑了欧共体的陈述而不是印度的陈述从而歪曲了证据。① 上诉机构答复到，对于证据的权衡属于专家组的自由裁量权的范畴，专家组未赋予某些证据以印度认为应具有的证明力并不是"一项错误，更不是一项异乎寻常的错误"，而在本案中没有迹象表明专家组超越了它的裁量权的范围。② 在《日本影响苹果进口的措施案》③ 中，上诉机构对专家组在证据上的自由裁量权的界限做出了精妙的总结："自《欧共体荷尔蒙案》以来，我们就不断强调，根据第 11 条，对案件事实做出客观评估是专家组的义务，在此义务范围内，专家组享有作为事实调查的审查者的'自由裁量幅度'。……与自由裁量幅度相一致，……在审查专家组对证据的评估时，不能因为我们原本可能会做出一个与专家组不同的事实调查裁定，就认定专家组的裁定与 DSU 第 11 条不一致，除非专家组在评估证据时已经超越了其自由裁量的范围。"④

　　我们还可以从一些案例当中发现有关"对案件事实客观评估"的具体要求，也就是专家组"原始证据自由裁量权"的行使准则：

　　（1）就事实的评估方式来说，要求专家组以与其客观评估义务相一致的方式来评估事实。

　　在《澳大利亚鲑鱼案》⑤ 中，澳大利亚认为专家组没有对各方向其

---

　　① Appellate Body, European Communities—Anti-Dumping Duties on Imports of Cotton-type Bed Linen from India, WT/DS141/AB/RW, adopted 8 April 2003, para. 181. 载于 WTO 官方网站：www. wto. org；另参见龚柏华《WTO 案例集》（2003），上海人民出版社 2004 年版，第 165 页。

　　② Appellate Body, European Communities—Anti-Dumping Duties on Imports of Cotton-type Bed Linen from India, WT/DS141/AB/RW, adopted 8 April 2003, para. 177, 181. 载于 WTO 官方网站：www. wto. org。

　　③ Japan—Measures Affecting the Importation of Apples, WT/DS245/AB/R, 26 November 2003. 载于 WTO 官方网站：www. wto. org。

　　④ Appellate Body, Japan—Measures Affecting the Importation of Apples, WT/DS245/AB/R, 26 November 2003, para. 221-222. 载于 WTO 官方网站：www. wto. org。

　　⑤ Australia—Measures Affecting Importation of Salmon, WT/DS18/AB/R, 20 October 1998. 载于 WTO 官方网站：www. wto. org。

提交的事实给予适当的尊重（due deference），这是一个令人惊讶的错误。① 上诉机构引用了《欧共体荷尔蒙案》中的观点，不是每一个对证据评估的差错都可认定为没有对事实做出客观的评估。② 然后进一步指出，"我们注意到第11条要求专家组对事项进行客观的评估"，③ 因此，他们的职责是以与其客观评估的义务相一致的方式来评估事实，并不要求专家组对事实性证据给予当事方所给予的同样含义和证据力。④

（2）对证据的故意"无视""扭曲"和误述以及拒绝审查提交的证据是违背"原始证据自由裁量权"的行使。

在《欧共体荷尔蒙案》中，上诉机构强调，"对事实进行客观评估的义务，是审查提交给专家组的证据并在证据的基础上作出事实性认定的义务"⑤。这是从义务的角度规定了专家组负有审查提交给它的证据的义务。接着，上诉机构又阐明了什么样性质的行为才构成没有完成审查证据的义务。上诉机构指出："故意无视或拒绝审查提交给专家组的证据，是与专家组对事实进行客观评估不一致的。故意扭曲或误述提交给专家组的证据同样是与客观评估事实不一致的。"⑥

（3）专家组可以拒绝考虑中期审议阶段提供的新证据。

在《欧共体沙丁鱼案》⑦ 中，欧共体对专家组拒绝考虑其在中期审议阶段提供的新证据的做法提出了上诉，认为专家组的做法不符合 DSU 第11条的要求。⑧ 上诉机构开门见山地指出，中期审议阶段不是提交新

① Appellate Body, Australia—Measures Affecting Importation of Salmon, WT/DS18/AB/R, adopted 20 October 1998, para. 262. 载于 WTO 官方网站：www. wto. org。

② Appellate Body, Australia—Measures Affecting Importation of Salmon, WT/DS18/AB/R, adopted 20 October 1998, para. 264. 载于 WTO 官方网站：www. wto. org。

③ Appellate Body, Australia—Measures Affecting Importation of Salmon, WT/DS18/AB/R, adopted 20 October 1998, para. 267. 载于 WTO 官方网站：www. wto. org。

④ Ibid. .

⑤ Appellate Body Report, *EC Measures Concerning Meat and Meat Products (Hormones)*, WT/DS26/AB/R, WT/DS48/AB/R, adopted 13 February 1998, para. 133.

⑥ Ibid. .

⑦ European Communities－Trade Description of Sardines, WT/DS231/AB/R, 26 September 2002. 载于 WTO 官方网站：www. wto. org。

⑧ Appellate Body, European Communities－Trade Description of Sardines, WT/DS231/AB/R, adopted 26 September 2002, para. 293. 载于 WTO 官方网站：www. wto. org。

的证据的适当时间。在该阶段专家组程序几乎已经终结；而 DSU 第 15 条所要求的"专家组审议中期报告的具体方面"并不包括评估新的没有答辩的证据。①

（4）对证据的处理只有构成重大错误才能认定没有正确行使自由裁量权。

上诉机构曾多次强调专家组的"原始证据自由裁量权"是其履行客观评估职责的重要工具，在其权限范围内专家组享有"在评估证据的价值，以及归于证据的重要性方面一定的自由裁量权"，② 只有对证据处理构成重大错误才能认定其没有正确行使自由裁量权。这个观点在多份上诉机构报告中得以体现。③

在《加拿大小麦出口与谷物进口案》④ 中，上诉机构指出："专家组有自由裁量权决定选择并利用哪些证据而作出裁定。因此，专家组没有依据美国已提交的某些证据作出裁定，这本身并不构成法律上的错误。美国主张专家组忽略了其提交的证据，要赢得这一诉请，美国应当证明专家组超越了其自由裁量权，专家组实际上犯了'重大错误'（egregious error）。我们认为，美国并没有提出任何辩解可以证实这种错误。"⑤

在《欧盟紧固件案》⑥ 中，中国在上诉时声称专家组没有尽到其在 DSU 第 11 条下的义务。上诉机构首先对专家组在审查证据应尽的义务进行了说明。上诉机构说，根据 DSU 第 11 条作为事实审查者的专家组

---

① Appellate Body, European Communities-Trade Description of Sardines, WT/DS231/AB/R, adopted 26 September 2002, para. 301. 载于 WTO 官方网站：www. wto. org。

② Appellate Body, European Communities-Trade Description of Sardines, WT/DS231/AB/R, adopted 26 September 2002, para. 299. 载于 WTO 官方网站：www. wto. org。

③ 参见《欧盟紧固件案》，第 442 段；《菲律宾蒸馏酒案》，第 240 段；《美国民用大飞机案（第二次申诉）》，第 992 段，第 1066 段；《美国金枪鱼 II 案》，第 254 段；《美国原产地国标签要求案》，第 300、321 段。

④ Canada-Measures Relating to Exports of Wheat and Treatment of Imported Grain, WT/DS276/AB/R, adopted 27 September 2004.

⑤ Appellate Body Report, Canada-Measures Relating to Exports of Wheat and Treatment of Imported Grain, WT/DS276/AB/R, adopted 27 September 2004, para. 186.

⑥ European Communities-Definitive Anti-Dumping Measures on Certain Iron or Steel Fasteners from China, WT/DS397/AB/R, adopted 28 July 2011.

必须将其结论建立在充分的证据基础上，不可以适用双重证据标准，而且它对证据的态度一定不能缺乏公正（lack even-handedness）。因此，专家组对本案事实的客观评估的职责要求专家组从整体上考虑所提交给他的证据，包括证据之间的关联性。而且专家组不能忽视任何一个当事方所提供的证据。紧接着，上诉机构又强调了专家组的自由裁量权。上诉机构强调，在评估证据价值和权衡证据重要性时，专家组享有相应的自由裁量权。在行使这些自由裁量权时，专家组有权决定证据的某一方面比其他方面应予以更多的尊重。因此，上诉机构强调不是每个专家组的错误都是对 DSU 第 11 条的违反。提出这一主张的当事方必须要解释为什么这样的错误满足了审查标准的要求。将专家组所犯的每个错误都视为对 DSU 第 11 条的违反是与该条款的范围不一致的进路。对 DSU 第 11 条项下的内容提出异议不能含糊不清，而必须得到明确的阐述和被特定论据所支持。对第 11 条所提出的主张不能被轻描淡写地带过或者仅作为补充必要的抗辩提出或是为了说明专家组没能正确地解释或适用某一协定中特定的规定而提出。[①]

在《美国原产国标签要求案》中上诉机构强调，不是每个专家组在对证据进行审查时所犯的错误都会被视为法律错误。上诉机构不会轻易地去干涉专家组在其自由裁量范围内行使的职责。只有当专家组超越了作为事实评判者的授权，才会被认为他没有尽到 DSU 第 11 条下的义务。因此，当某一成员方主张专家组"忽视"或者"不顾"特定的某一证据时，这样的事实并不能成为认定专家组违背 DSU 第 11 条的义务的依据。除非这一成员方能够解释为什么这个特定的证据对本案如此重要，以至于专家组没有关注和回应它会导致专家组事实结论的客观性被质疑。[②] 这样类似的观点在《美国金枪鱼 II 案》[③] 中也

---

① *European Communities-Definitive Anti-Dumping Measures on Certain Iron or Steel Fasteners from China-Recourse to Article* 21. 5 *of the DSU by China*，WT/DS397/AB/RW and Add. 1，adopted 12 February 2016，para. 442.

② Appellate Body Reports，*United States-Certain Country of Origin Labelling* (*COOL*) *Requirements*，WT/DS384/AB/R / WT/DS386/AB/R，adopted 23 July 2012，para. 300.

③ *United States-Measures Concerning the Importation*，*Marketing and Sale of Tuna and Tuna Products*，WT/DS381/AB/R，adopted 13 June 2012.

有类似的陈述。①

可见，只有当专家组对证据的处理达到了重大错误的程度，才会被认定违反了 DSU 第 11 条下的客观评估的义务。而且上诉机构把对于"重大错误"发生的举证规则留给了提出挑战的一方当事人。

（5）对风险评估类案件享有较大自由裁量权。

在需要对科学证据进行评估的案件中，通常是在《SPS 协议》和《技术性贸易壁垒协定》（TBT 协定）的案件，专家组经常需要审查被申诉进行的风险评估（risk assessment）。通常情况下，风险评估是指对数据和事实研究的理性的科学审查以及为规范行为而建立严格的科学依据。② 因此，风险评估行为不是政治机构所进行的包含社会价值判断的政治行为，其有着严格的科学依据。多份专家组报告显示，专家组对被申诉方提供的证据不需要采用尊重性的审查标准。③ 根据 DSU 第 13 条和《SPS 协议》第 11 条第 2 款的规定，专家组在对科学数据进行审查的时候，可以向科学和技术专家寻求建议。因此在这些专家的帮助下，专家组可以完整地考虑所有可获得的科学根据，从而享有了较大的自由裁量权。因此，专家组应对相关的科学数据进行完整而全面细致的审查。

在《欧共体石棉案》④ 中，专家组就面临评估含有石棉的产品对公共健康产生影响的风险。加拿大对专家组未按 DSU 第 11 条所要求的进行客观评估提起了上诉。加拿大对专家组在评价和权衡证据时所行使的自由裁量权提出了质疑。上诉机构认为，在本案中，专家组对证据的分析完全是在作为事实评判者的自由裁量权范围之内完成的。⑤ 专家组接

---

① Appellate Body Report, *United States - Measures Concerning the Importation*, *Marketing and Sale of Tuna and Tuna Products*, WT/DS381/AB/R, adopted 13 June 2012, para. 254.

② Matthias Oesch, *Standards of Review in WTO Dispute Resolution*, Oxford University Press, 2003, p. 121.

③ Rosenthal Paul C., "Scope for National Regulation: Comments", *International Lawyer*, Vol. 32, No. 4, 1998, p. 683.

④ *European Communities - Measures Affecting Asbestos and Asbestos - Containing Products*, WT/DS135/AB/R, adopted 5 April 2001.

⑤ Appellate Body Report, *European Communities-Measures Affecting Asbestos and Asbestos-Containing Products*, WT/DS135/AB/R, adopted 5 April 2001, para. 176-177.

受了当事方提交的陈述以及五份由非政府组织所提交的书面材料,并对证据进行了完整地审查,完成了客观评估的工作。因此,专家组在该案的态度表明对于风险评估案件专家组享有较大的原始证据自由裁量权。

(三) 专家组"原始证据自由裁量权"的限制

WTO 争端解决机制富有成效的实践除了对专家组"原始证据自由裁量权"如何积极运用的准则外,还从消极限制的方面对专家组"原始证据自由裁量权"边界进行了限定,划定专家组不能去触碰的领域。有学者把这些限制概括为两个方面:第一个是系统性事项,即对那些没有在国内主管当局做出裁决时提交的证据是否应由专家组给予接受。第二个纯粹程序性上的限制,这是由在事实确定过程中专家组结构性缺失造成的。[①] 笔者认为,上述观点是合理的,但是对专家组"原始证据自由裁量权"的限制还包括其他因素,概括起来主要有以下几方面。

(1) 如果会导致"重新审查"的后果,专家组不应当接受利害关系方在国内调查程序中没有提交的证据。

是否导致"重新审查"的后果是评判专家组能否接受利害关系方在国内调查程序中没有提交的证据的限制条件。如果答案是肯定的,则不能接受;反之,则仍然可以接受。专家组在多个案件中对"不能接受国内程序中没有提交的证据"的观点进行了解释,[②] 这种情况经常出现在贸易救济类案件当中。[③]《美国羊毛衫案》是其中较为典型的案件。在该案中专家组清楚地表述了如下观点,专家组与纺织品监督机构(Textiles Monitoring Body, TMB)不同。当对成员方主管当局国际贸易救济的裁定与 WTO 协定的一致性做出审查时,专家组没有义务重新审查市场情况,他需要做的工作是对进口成员在做出采取措

---

① Matthias Odsch, *Standard of Review in WTO Dispute Resolution*, Oxford University Press, 2003, p. 126.

② 参见以下专家组报告《美国羊毛衫案》,第 7.21 段;《欧共体荷尔蒙案》,第 8.117 段;《美国热轧钢案》,第 7.7 段;《美国小麦面筋案》,第 8.6 段;《韩国奶制品案第》,7.30 段;《阿根廷加工桃子案》,第 7.2—7.6 段;《美国管道案》,第 7.14 段。

③ Stewart Terence P. and Dwyer Amy S., *Handbook on WTO Trade Remedy Dispute: The First Six Years*(1995—2000), Transnational Publishers Inc., 2001, p. 58.

施的决定时所使用的证据进行审查。另外，DSU 专家组并不审查最初决定后的发展情况。① 专家组在《美国小麦面筋案》② 中也有类似的阐述。该案涉及美国以数量限制的形式对小麦面筋进口实施的最终保障措施。美国国际贸易委员会（USITC）基于美国小麦面筋产业协会提交的申请，发起了相关保障措施调查。最终裁定小麦面筋正以对国内小麦面筋产业造成严重损害的重大原因的增长数量向美国进口中。③ 欧共体在专家组程序中提出了在美国国内调查程序中所没有提供的美国政府的季度定价数据的统计资料，以反驳 USITC 的裁定。④ 对此专家组明确提出"在保障措施协议确立的框架内，由美国国际贸易委员会确定如何搜集和评估数据，在相关裁定中如何评估和权衡相关因素。……在国内调查程序中利害关系方应当向委员会提交而没有提交的证据是否应当被考虑，这是美国国际贸易委员会的事与专家组无关"，⑤ 从而拒绝考虑欧共体提出的在国内调查程序中没有提交的证据。换句话说，专家组认为接受这一证据是"重新审查"标准的要求，而这是与客观评估要求背道而驰的。

但是，在《阿根廷鞋类案》中专家组则论证了"接受国内程序中没有提交的证据"的正当性。在该案中阿根廷对专家组接受与转让发票格式有关的事实证据提出了挑战，理由正是这些证据是其做出国内裁决以后才提交的，他没有机会在国内程序中对这些证据进行审查。专家组则解释说这样做的目的是为了了解诉争中的阿根廷税收体制发挥作用的方式。最后专家组断言，"基于这个原因，我们考虑了自 1997 年以来的

① Panel Report, *United States – Measure Affecting Imports of Woven Wool Shirts and Blouses from India*, WT/DS33/R, adopted 23 May 1997, para. 7. 21.

② Panel, United States—Definitive Safeguard Measures on Imports of Wheat Gluten from the European Communities, WT/DS166/R, 31 July 2000. 载于 WTO 官方网站：www. wto. org。

③ 关于该案件的基本事实和案情简介，可参见韩立余《WTO 案例及评析》（2000），中国人民大学出版社 2001 年版，第 419—421 页。

④ United States—Definitive Safeguard Measures on Imports of Wheat Gluten from the European Communities, WT/DS166/R, 31 July 2000, para. 8. 2. 载于 WTO 官方网站：www. wto. org。

⑤ Panel Report, United States—Definitive Safeguard Measures on Imports of Wheat Gluten from the European Communities, WT/DS166/R, 31 July 2000, para. 8. 6. 载于 WTO 官方网站：www. wto. org。

转让的例子，以帮助我们理解最小化特殊税收体系的有效功能和可适用性。"① 可见，只要不构成"重新审查"，为完成对事实的评估，专家组也可以接受国内程序中没有提交的证据。

（2）专家组不应考虑成员在做出裁定时尚不存在的证据。

《美国棉纱案》是一个能够很好这说这一限制的案例，这是上诉机构第一次被要求根据 DSU 第 11 条考虑与《纺织品与服装协定》有关的争端所应采用的审查标准。在该案中，美国主管当局在 1998 年 12 月 24 日决定自 1996 年 1 月到 1998 年 8 月底对来自巴基斯坦的第 301 类精梳棉纱制品实施临时保障措施。而美国所依赖的数据是到 1997 年年底为止美国纱纺协会（AYSA）提供的数据和美国统计局收集的官方数据。其中对于 1998 年 1 月到 8 月期间，由于美国统计局要到 1999 年才公布 1998 年的数据，因而，美国主管当局只依据了 AYSA 提供的数据。对此，巴基斯坦辩称，美国决定的基础是基于"不能核实的、不正确的和不完全的"数据，并提交了支持其观点的 1998 年统计数据。但是，巴基斯坦的这一做法遭到了美国的反对，美国认为专家组不能采纳巴基斯坦提出的数据，因为该数据在美国做出决定之前还不存在。专家组则认为"为了评判调查的彻底性和充分性的目的应当对所有的证据进行审查。因此，在我们看来，为了确认美国调查当局依赖 AYSA 数据是否公正，1998 年美国官方统计数据应受到专家组的审查，尽管该数据在美国政府进行调查时还不可能得到"②。对专家组的这一做法，美国提出了上诉，指责专家组在审查《纺织品与服装协定》第 6 条第 2 款下的决定时，考虑了与做决定之前的事实有关但是当时还不存在的证据，这是与其在 DSU 第 11 条下的职责不符。上诉机构指出，专家组一定不能考虑在那时③不存在的证据，……如果专家组要审查这样的证据，那么专家组实际上是从头开始进审查，而且这样做不利于利害当事方。④ 也就

---

① Panel Report, *Argentina - Safeguard Measures on Imports of Footwear*, WT/DS121/R, adopted 12 January 2000, para. 6. 63.

② Ibid., para. 7. 33, 7. 94.

③ 那时，是指成员方在做出裁决时（笔者注）。

④ Appellate Body, United States—*Transitional Safeguard Measure on Combed Cotton Yarn from Pakistan*, WT/DS192/AB/R, 8 October 2001, para. 78. 载于 WTO 官方网站：www. wto. org。

是说，如果专家组考虑了这样的证据，就意味着与 DSU 第 11 条所要求的客观评估是不相符合，因为他们不应当用自己的结论来替代成员方的结论。

（3）对成员方经济数据使用的自由裁量权的尊重

"评估所有相关事实"审查标准必然会要求专家组在贸易救济类案件（反倾销案件除外）中，即在保障措施案和补贴与反补贴案中，对与成员方主管当局在损害裁决中所依据的相关数据的相关性和可靠性进行全面而精致的审查。但是必须强调的是，成员方在评估经济数据的时候通常享有一定的自由裁量权来决定其审查的方法。在《美国棉纱案》中，专家组指出："阐述准确的信息收集和验证的方式并非专家组的职责。在我们看来，美国使用的方式并无不适当，即使我们发现还有其他的方式。"① 因此，专家组不能将其认为最适当的事实调查方式代替成员方所采用的"适当"的方式，这表现出对成员方经济数量自由裁量权的尊重。

三　DSU 第 11 条事实结论审查标准的实践——调查当局的解释是否合理和充分

事实问题审查标准的第二阶段是对国内主管当局事实结论的合理性进行审查。这是专家组根据 DSU 第 11 条客观评估事实的实质义务。相对于第一阶段的事实确定审查而言事实结论的审查的难度要更大。因为各成员方采用的贸易限制政策和措施的事实结论和最终裁决或多或少地会需要考虑政治的、经济的、道德的以及其他社会因素，这意味着根据相同的事实确定有可能会有不同的事实结论。

如前所述，各成员方主管当局是根据原始证据以及由此确定的客观事实来得出事实结论的。因此，对专家组而言则不会去采用"重新审查"的方法得出自己的结论，也不会用自己的结论代替主管当局的结论，而是关注于主管当局基于原始证据所得出的事实结论的合理性，也就是"充分合理解释"标准。

---

① Panel Report, *United States-Transitional Safeguard Measure on Combed Cotton Yarn from Pakistan*, WT/DS192/R, adopted 5 November 2001, para. 7. 97.

　　《美国内衣案》中专家组首次提出了要求审查调查当局的解释是否合理充分,[1] 由此确立了事实结论审查的"充分合理解释"标准。在随后的一系列案件[2]中,WTO 裁判机构都重点审查了调查当局的解释是否合理和充分。

　　在《美国内衣案》中专家组称,在他们看来所谓客观评估就是要求审查 CITA 是否审查了提交给它的所有事实;是否对这些事实从整体上支持他们的结论做出过充分地解释;以及该结论是否与美国承担的国际义务相一致。[3] 这实际上就是提出了在事实结论问题上的"充分解释"要求。上诉机构在对这一观点也给予了肯定。从上述观点中我们可以知道事实结论的审查标准也排除了"重新审查"。从正当程序的角度来理解,"充分解释"的要求使得国内主管当局需要发布合理的报告来表明其事实结论背后的逻辑,这也满足了争端解决各方透明度要求和专家组审查的需要。[4]

　　在《美国小麦面筋案》中,由于专家组没有就美国国际贸易委员会报告中关于利润分配方法的结论是否合理和充分进行适当的审查,上诉机构裁定专家组违背了 DSU 第 11 条规定的客观评估的义务。这是专家组被首次裁定违反这一义务。[5] 在该案中,欧共体在专家组程序中提出,美国国际贸易会员对利润和损失做出的裁定没有提供充分的理

　　① Panel Report, *United States-Restrictions on Imports of Cotton and Man-made Fibre Underwear*, WT/DS24/R, adopted 25 February 1997, para. 7. 13. 载于 WTO 官方网站: www. wto. org。

　　② 这些案件主要有:《美国内衣案》(WT/DS24/R, para7. 3);《阿根廷鞋类案》(WT/DS121/AB/R, para. 121.);《美国羊肉案》(WT/DS177/AB/R, WT/DS178/AB/R, para. 102-106.);《美国小麦面筋案》(WT/DS166/AB/R, para. 55.);《美国棉纱案》(WT/DS192/AB/R, para. 74.);《美国 DRAMS 反补贴税调查案》(WT/DS296/AB/R, para. 186-188.);《美国针叶木材Ⅵ案》(WT/DS/277/AB/RW, para. 93.);《日本 DRAMS 案》(WT/DS336/AB/R, para. 159.);《美国双反案(中国)》(WT/DS379/AB/R, para. 516-517, 520-521.);《美国轮胎案(中国)》(WT/DS399/AB/R, para. 123, 280, 330.), 载于 WTO 官方网站: www. wto. org。

　　③ Panel Report, *United States-Restrictions on Imports of Cotton and Man-made Fibre Underwear*, WT/DS24/R, adopted 25 February 1997, para. 7. 12. 载于 WTO 官方网站: www. wto. org。

　　④ Matthias Oesch, *Standards of Review in WTO Dispute Resolution*, Oxford University Press, 2003, p. 134.

　　⑤ 韩立余:《WTO 案例及评析》(2000), 中国人民大学出版社 2001 年版, 第 480 页。

由。美国国际贸易委员会没有解释其适用于分配使用单一生产线的小麦面筋、淀粉和衍生产品的利润的方法。① 专家组在审查美国报告中相关陈述，并要求美国澄清"仔细审查"的性质和"分配方法"，据此美国提交了"澄清"。最终专家组根据美国国际贸易委员会报告中的上述陈述和美国做出的澄清报告，得出结论认为，"美国国际贸易委员会报告就利润和损失提供了充分、合乎逻辑的合理解释"②，最终在该问题上做出了有利于美国的裁定。基于此，欧共体在上诉中提出，根据 DSU 第 11 条的规定，专家组没有把结论建立在客观评估的基础上。"在口头听证会上，欧共体提请注意一个事实：美国国际贸易委员会仅仅用了一句话来证明关于分配方法的结论是适当的。"③ 上诉机构明确指出，专家组之所以得出有利于美国的结论相当程度上是依赖于美国做出的说明。而这一嗣后说明并没有在 USITC 的报告中出现过。④ 因此，上诉机构认为，专家组的结论与其对支持这一结论的证据的对待和描述是不一致。而且，上诉机构也看不出专家组是如何得出"美国国际贸易委员会的报告对分配方法提供了充分的解释"这一结论的。故裁定专家组适用的审查标准没有满足 DSU 第 11 条的要求。⑤ 由此，可以看出，在关于主管当局事实结论是否合理，即对事

---

① Appellate Body, United States—Definitive Safeguard Measures on Imports of Wheat Gluten from the European Communities, WT/DS166/AB/R, 22 December 2000, para. 165. 载于 WTO 官方网站：www. wto. org；另参见韩立余《WTO 案例及评析》（2000），中国人民大学出版社 2001 年版，第 471 页。

② Appellate Body, United States—Definitive Safeguard Measures on Imports of Wheat Gluten from the European Communities, WT/DS166/AB/R, 22 December 2000, para. 158. 载于 WTO 官方网站：www. wto. org。

③ Appellate Body, United States—Definitive Safeguard Measures on Imports of Wheat Gluten from the European Communities, WT/DS166/AB/R, 22 December 2000, para. 159. 载于 WTO 官方网站：www. wto. org。

④ Appellate Body, United States—Definitive Safeguard Measures on Imports of Wheat Gluten from the European Communities, WT/DS166/AB/R, 22 December 2000, para. 161. 载于 WTO 官方网站：www. wto. org。

⑤ Appellate Body, United States—Definitive Safeguard Measures on Imports of Wheat Gluten from the European Communities, WT/DS166/AB/R, 22 December 2000, para. 161-162. 载于 WTO 官方网站：www. wto. org。

实结论的审查标准而言，专家组的职责是要审查主管当局对其结论是否做出了合理的、充分的解释，而且专家组的审查依据只能是国内程序中提出过的证据和解释。

在《美国羊肉案》①　中，上诉机构进一步明确了进行"客观评估"原则上应考虑的两个因素。在该案中，专家组在引用了上诉机构在《阿根廷鞋类案》中的观点后，指出其任务仅在于对美国国际贸易委员会做出的裁定进行审查并考察其公布的报告是否充分解释了这些事实作为一个整体是如何支持其关于损害的裁定的。②　澳大利亚、新西兰对专家组的审查标准提出了两个方面的异议。③　首先，他们主张由于专家组的错误解释从而导致了其错误地提出了其应当适用的审查标准。其次，他们断言，在审查美国国际贸易委员会所做的严重损害威胁裁定时，专家组在审查标准的适用上也不是正确的。于是，他们在引用了《欧共体荷尔蒙案》和《阿根廷鞋类案》的观点后，进一步明确了对根据《保障措施协议》第 4 条第 2 款（a）提出的请求进行"客观评估"涉及形式和实质两个方面。就形式方面而言，是主管当局是否评估了所有的相关因素。对实质方面来讲是主管当局是否对他们的结论给予合理且充分的解释。④　接着上诉机构进一步指出，这种审查的双重性是《保障措施协议》第 4 条第 2 款所施加的具体义务的性质决定。根据该款的规定，从形式上看，主管当局必须对"所有的有关因素"进行评估。然而，这种评估不是简单上的形式上的评估，主管当局必须对相关因素与"国内

---

①　Appellate Body, United States—Safeguard Measure on Imports of Fresh, Chilled or Frozen Lamb from New Zealand, WT/DS177/AB/R, 1 May 2001. 载于 WTO 官方网站：www. wto. org；另参见冯军《WTO 案例集》（2001）（上、下册），上海人民出版社 2002 年版，第 153—156 页；韩立余：《WTO 案例及评析》（2001），中国人民大学出版社 2002 年版，第 598—602 页。

②　Appellate Body, United States—Safeguard Measure on Imports of Fresh, Chilled or Frozen Lamb from New Zealand, WT/DS177/AB/R, 1 May 2001, para. 97. 载于 WTO 官方网站：www. wto. org。

③　Appellate Body, United States—Safeguard Measure on Imports of Fresh, Chilled or Frozen Lamb from New Zealand, WT/DS177/AB/R, 1 May 2001, para. 99. 载于 WTO 官方网站：www. wto. org。

④　Appellate Body, United States—Safeguard Measure on Imports of Fresh, Chilled or Frozen Lamb from New Zealand, WT/DS177/AB/R, 1 May 2001, para. 103. 载于 WTO 官方网站：www. wto. org。

产业的状况"的"关联""影响"或"效果"（the bearing, or the influence, or effect or impact）进行实质评估。通过实质评估，主管当局才能做出一个正确的总体判断，国内产业是否受到《保障措施协议》所定义的严重损害或受到严惩损害威胁。① 然后上诉机构得出结论指出："当专家组审查根据《保障措施协议》第 4 条第 2 款提出的一项请求时，其审查的准确性质一部分来自 DSU 第 11 条规定的客观评估的义务，另一部分来自《保障措施协议》第 4 条第 2 款规定的那些义务。……通过审查主管当局在其公布的报告中提供的解释是否充分和合理，专家组才能判断当局的行为是否《保障措施协议》第 4 条第 2 款的规定。"② 推而广之，上诉机构进而指出："对于按照涵盖协议的规定提出的任何诉求，专家组都必须根据 DSU 第 11 条的规定，审查成员是否遵从了诉求中指明的特定条款所具体的义务。"③ 基于上述分析，我们可得知，专家组在履行 DSU 第 11 条规定的"客观评估"的义务，必须考虑具体案件所援引的特定条款所规定的义务。这两方面的义务共同构成了对专家组"客观评估"的要求。

在《美国 DRAMS 反补贴税调查案》中，上诉机构更是对在该案中专家组应当如何审查给出了更为具体的指导。上诉机构称，我们认为专家组在对调查机构的补贴裁决进行审查时所应遵循的"客观评估"是需要审查一个调查机关是否对以下问题提供了合理且合适的解释：（i）记录证据如何支持其对事实所作的调查结果，和（ii）这些事实方面的调查结果如何支持他们的全部的补贴裁决。这些解释必须让人能够从裁决本身就分辨出来。调查机构提供的这些解释包括事实的调查结果以及最终的补贴裁定，同时必须指出根据这些证据可能作出的各种可供

---

① Appellate Body, United States—Safeguard Measure on Imports of Fresh, Chilled or Frozen Lamb from New Zealand, WT/DS177/AB/R, 1 May 2001, para. 104. 载于 WTO 官方网站：www. wto. org；另参见冯军《WTO 案例集》（2001）（上、下册），上海人民出版社 2002 年版，第 154 页。

② Appellate Body, United States—Safeguard Measure on Imports of Fresh, Chilled or Frozen Lamb from New Zealand, WT/DS177/AB/R, 1 May 2001, para. 105. 载于 WTO 官方网站：www. wto. org。

③ Ibid. .

选择的解释，同时还要指出调查机构根据这些解释得到结论的理由。[①]

在后续的《日本 DRAMS 案》[②]《美国双反案（中国）》[③] 和《美国轮胎案（中国）》[④] 中，WTO 裁判机构继续坚持了事实结论问题"充分合理解释"的审查标准。

第三节　DSU 第 11 条对法律解释审查标准的实践

一　对 WTO 法审查标准的实践

WTO 裁判机构报告中涉及 DSU 第 11 条项下的法律解释审查标准的论述并不多。很显然，成员方既没有在专家组程序中提出过解释 WTO 法律的问题，也没有什么机会对专家组报告关于 WTO 适用协定解释的错误提起上诉。有意思的是有关 WTO 法律正确解释的方法的争论倒是十分常见，是大多数案件中的关键问题之一。几乎每一份专家组和上诉机构报告都会花上几页来讨论条约解释的规则和《VCLT》第 31 条和第 32 条的详细规定。[⑤] 也许造成这种情形的部分原因是因为 DSU 第 17 条第 6 款明确规定了上诉机构的法定职责是对法律问题和法律解释做出审查。就像杰克逊教授说的那样，对 WTO 法律规则的理解成员方一定比不上专家组中的专家们。[⑥] 因此，成员方多数情况下不愿意做这样费力

---

① Appellate Body Report, *United States-Countervailing Duty Investigation on Dynamic Random Access Memory Semiconductors（DRAMS）from Korea*, WT/DS296/AB/R, adopted 20 July 2005, para. 186.

② *Japan-Countervailing Duties on Dynamic Random Access Memories from Korea*, WT/DS336/AB/R and Corr. 1, adopted 17 December 2007, WT/DS336/AB/R, para. 159.

③ *United States-Definitive Anti-Dumping and Countervailing Duties on Certain Products from China*, WT/DS379/AB/R, adopted 25 March 2011.

④ *United States-Measures Affecting Imports of Certain Passenger Vehicle and Light Truck Tyres from China*, WT/DS399/AB/R, adopted 5 October 2011.

⑤ Matthias Oesch, *Standards of Review in WTO Dispute Resolution*, Oxford University Press, 2003, p. 173.

⑥ Steven P. Croley & John H. Jackson, "WTO Dispute Procedures, Standard of Review, and Deference to National Governments", *American Journal of International Law*, Vol. 90, No. 2, 1996, p. 210.

不讨好的事情。

(一)"正确解释"的理念

虽然有关 WTO 法律解释的实践非常少见,但是我们还是可以在《阿根廷鞋类案》中找到一些上诉机构有关 WTO 法律解释的论述。上诉机构指出:"除了'对事实的客观评估'之外,我们还注意到 DSU 第 11 条要求专家组对事实的客观评估有'相关协议的适用和一致性'的评估的规定。因此我们必须审查专家组是否正确解释和适用了保障措施协议第 2 条和第 4 条的实质规定。"[①] 由此,可以看出上诉机构要求专家组"正确"解释争议中的相关条款,强调了专家组在相关条款解释上的义务。有学者认为,这是在暗指无论是专家组还是上诉机构都被要求对 WTO 法的解释进行"重新审查",对成员方的解释不给予任何尊重。[②] 的确,"正确解释"这样的术语就表明了专家组和上诉机构就不需要对成员方有关 WTO 法律的解释有任何的尊重,这就是"重新审查"的最好脚注。

(二)彻底"重新审查"的导向

WTO 裁判机关在 WTO 法律解释问题上一贯坚持了彻底的"重新审查"的标准,实际有关 WTO 法律解释的权力被牢牢地控制在上诉机构手中。无论是对成员方、WTO 中的特别机构甚至对于专家组,上诉机构都十分明确地表示根据 DSU 第 17 条第 6 款的规定 WTO 法律解释权是掌握在上诉机构手中的。

另一个有关 WTO 法律解释的论述的案件——《美国 301 条款案》[③]很好地说明了 WTO 裁判机构对成员方有关 WTO 法律解释的态度。该案专家组指出"当涉及涵盖协议的正确解释时,专家组可以参考成员方的解释,但不受其约束。专家组必须根据适用于 WTO 法的解释规则来解释"[④]。同

---

① Appellate Body, *Argentina—Safeguard Measures on Imports of Footwear*, WT/DS121/AB/R, adopted 12 January 2000, para. 122. 载于 WTO 官方网站:www. wto. org;另参见韩立余《WTO 案例及评析》(下卷)(1995—1999),中国人民大学出版社 2001 年版,第 356—357 页。

② Matthias Odsch, *Standard of Review in WTO Dispute Resolution*, Oxford University Press, 2003, p. 174.

③ United Stated-Sections 301-310 of the Trade Act of 1974, WT/DS152/R, report of the panel, 22 December 1999. 载于 WTO 官方网站:www. wto. org。

④ panel report, United Stated-Sections 301-310 of the Trade Act of 1974, WT/DS152/R, report of the panel, 22 December 1999, para. 7. 16. 载于 WTO 官方网站:www. wto. org。

样，在专家组的上述阐述中成员方有关 WTO 法的解释仅仅起参考作用从而也看不出要给成员方解释以任何尊重。这再一次表明 WTO 裁判机构有关 WTO 法律解释权的态度——这是他们的分内之事无须他人干预。

虽然从上述 WTO 司法裁判机构的实践中并没有看到"重新审查"作为法律解释问题审查标准的明确阐述，但是可以从 WTO 裁判机构的一贯做法中看到其对这个问题的观点。实践中，WTO 的裁判机构长期按照《VCLT》对 WTO 条款进行解释已经形成了习惯性做法。相反，也找不到专家组和上诉机构接纳成员方关于 WTO 条款解释的案例。基于以上分析，可以肯定地说，专家组在审查成员方当局对 WTO 各相关协定的解释时，采取的是"重新审查"的模式，没有给予成员方的解释以任何程度的尊重。

其次，在 WTO 组织架构内还有一些被人们称为"准司法机构"的特别机构，如区域贸易协定委员会、收支平衡限制委员会和纺织品贸易监督委员会，它们在审查成员方相关领域的措施时，也拥有相当大权力，也有可能对 WTO 法律进行解释。但是，实践中专家组和上诉机构采取了一贯的"重新审查"的标准，没有给这些特别机构在 WTO 法律解释问题上任何的让步。

在《印度数量限制措施案》[1] 当中就"专家组是否有权对国际收支平衡问题进行审查"展开交锋。美国指控印度的收支平衡措施违反了 GATT 第 11 条第 1 款和第 18 条第 11 款的规定。印度在答辩中认为，即使该措施违反了 GATT 第 11 条第 1 款的规定，它也是第 18 条 B 项收支平衡措施允许的，并不违反第 18 条第 11 款。印度更是提出专家组无权管辖这一问题，因为它完全属于收支限制委员会和总理事会的权限范围。对于据第 18 条 B 项的措施的正当性问题，专家组不能代替收支限制委员会或总理事会。如果接受美国的主张，将导致第 18 条 B 项及整个《1994 年关税与贸易总协定关于国际收支条款的谅解》（BOP）成为多余，这会改变有关规定反映的乌拉圭回合谈判达成的平衡。专家组驳回了印度的上述主张。

---

[1] *India - Quantitative Restrictions on Imports of Agricultural, Textile and Industrial Products*, WT/DS90/AB/R, adopted 22 September 1999.

在上诉审程序中，作为被上诉方，印度以"机构平衡原则"（the principle of institutional balance）为由，提出专家对收支平衡正当性问题没有权利审查，认为专家组对国际收支平衡限制正当性的审查会侵犯国际收支限制委员会（BOP Committee）和总理会的权限，会破坏谈判达成的 WTO 司法组织与政治组织之间的平衡。① 在口头听证程序，印度更是进一步以"司法克制"作为依据，主张司法克制原则逻辑上就要求专家组对诸如国际收支限制委员会这样的特别机构对 WTO 法律做出的解释给予尊重。② 上诉机构否定了印度的主张，他针锋相对地指出："根据 DSU 第 11 条和《1994 年关税与贸易总协定关于国际收支条款的谅解》注释 1 的解释和适用，如果印度所建议的司法克制的做法付诸以实践的话，将会导致与 GATT1994 第 23 条的规定不符。"③ 至此，上诉机构的态度已经非常鲜明，那就是不管怎么说对 WTO 法律的解释权应当在 WTO 司法机构手中。

但是，细心的人会发现在上诉机构报告有一处表述似乎又为专家组尊重国际收支限制委员会的解释留下了一个后门。上诉机构是这样说的，我们认识到了国际收支限制委员会和总理事会基于 GATT1994 第 18 条第 2 款所享有的权力。然后，我们认为上述机构的权力和专家组的权力没有冲突。因此，考虑到限制收支平衡的正当性，我们相信专家组应当像 GATT1947 时期《韩国牛肉案》④ 中的专家组那样充分考虑国际收支限制委员会的结论。⑤ 有人指出这段声明的含义是模糊不清的。⑥ 很难说清楚上诉机构究竟是想支持专家组采用"重新审查"的态度，还

---

① Appellate Body Report, *India-Quantitative Restrictions on Imports of Agricultural*, *Textile and Industrial Products*, WT/DS90/AB/R, adopted 22 September 1999, para. 98.

② Ibid. , para. 106.

③ Ibid. , para. 108.

④ Republic of Korea—Restrictions on imports of beef—complaint by Australia（BISD 36S/202）, GATT DOC. L/6504.

⑤ Appellate Body Report, *India-Quantitative Restrictions on Imports of Agricultural*, *Textile and Industrial Products*, WT/DS90/AB/R, adopted 22 September 1999, para. 103.

⑥ Roessler Frieder, "The Institutional Between the Judical and the Political Organs of the WTO", in Marco Bronckers and Reinhard Quick（eds.）, *New Directions in International Law*, Essays in Honour of John H. Jackson, Kluwer Law International, 2000, p. 336.

是想为尊重国际收支限制委员会的决定留下一丝机会。[①] 在笔者看来，从这两段论述在上诉机构报告中的顺序来看，认为采用印度建议的司法克制的做法会带来与 GATT 第 23 条的规定不符的描述在后，而所谓的给"尊重"留下一道后门的陈述在前。这已经暗示了上述机构的叙述重心在后一段陈述，目的非常明确，就是维护 WTO 裁判机构在 WTO 法律解释上的权威性。

另外还有两个案例也涉及与《印度数量限制措施案》相类似的问题，分别是《土耳其纺织品产品案》[②] 和《美国羊毛衫案》。在这两个案件中专家组和上诉机构还是持相同的观点。因此，相关的案例表明 WTO 的特别机构对所管辖事项的优先审查并没有对 WTO 法律解释的审查标准产生影响。专家组和上诉机构对 WTO 特别机构的解释仍然是坚持"重新审查"的标准。

（三）上诉机构没有对专家组报告的法律解释给予尊重性审查标准

在 WTO 两个层级的裁判机构——专家组和上诉机构之间，就 WTO 法律解释的权力的分配也仍然是坚持"重新审查"的标准。解释权始终掌握在上诉机构手中，法律依据就是 DSU 第 17 条第 6 款关于上诉机构工作职责的规定。WTO 案例法实践也持续性坚持了这一方向。但是，仍然存在着一个困难就是关于事实确定的审查标准问题。[③] 由于 DSU 第 17 条第 6 款将上诉机构的职责仅限定在"法律问题和法律解释"上，实践中就出现过在专家组程序中由于适用司法经济原则等原因，有些事实问题专家组没有审查。而当这些事实问题在上诉中与法律解释联系起来的时候，上诉机构就无法继续开展工作了。虽然也会有学者主张上诉机构应当在 WTO 法律解释上给予专家组一定的尊重，[④] 但是，在实践

---

① Matthias Odsch, *Standard of Review in WTO Dispute Resolution*, Oxford University Press, 2003, p. 176.

② *Turkey-Restrictions on Imports of Textile and Clothing Products*, WT/DS34/AB/R, adopted 19 November 1999.

③ Matthias Odsch, *Standard of Review in WTO Dispute Resolution*, Oxford University Press, 2003, p. 179.

④ John H. Jackson, "Dispute Settlement and the WTO: Emerging Problems", *Journal of International Economic Law*, Vol. 1, No. 3, 1998, p. 342.

中上诉机构仍然坚持着"重新审查"的态度。

二 对国内法审查标准的实践

（一）WTO 对成员方国内法审查的基础

在 WTO 争端解决机制中专家组和上诉机构对成员方国内法的审查是不可避免的事情。在 WTO 协定中有几个条款对成员方确保其国内法、行政法规符合 WTO 项下的义务。普遍认为《WTO 协定》第 16 条第 4 款是 WTO 对成员方国内法进行审查的法律依据。① 对于这一条的含义，应该说《VCLT》第 27 条的规定提出了一个很好的理解思路。该条的内容是"成员不能以国内条款作为其无法履行条约义务的理由"。因此，《WTO 协定》第 16 条第 4 款的规定可以从以下四个方面去理解：第一，它排除了成员方国内法与 WTO 法不一致的正当性基础；第二，要求成员方积极作为确保其国内法和行政法规与其承担的 WTO 法下的义务相符；第三，它表明成员方除了在法律适用上要与 WTO 法相符，而且其立法也应当与 WTO 法相符；第四，它明确了 WTO 裁判机构对成员方国内法进行审查的管辖权。

此外《WTO 协定》第 18 条第 5 款还对成员方对多边贸易协议提出保留的权力进行了限制，② 采取了与 GATT1947 的临时适用议定书（PPA）中的祖父条款（grandfather clause）做法完全不同的态度。

在《关于解释 1994 年关税与贸易总协定第 24 条的谅解》中还增加了"每一成员在 GATT1994 项下对遵守 GATT1994 的所有规定负有全责"的规定，以强化成员方努力保证其地方政府遵循 WTO 的要求。

GATT/WTO 体系的案例也证实了 GATT/WTO 裁判机构有权对成员方的国内法进行审查。GATT1947 时期，就有着允许缔约方对国内法及

---

① 这一条原文是："每一成员方应确保其国内法律、规则以及行政法规与其在协定项下的义务相符。"

② 该条的具体内容是："不得对协定的任何规定提出保留。对多边贸易协议任何条款的保留，仅以这些协议之规定为限。有关诸边贸易协议的保留，按这些协议的规定。"

其适用进行挑战的传统。世界贸易组织成立后，上诉机构也在多个报告①中肯定了这一做法。在 WTO 体系中对国内法的审查问题，最早在《印度专利案（美国）》中提出，然后在《美国〈1998 年综合拨款法〉第 211 节案》②中发展了有关国内法审查的规则，并采取了新的审查方法，还提出了裁量性立法和义务性立法的区别问题。后来在《美国 301 条款案》《加拿大化学药品专利案》③中都有所涉及。其中《美国〈1998 年综合拨款法〉第 211 节案》是一个典型代表。在该案中，美国指出欧共体没有对第 211 节的适用性提出异议。在上诉的公开审理中，欧共体也确认了它并未对第 211 节适用提出异议，并且澄清它只从表面上对该条款提出异议。于是上诉机构决定，在上诉中只审查第 211 节是否在表面上符合《WTO 协定》的要求。而对适用 211 节的美国国内法院审理的《哈瓦那俱乐部控制》不作审查。对于欧共体提出该"哈瓦那俱乐部控制案"的判决作为第 211 节（b）项如何实施的证据。美国和上诉机构都表示了同意。

此外，在 GATT1947 时期专家组在对国内法立法本身（不是立法的具体适用）是否与 GATT1947 相符进行审查的时候创造了"裁量性立法"和"义务性立法"的概念，④并由此确立了对裁量性立法不能提出异议而只能对其适用提出异议的原则。

上诉机构在《美国 1916 年反倾销法案》中确认了这一经典分类在 WTO 体系中继续有效，而更为重要的是其特别增加了裁量性立法本身不能排除与 WTO 义务不符的可能性。⑤在裁量性立法案件中，如果国内立法直接规定授权行政机关执行与 WTO 义务不符的行为的话，这一

①　参见《美国 1916 年反倾销法案（WT/DS136/AB/R，WT/DS162/AB/R）》《日本酒精饮料案》《加拿大期刊案》《欧共体荷尔蒙案》《韩国酒精饮料案》《美国版权法案》。

②　*United States-Section* 211 *Omnibus Appropriations Act of* 1998，WT/DS176/AB/R，adopted 1 February 2002.

③　*Canada - Patent Protection of Pharmaceutical Products*，WT/DS114/R，adopted 7 April 2000.

④　Appellate Body Report，*United States-Anti-Dumping Act of* 1916，WT/DS136/AB/R，WT/DS162/AB/R，adopted 26 September 2000，para. 99.

⑤　Ibid.，para. 100.

规定本身就是对《WTO 协定》第 16 条第 4 款的违反。①

（二） WTO 国内法审查标准的典型案例

下面我们转向审查标准问题和相关案例的分析。到目前为止，从专家组和上诉机构在对国内法采用的审查标准来看，这个问题比对 WTO 法采用的审查标准要复杂。大体上说，专家组和上诉机构在实践中倾向于采用较少尊重的审查标准。

（1） 印度专利案（美国）②

这是 WTO 体系下第一个关于国内法审查的案例。③ 在该案中专家组和上诉机构对印度的有关国内法进行了细节性地审查，其审查程度完全达到了他们对 WTO 法审查的程度。

在《印度专利案（美国）》中，美国指责印度缺乏对药品和农业化学产品的应有的专利保护，违反了《与贸易有关的知识产权协定》（TRIPS 协定）的相关规定。专家组和上诉机构被要求对印度的行政法规和知识产权法的法律框架进行评估，以决定印度的行政法规体系及其实践是否能提供 TRIPS 协定第 70 条第 8 款所要求的法律保护。由于印度当前的行政法上的实践与成文法的规定是不一致的，该案的主要问题是审查印度的司法体系是否对实践产生了影响。印度则依据 TRIPS 协定第 1.1 条主张专家组无权审查它在处理相关事项时认为适当的执行方式。

其实开始时，专家组并没有质疑印度如何实施其在 TRIPS 协定第70.8 条项下的义务的权力。专家组认为"仅仅依据印度通过行政法规来接受邮箱申请而不是通过改变立法的事实本身并不构成印度对其WTO项下义务的违反"。④ 专家组接着说："根据 DSU 第 11 条的要求，为了完成对印度现行体制与 TRIPS 协定是否相符的客观评估的职责，我们必须问自己以下的问题：通过确保对产品的新颖性和优先性的印度邮箱申

---

① Panel Report, *United States—Sections 301—310 of the Trade Act of 1974*, WT/DS152/R, a-dopted 27 January 2000, para. 7. 53.

② *India—Patent Protection for Pharmaceutical and Agricultural Chemical Products*, WT/DS50/AB/R, adopted 16 January 1998.

③ 韩立余：《WTO 案例及评析》（2000），中国人民大学出版社 2001 年版，第 289 页。

④ Panel Report, *India—Patent Protection for Pharmaceutical and Agricultural Chemical Products, Complaint by the United States*, WT/DS50/R, adopted 16 January 1998, para. 8. 33.

请机制能否达到 TRIPS 协定第 70.8 条的目的并实现其宗旨吗？这样能保护 WTO 其他成员方的合法预期吗？"① 于是专家组开始转向如何进行客观评估的阐述，这显然就触及了审查标准问题。显然专家组并不是依照"重新审查"和"完全尊重"这两个极端之间基准这样的传统做法来展开对审查标准的讨论，而是选择了"WTO 其他成员方的合法预期"来作为阐述如何进行客观评估的核心词汇。在该案中专家组把印度法律作为事实证据来进行审查，裁决印度的做法违背了其在 TRIPS 协定中的义务。

在上诉程序中，印度提出专家组应当给予印度对其国内法进行解释的权利，而且主张专家组应当从印度的解释中去找到相关的指南。② 上诉机构支持了专家组的结论，并指出，"就像专家组做的那样，我们也认为印度的行政法规不违背印度专利法中的强制性条款"。③ 然后上诉机构明确表态世界贸易组织的司法机构有权对印度的法律和实践是否与它在 TRIPS 协定下的义务相符进行审查。上诉机构强调，"专家组不是在解释印度法，而只是审查了印度的法律"。④ 上诉机构也仍然主张把印度法作为事实证据，同时，上诉机构也主张在审查国内法律与实践是否与其承担的 WTO 协定下的义务相符时，并不存在所谓尊重性的审查标准。⑤ 笔者认为，实质上上诉机构对印度法的审查方法被称为"国内法的细节审查"⑥，这是一种接近于完全审查的标准。

（2）《美国 301 条款案》⑦

美国贸易法第 301 节至第 310 节（通常统称为"301 条款"）是美

---

① Panel Report, *India-Patent Protection for Pharmaceutical and Agricultural Chemical Products, Complaint by the United States*, WT/DS50/R, adopted 16 January 1998, para. 8. 33.

② Appellate Body Report, *India-Patent Protection for Pharmaceutical and Agricultural Chemical Products*, WT/DS50/AB/R, adopted 16 January 1998, para. 9.

③ Ibid. , para. 69.

④ Ibid. , para. 66.

⑤ Matthias Odsch, *Standard of Review in WTO Dispute Resolution*, Oxford University Press, 2003, p. 193.

⑥ Appellate Body Report, *India-Patent Protection for Pharmaceutical and Agricultural Chemical Products*, WT/DS50/AB/R, adopted 16 January 1998, para. 67.

⑦ United Stated-Sections 301-310 of the Trade Act of 1974, WT/DS152/R, report of the panel, 22 December 1999. 载于 WTO 官方网站：www. wto. org。

国外贸法中的单边报复制度，美国国会授权美国贸易代表在一定情况下可以对其他国家实施贸易报复。在《美国 301 条款案中》欧共体对美国外贸法上述条款提出了异议，主张它们与 DSU 的规定不符，违反了美国应当承担的国际义务。

有人说这个案子为 WTO 裁判机构修正对国内法审查时的审查标准提供了一个契机。① 专家组指出："在本案中，我们同样面临着对国内法（municipal law）的审查，那就是《美国 1974 年贸易法案》第 301—310 节。我们得到的授权是为了明确美国的做法与其承担的 WTO 下的协定是否相符而审查第 301—310 节。为了达到这样目的，就像上诉机构在印度专利案中提示的那样，我们并不打算解释美国法而解释适用协定的相关条款。所以我们是把第 301—310 节的含义作为事实因素来对待。"② 可见，专家组清楚地表达了把国内法的解释当作事实问题来对待的观点并且要对国内法进行审查。基于此专家组接着说出一段引起分歧的话，"在做出有关第 301—310 节含义的事实结论时，我们不应受美国提供的解释的约束；但是任何一个成员方可以合理期待它们自身对本国法的含义的理解会被给予相当的尊重（considerable deference）"。对本案专家组采用了什么样的审查标准有着一种与本书不同的观点③，但是笔者认为，专家组论述之至仍然是在表达上诉机构在《印度专利案》中所强调的专家组不审查国内立法就无法做出裁定的观点，仍然是在坚持专家组应当对国内法进行审查，这种审查不会受成员方自身对国内法解释的影响但本国的解释可以作为参考。这与"完全尊重"的审查标准还是有相当距离的。

接下来，专家组在专门阐明了条约的解释规则的基础上，开始分析

---

① Matthias Odsch, *Standard of Review in WTO Dispute Resolution*, Oxford University Press, 2003, p. 196.

② Panel Report, *United States-Sections 301-310 of the Trade Act of* 1974, WT/DS152/R, adopted 27 January 2000, para. 7. 18.

③ 参见有学者认为这里使用的"相当的尊重"用语意味着更接近于"全面遵循"标准。Matthias Odsch, *Standard of Review in WTO Dispute Resolution*, Oxford University Press, 2003, p. 195. 吕微平：《WTO 争端解决机制的正当程序研究——以专家组证据规则和审查标准为视角》，法律出版社 2014 年版，第 227 页。

本案对国内法的审查方法。专家组指出，他在本案中的职权是评估 301
条款是否与 WTO 的相关规定相一致。在进行一致性审查的时候，专家
组必须考虑到成员的法律制度的多样性。只有理解和尊重每一成员的法
律制度的独特性，才能确立正确的一致性评估。① 接着专家组就表明了
他们对 301 条款的态度。"301 条款表现出了不同法律制度中所共同的
特点，即是复杂的经济和管制的现代化立法的典型代表。通常情况下立
法者不会通过立法去掌握所有的相关行为，他们会通过授权的方法给予
行政机关相应的权利，然后对行政机关相关权力行使进行控制，确保其
在确定的权限内进行管理。301 条款就是这种立法。"② 专家组接着指出
审查 301 条款这样的立法，要十分清醒地 "承认受审查的国家法律的多
样性，即包括立法语言也包括其他机构性和行政管理性因素"③。因此
专家组决定先对立法条文进行审查，然后再审查构成争端措施的其他因
素，最后才是进行总的评估。

在对 304—306 条进行分析后，专家组认为这三个条款本身就构成
了违反 WTO 第 23 条第 2 款（a）项的初步证据。接下来在审查这三个
条款造成的损害是否在可接受的范围内时，专家组考虑了 "争端措施的
其他因素" ——美国政府的行政声明（SAA）以及美国在专家组前的陈
述，最后做出裁决认为 301 条款没有违反美国在 WTO 法上的义务。也
就是说，301 条款本身违法但是通过其他非成文的因素，有效地排除了
违法性。

因此，我们可以看出，本案专家组在审查标准问题时坚持了既不
"完全尊重" 又不 "重新审查" 的正确方向。在坚持审查国内法的基础
上，根据本案的具体情况，也给予了 "其他非成文因素" 合理的尊重。

（3）《美国 1916 年反倾销法案》④

在《美国 1916 年反倾销法案》中申诉方日本成功地指控了美国

---

① Panel Report, *United States-Sections 301-310 of the Trade Act of 1974*, WT/DS152/R, a-
dopted 27 January 2000, para. 7. 24.

② Ibid., para. 7. 25.

③ Ibid., para. 7. 26.

④ *United States-Anti-dumping Act of* 1916, WT/DS162/AB/R, adopted 28 August 2000. 载于
WTO 官方网站：www. wto. org。

《1916 年反倾销法案》与其承担的 WTO 义务不相符。专家组首先指出，对法律的理解应首先从该法条用语的分析开始，这无疑是正确的。接着专家组又指出，如果仅限于对《1916 年反倾销法案》条文的分析的话，与 DSU 第 11 条所规定的对案件的事实进行客观评估的义务是相违背的。因此，他必须审查与理解 1916 年法相关的美国国内法的所有方面，比如美国政府的司法机构作的相关解释、立法的背景条件等。①

接下来专家组阐明了对国内法的一般考虑。在注意到美国提到的《印度专利案》中上诉机构对专家组可以审查成员的法律的程度进行了界定，那就是确定"什么构成了印度法的最初的法律基础"。②

于是专家组把《1916 年反倾销法案》作为证据来看待，对其进行了全方位的审查，主要集中在历史性文件和立法历史，分析了该法案的历史背景和立法历史以及与该法案相关的美国判例法的影响。最后专家组得出了该法案是 GATT/WTO 惯例意义上的义务性法律的结论，并认定其与美国在 WTO 法中承担的不符。

事后当事方对本案的裁决提起了上诉，但是并未涉及专家组关于审查标准问题的分析的事实，表明本案专家组关于审查问题的分析是非常成功的。专家组根据本案审查对象——《1916 年反倾销法》是一部有着 80 多年历史的实际情况，把审查的重点放到对历史性文件和立法历史的审查当中，既没有自己去解释美国法，更没有用自己的观点代替美国的观点，有效地完成了全面而细致的审查，堪称经典。

（4）《美国〈1998 年综合拨款法〉第 211 节案》③

在《美国〈1998 年综合拨款法〉第 211 节案》中，专家组和上诉机构被要求对《1998 年综合拨款法》第 211 节与 TRIPS 协定的相符性进行审查。从审查标准的角度看，确定该法案的具体含义是必需的。关

---

① Panel Reports, *United States-Anti-Dumping Act of* 1916, WT/DS136/R and Corr. 1（EC）/ WT/DS162/R and Add. 1（Japan）, adopted 26 September 2000, upheld by Appellate Body Report WT/DS136/AB/R, WT/DS162/AB/R, para. 6. 47

② Ibid. , para. 6. 48-6. 49.

③ *United States-Section* 211 *Omnibus Appropriations Act of* 1998, WT/DS176/AB/R, adopted 1 February 2002.

于这个问题争端当事方在上诉审理过程中展开激烈交锋。

美国提出，在任何争端中，专家组对一个 WTO 成员的国内法的审查都是一个事实问题，所以本案中欧共体就专家组对第 211 条含义的理解所提出的主张属于事实问题。根据 DSU 第 17 条第 6 款的规定，上诉仅限于专家组报告中的法律问题和专家组做出的法律解释。尽管美国承认专家组是否对事实做出客观的评估是一个法律问题，但是美国坚持认为使此类问题列入上诉审查的范围，它应该在上诉中被合理地提起。美国强调欧共体并未在上诉中依据 DSU 第 11 条提出相关的诉求。因此，美国主张专家组对第 211 条含义的认定不属于上诉审查的范围。上诉机构无权就此问题进行审查。① 欧共体则认为根据 DSU 的规定专家组对第 211 条含义的认定是法律问题，完全在上诉审查的范围之内。②

上诉机构对此做出了明确地回应，上诉机构认为 WTO 成员的国内法不但能成为事实的证据，而且可以成为是否遵循国际义务的证据。这一点已经在过去多次强调过。根据 DSU 的规定，专家组可以从 WTO 成员是否遵守其在 WTO 下的义务的角度来审查 WTO 成员的国内法。专家组所作出的这种评估具有法律属性。所以专家组作出的对国内法这样的审查当然属于上诉审理的范围。③

然后，上诉机构全面审查了第 211 条含义的相关部分，并且重新审议了当事方的陈述，但是没有特别重视美国的陈述。可以看得出上诉机构仍然坚持了审查标准问题上的一贯立场：只要不"重新审查"和"完全尊重"，WTO 裁判可以在为完成客观评估的指引下对成员方的国内法进行全面而细致的审查，在有关证据的取舍上不需要对成员方的陈述给予尊重。

（三）WTO 国内法审查标准的反思

从上述几个相关案例的分析中，我们可以看到有关国内法的审查标

---

① Appellate Body Report, *United States – Section* 211 *Omnibus Appropriations Act of* 1998, WT/DS176/AB/R, adopted 1 February 2002, para. 101.

② Ibid., para. 102.

③ Ibid., para. 105.

准问题远比 WTO 法的审查标准问题要复杂。DSU 第 11 条毋庸置疑是审查标准问题的关键所在。但是，由于该条款并没有给出审查标准的具体的定义，因此，关于国内法的审查标准仍然需要 WTO 裁判机构用个案分析的方法去丰富和发展。下面我们试图列举国内法审查标准的几个共性。

（1）在 WTO 争端解决中成员方国内法的性质

从国际法的角度来看国内法是事实方面的问题，这无疑是正确的。通常国际法的许多问题，特别是 WTO 法律的绝大多数问题都涉及国内法。WTO 中的这一问题远比国际法中的这一问题复杂，主要原因在于，WTO 拥有独一无二的上诉审查体系。①

通过上述案例的分析，我们可以肯定地认为，在 WTO 法中国内法有着双重身份：事实问题和国内法与国际义务相符的证据。

首先，国内法是事实问题。就国内法被作为事实问题来说，在《印度专利案》中也许专家组和上诉机构还有分歧，但是到了《美国 301 条款案》的时候两者就基本上确立了关于国内法解释的规则。② 一方面，国内法被当作事实问题是没有疑义的。无论是从 WTO 司法审查的目的，还是从一般国际法抑或从审查标准的角度来看国内法是事实问题的认识都是正确的。这里的国内法既包括中央立法也包括地方立法。这一观点也在国际常设法院的判例中得到确认。③ 另一方面，"法官知法"（iura novit curia）原则不能适用于国内法的审查标准问题。就像杰克逊教授说过的不能期望成员方对 GATT/WTO 法律的理解会比专家组要更多一样④，我们同样不能期望 WTO 裁判机关一定会熟悉各成员方与 WTO 有关的国内法。此外，《VCLT》所规定非弹性的条约解释规则也不可能去

---

① David Palmeter and Petros C. Mavroidis, *Dispute Settlement in the World Trade Organization: Practice and Procedure*, Cambridge University Press, 2004, pp. 46-47.

② Matthias Odsch, *Standard of Review in WTO Dispute Resolution*, Oxford University Press, 2003, pp. 200-201.

③ (1926) PDIJ Rep., Ser. A, No. 7, p. 19.

④ Steven P. Croley & John H. Jackson, "WTO Dispute Procedures, Standard of Review, and Deference to National Governments, *American Journal of International Law*", Vol. 90, No. 2, 1996, p. 210.

充分考虑和回应各成员方国内体制下的多种解释的需要。① 不同的国内法律体系自然有着不相同的解释法律的原则与方法。有关国内法规则的界限与影响还是在很大程度上要依赖于国内法院或者仲裁机构寻求可能性解释的实践。② 《美国 301 条款案》就告诉我们，从国内法条文本身看可能不符合 WTO 义务，但是结合其国内实际运用方式来看，就可能得出相反的结果。

其次，国内法还是国内法与国际义务相符的证据。这一观点在《印度专利案》和《美国〈1998 年综合拨款法〉第 211 节案》中得到了上诉机构的肯定。③ 在此不再赘述。但是有两点值得讨论。

第一，上诉机构的管辖权。根据 DSU 第 17 条第 6 款的规定，上诉机构的权限被限于法律问题。因此，在审理过程中上诉机构不能审查事实问题。特别是在某些经由专家组审查过的事实问题在上诉中没有被提及的情况下，这一问题就更加突出。在实践中上诉机构通过发展出"专家组对事实的客观评估是一个法律问题"的规则解决了这个问题，而且他也积极地参与对国内法的全面审查。因此通过将国内法与事实问题剥离的方式，上诉机构有效地解决其管辖权限的缺陷。

第二，如果无须证明就可以将国内法作为事实看待，可能面临"谁主张谁举证"的规则受损，进而使知晓各成员方国内法成为专家组的义务。④ 正如前文所说的，专家组成员不可能成为所有与 WTO 有关的成员方的国内法专家，这样的说法在理论上是站不住脚的，在实践中也会遇到重大麻烦。因此，在 WTO 实践中国内法被作为证据看待也是被广泛接受的事实。

---

① Waincymer, Jeff, *WTO Litigation: Procedural Aspects of Formal Dispute Settlement*, London: Cameron May, 2002, p. 201.

② Matthias Odsch, *Standard of Review in WTO Dispute Resolution*, Oxford University Press, 2003, p. 201.

③ 《印度专利案》上诉机构报告，第 65 段；《美国〈1998 年综合拨款法〉第 211 节案》上诉机构报告，第 105 段。

④ Matthias Odsch, *Standard of Review in WTO Dispute Resolution*, Oxford University Press, 2003, pp. 203-204.

（2）就国内法审查标准本身而言专家组和上诉机构适用的是一种全面审查的标准。

有人主张，国内法审查标准类似事实确定过程中的审查标准，即在确定国内法的内容上重新审查，在对国内法的解释，采取尊重的审查标准。① 其实我们只要稍微回顾一下我们刚才提到过的几个与国内法审查标准有关的案例就会发现，WTO 裁判机关始终坚持的是既不"完全尊重"，也不"重新审查"，而是在完成相符性审查任务的指引下，对成员方国内法采取了全面而细致的审查，过于尊重性的审查标准不利于维护统一的争端解决机制。

虽然成员方有自由选择执行 WTO 协定方式的自由，但是如果采用过于尊重的审查标准，任由各成员方去解释与 WTO 义务有关的国内法的话，很有可能会导致各成员方为维护自身利益而做出有利于自己的解释，会破坏统一的 WTO 争端解决机制进而损及多边贸易体制。各成员方加入多边贸易体制就意味着必然要让渡与 WTO 法律有关的国内法的解释权给 WTO，这也是维护多边贸易规则的需要。

至于国内机构和法院更熟悉国内的法律和实践的观点更好地说明了成员方有将国内法作为证据提供的义务。其国内机构和法院对国内法的各种解释和实践确实可以为专家组和上诉机构提供参考，甚至其中的合理预期也有可能被采纳，但是最终的决定权还是在 WTO 裁判机构手中。

因此，为了确定国内法的内容，专家组和上诉机构不仅可以审查立法文件本身，还会去审查与立法相关的背景条件、历史文件，更会去审查法院和行政机关具体执行法律过程中的做法和解释。但是对于上述证据的轻重权衡全由专家组和上诉机构掌握，他们既不自己解释国内法，也不用自己的观点去代替成员方对国内法的观点而忠实去履行着客观评估的义务。很难说这是一个尊重性的审查标准还是一个严格的审查标准，专家组和上诉机构会根据案件不同的情况，采用不同的方法去完成客观评估的任务。

---

① 参见 Matthias Odsch, *Standard of Review in WTO Dispute Resolution*, Oxford University Press, 2003, pp. 204-205。吕微平：《WTO 争端解决机制的正当程序研究——以专家组证据规则和审查标准为视角》，法律出版社 2014 年版，第 234—235 页。

三　对国际法审查标准的实践

如前文所提到过的,《GATT1947》是一个自给自足的体制,几乎没有与关贸总协定之外的国际法产生过联系。但是,世界贸易组织成立之后,国际贸易法与国际公法之间的关系发生了实质性的变化。① 同时这两个领域法律之间的联系也在迅速增加。在WTO争端解决过程中如何对待国际公法规则也就成了专家组和上诉机构不可避免的事情。为了便于展开WTO争端解决体制中有关国际公法审查标准的讨论,我们暂且把国际公法分为三个部分:第一类是WTO法律文件明确涉及的国际公法,第二类是国际公法的一般原则和习惯规则;第三类其他国际公法。

（一）WTO法律文件明确涉及的国际公法的审查标准

有些WTO协定明确地涉及国际协定或特殊条款。这些国际协定或条款已经并入了WTO法律当中,因此也被当作WTO争端解决过程中的直接的法律渊源。比较典型的例子就是TRIPS协定中规定的由世界知识产权组织（WIPO）管辖的几个重要的国际知识产权公约:《巴黎公约》《伯尔尼公约》《罗马公约》和《保护集成电路公约》,而且也为WTO争端解决实践所确认。② 此外,还有一个例子就是第四次《洛美协定》。③ 这是欧共体与某些非洲、加勒比和太洋国家（ACP）之间的普惠制协议。最后,必须要提到的是被DSU第3条第2款明确提到的《VCLT》第31条和第32条。它们作为"条约解释的习惯法规则",已经反复为WTO专家组和上诉机构所确认。上述国际协定或特殊条款已经被并入WTO法律体系。专家组和上诉机构当然有权在争端解决过程

① 参见 Matthias Odsch, *Standard of Review in WTO Dispute Resolution*, Oxford University Press, 2003, p. 207; Pauwelyn Joost, *Conflic of Norms in Public International Law: The Example of the World Trade Organization: Internal Hierarchy and How WTO Law Relates to Other Rules of International Law*, Cambridge University Press, 2003, pp. 11-23。

② 《美国〈1998年综合拨款法〉第211节案》中上诉机构确认了《巴黎公约》某些条款并入TRIPS协定第2条第1款。Appellate Body Report, *United States-Anti-Dumping Act of* 1916, WT/DS136/AB/R, WT/DS162/AB/R, para. 238。

③ Matthias Odsch, *Standard of Review in WTO Dispute Resolution*, Oxford University Press, 2003, p. 210.

中对它们进行解释。接下来的问题就是应当对这些已经并入 WTO 法律体系的国际公法规则适用什么样的审查标准。下面我们就依次进行分析。

（1）国际知识产权公约的审查标准

从 WTO 争端解决机制的实践来看，在具体案件中，专家组和上诉机构利用《VCLT》第 31 条第 32 规定的条约解释的方法对被纳入的国际知识产权公约进行解释，这与跟一般 WTO 法的解释并无不同。

在《美国版权法 110（5）案》①中，专家组面临审查最小比例原则（Minor Exceptions Doctrine）在《伯尔尼公约》中的地位和范围以及该原则是否据 TRIPS 协议第 2 条第 1 款与《伯尔尼公约》第 1 条到第 21 条一起并入 TRIPS 的问题。专家组就明确表示，他们将应用《VCLT》第 31 条和第 32 条规定的条约解释的基本规则来开展他们的工作。②最后，专家组得出结论认为最小例外原则已经构成了《VCLT》第 31 条（2）（a）含义中的上下文的一部分，至少是第 11 条之二和第 11 条的上下文的一部分。因此，在 TRIPS 第 9 条第 1 款缺乏明示排除的情况下，并入 TRIPS 的《伯尔尼公约》第 11 条和第 11 条之二，包括了这些规定的整个制度，这包括对相应的专有权提供最小例外的可能性。③

同样在《美国〈1998 年综合拨款法〉第 211 节案》专家组也不得不解释被并入 TRIPS 协定第 2 条第 1 款的《巴黎公约》的几个条款。专家组也表示将会按照《VCLT》的第 31 条和第 32 条来进行解释。④于是专家组依照文本解释的方法对《巴黎公约》的相关条款开始了解释，还强调了这些条款的历史纪录对解释的重要性。最后基于文本和上下文解释，专家组得出结论驳回了欧共体提出的宽泛解释，并指出历史纪录

---

① *United States – Section* 110 (5) *of the US Copyright Act*, WT/DS160/R, adopted 27 July 2000.

② Panel Report, *United States – Section* 110 (5) *of the US Copyright Act*, WT/DS160/R, adopted 27 July 2000, para. 6.47.

③ Ibid. .

④ Panel Report, *United States – Section* 211 *Omnibus Appropriations Act of* 1998, WT/DS176/R, adopted 1 February 2002, para. 8.14 – 8.16.

证明主张的更窄解释。① 最终认定第 211 条（a）（1）并没有违反
TRIPS 第 2 条第 1 款也没有违反已经并入 TRIIPS 协定的《巴黎公约》
（1967）的第 6 条之五 A（1）。专家组的审查方法和最后结论都被上诉
机构予以支持。②

　　从上述两个案例的实践可以看出，专家组的解释进路是清晰的。他
们根据《VCLT》对争议中的知识产权国际公约条款做出了一致的解释。
从审查标准的角度来看，专家组没有遵循当事方的主张，完全将这些条
款的解释权掌握在 WTO 裁判机构手中，就是一种"重新审查"的审查
标准。

　　（2）第四次《洛美协定》的审查标准

　　在《欧共体香蕉Ⅲ案》③ 中，专家组和上诉机构被要求对欧共体采
取的香蕉进口、销售和分销体制与洛美豁免④之间的一致性进行评估。
问题的实质在于豁免的范围和内容是什么以及因此涉及的对第四次《洛
美协定》的解释。欧共体和 ACP 国家都主张专家组无权对第四次《洛
美协定》进行解释，而要求专家组尊重他们所做出的解释。他们理由
是，作为第四次《洛美协定》的签署方，他们比 WTO 比专家组更适合
解释第四次《洛美协定》。⑤ 专家组驳回欧共体和 ACP 国家的主张并指
出："我们注意到《GATT1947》将第四次《洛美协定》纳入了洛美豁
免，至少在这个程度上第四次《洛美协定》的含义成为了 GATT/WTO
的事项。因此，只要有必要解释洛美豁免，我们就没有选择只有自己审

---

① Panel Report, *United States-Section 211 Omnibus Appropriations Act of* 1998, WT/DS176/R,
adopted 1 February 2002, para. 8. 71-8. 89.

② Appellate Body Report, *United States-Section 211 Omnibus Appropriations Act of* 1998, WT/
DS176/AB/R, adopted 1 February 2002, para. 122-148.

③ *European Communities-Regime for the Importation*, *Sale and Distribution of Bananas*, WT/
DS27/AB/R, adopted 25 September 1997.

④ 1994 年 12 月，当时的关贸总协定批准欧共体可因履行《洛美协定》而豁免其应当承
担的给予其他缔约方最惠国待遇的基本义务，这被称为"洛美豁免"。

⑤ Panel Report, *European Communities-Regime for the Importation*, *Sale and Distribution of Ba-
nanas*, *Complaint by Ecuador*, WT/DS27/R/ECU, adopted 25 September 1997, as modified by Ap-
pellate Body Report WT/DS27/R, para. 7. 97.

查第四次《洛美协定》的条款。"① 上诉机构也支持了专家组的观点，并认为欧共体和 ACP 国家主张尊重他们观点的说法没有价值，并表示自己也不得不对第四次《洛美协定》进行审查。② 接着上诉机构指出："为了确定第四次《洛美协定》究竟要求了什么样的豁免，我们必须首先审查第四次《洛美协定》的文本并明确与香蕉贸易有关的条款。"③ 然后上诉机构用《VCLT》规定的文本解释的方法对第四次《洛美协定》的相关条款进行了解释，并最终做出了支持专家组结论的决定。以上分析表明无论是专家组还是上诉机构都认为，为完成对欧共体措施与 WTO 协定的相符性审查，应当对第四次《洛美协定》进行审查，而不需要对各当事方的观点给予尊重，坚持的仍然是"重新审查"的审查标准。

（3）《VCLT》第 31 条和第 32 条的审查标准

实际上专家组和上诉机构对于《VCLT》第 31 条和第 32 条的解释方法是一致的。他们坚持重复着这些方法，在解释 WTO 与相关国际法的时候一直把这些方法视为有约束力的解释原则来遵循他们。WTO 裁判机构最初是在《美国精炼汽油案》确立这些方法的，④ 那就是对《VCLT》第 31 条和第 32 条的解释一直坚持"重新审查"的方法。观察 WTO 争端解决的历史，我们就会发现专家组和上诉机构从来没有在对第 31 条和第 32 条的解释问题上尊重过任何成员方当局的解释。需要说明的是，虽然一直秉持着"重新审查"的标准，但这并不意味着排除了专家组和上诉机构接受其他司法机构判例的指导，特别是国际法院的判例。

因此，我们可以发现对于已经被纳入 WTO 法律体系的国际公法规

---

① Panel Report, *European Communities-Regime for the Importation*, *Sale and Distribution of Bananas*, *Complaint by Ecuador*, WT/DS27/R/ECU, adopted 25 September 1997, as modified by Appellate Body Report WT/DS27/R, para. 7. 98.

② Appellate Body Report, *European Communities-Regime for the Importation*, *Sale and Distribution of Bananas*, WT/DS27/AB/R, adopted 25 September 1997, para. 167.

③ Ibid. , para. 169.

④ Appellate Body Report, *United States-Standards for Reformulated and Conventional Gasoline*, WT/DS2/AB/R, adopted 20 May 1996, part Ⅲ B（pp. 16-17）.

则，专家组和上诉机构采用了同 WTO 法一样的审查标准——"重新审查"。

（二）国际公法的一般原则和习惯规则的审查标准

国际公法的一般原则和习惯规则被《国际法院规约》第 38 条第 1 款明确规定为国际法渊源。但是在 WTO 法律文件中，除了 DSU 第 3 条第 2 款规定了要"依照解释国际公法的惯例澄清这些协定的现有规定"之外，就再也没有关于国际公法的一般原则和习惯规则的规定。实践中，专家组和上诉机构并没有排除将国际公法的一般原则和习惯作为法的渊源而适用，而利用国际法的一般原则来澄清 WTO 协定的某些条款，① 比如司法经济原则、无溯及力原则和善意原则等。比较典型的案例是《美国海龟海虾案》的上诉机构曾明确指出："第 20 条引言实际上是在另一种表述方式来呈现善意原则（principle of good faith）。……说到这里，为了得到完成我们的任务的指南，需要向国际法的一般原则寻求帮助。"② 此外，WTO 争端解决实践也有运用国际习惯规则处理争端的例子。例如在《韩国政府采购案》中专家组就指出 DSU 第 3 条第 2 款中解释国际公法的习惯规则并不排除适用其他国际习惯规则的可能。专家组解释说，我们注意到 DSU 第 3 条第 2 款要求我们根据解释国际公法的习惯规则去澄清 WTO 协定条款的含义。然而，WTO 协定对习惯国际法的关系要远比解释国际公法的习惯规则更宽泛。习惯国际法通常适用于成员方之间的经济关系。从某种程度上讲，这些习惯国际法是不能排除在 WTO 协定适用之外的。③ 可见，专家组和上诉机构的确在借助那些适用协定没有明确规定的国际公法一般原则和习惯规则处理争端，它所带来的问题就是对这些规则要适用什么样的审查标准？

虽然专家组和上诉机构经常引用国际公法一般原则，但是他们从不

---

① Pauwelyn Joost, *Conflic of Norms in Public International Law*: *The Example of the World Trade Organization*: *Internal Hierarchy and How WTO Law Relates to Other Rules of International Law*, Cambridge University Press, 2003, pp. 207–212.

② Appellate Body Report, *United States–Import Prohibition of Certain Shrimp and Shrimp Products*, WT/DS58/AB/R, adopted 6 November 1998, para. 158.

③ Panel Report, *Korea – Measures Affecting Government Procurement*, WT/DS163/R, adopted 19 June 2000, para. 7. 96.

对他们的内容和范围做出详细的解释。通常情况下，他们只是简单提及这些原则的概念。有时他们根本不提这些原则的出处①，有时他们会援引法律著作的主张或国际法院以及前身常设国际院的判决②，来为他们认定某些原则是国际公法一般原则寻找理据。③ 例如，在《欧共体荷尔蒙案》中上诉机构在"《SPS 协议》解释中风险预防原则"的条目下就指出，风险预防原则在国际法中的地位问题是一个在学术界、实务界以及立法者和法官之间仍存在争论的问题。该原则已经被确认为国际环境法的一般习惯原则，但是它是否作为一般国际法原则或习惯国际法而被成员方广泛接受则是仍不清楚。至少在国际环境法之外，风险预防原则仍然需要等待权威的界定。④ 可见，专家组和上诉机构对援引国际法一般原则和习惯规则处理争端持有非常谨慎的态度。除非一项原则已经切实为国际公法所确认，否则他们不会轻易地引用。关键的是，到目前为止专家组和上诉机构从未在适用国际法一般原则和习惯规则一事中听取成员方的意见。也就是说他们认为在 WTO 争端解决过程中成员方无权对国际法一般原则和习惯规则的内容和范围进行界定，只有他们自己才能决定哪些国际法一般原则和习惯规则能在 WTO 争端解决过程中适用。也就是说，在这一问题上的审查标准毫无疑问仍然是"重新审查"，尽管专家组和上诉机构不愿意清楚地说明这些原则和规则的定义和具体范围。

（三）其他国际公法的审查标准

现实中还有一类国际条约虽然没有被 WTO 协定明确涉及而纳入 WTO 体系，但是某些 WTO 成员方恰恰就是这类国际条约的缔约方。这一类国际条约就有可能在 WTO 对这些成员进行相符性审查时而与 WTO

---

① *United States-Tax Treatment for "Foreign Sales Corporations"*, WT/DS108/AB/R, adopted 20 March 2000, para. 166.

② 《美国海龟海虾案》上诉机构报告，第 158 段；《土耳其纺织品产品案》专家组报告第 9.92 段；《美国 1916 反倾销法案》专家组报告，第 6、76 段。

③ Matthias Odsch, *Standard of Review in WTO Dispute Resolution*, Oxford University Press, 2003, p.217.

④ Appellate Body Report, *EC Measures Concerning Meat and Meat Products (Hormones)*, WT/DS26/AB/R, WT/DS48/AB/R, adopted 13 February 1998, para. 123.

发生关联。为了论述上的方便，我们暂且把这一类国际条约和其他并入
WTO 协定的国际公法称为"其他国际公法"。其他国际公法在 WTO 法
律体系中的地位至今仍未有定论。特别是 WTO 协定与多边环境协定
（Multilateral Enviromental Agreements，MEAs）的关系以及他们之间的潜
在冲突是当前的热点问题。① 这其实就是贸易价值与非贸易价值的冲突。

在这方面专家组和上诉机构的实践很少，为数不多的几个案件也主
要是涉及《VCLT》的第 28 条、第 30 条和第 41 条，而这也被学者认为
"是在适用国际公法一般原则和习惯规则"②。此外，也有几个国际条约
在 WTO 争端解决中被涉及。典型的案例是《欧共体家禽案》和《欧共
体电脑设备案》③。当然如果专家组和上诉机构在审查"其他国际公法"
的时候，就不可避免要面对审查标准问题。下面我们就以上述两个案件
为例进行分析。

（1）对《油籽协议》适用的审查标准

在《欧共体家禽案》中，专家组和上诉机构面临裁定欧共体关税减
让表与《油籽协议》的关系。《油籽协议》是巴西和欧共体之间作为
GATT1947 争端解决的部分，而根据 GATT1947 第 28 条达成的双边协
议。由于《油籽协议》的双边协议性质，它不属于 WTO 的适用协定。
因此，专家组将该问题作为实质性审查前的基础性问题来解决。鉴于有
案的实际情况，专家组决定在涉及欧共体在 WTO 协定下对巴西的义务
范围内审查油籽协议。④

专家组全面审查了《油籽协议》部分相关条款的含义。专家组首先
就明确了他们用来解释《油籽协议》的规则，"根据 DSU 第 3 条第 2 款

---

① Pauwelyn Joost, *Conflic of Norms in Public International Law：The Example of the World Trade Organization：Internal Hierarchy and How WTO Law Relates to Other Rules of International Law*，Cambridge University Press，2003，p. 219；Matthias Odsch, *Standard of Review in WTO Dispute Resolution*，Oxford University Press，2003，p. 218.

② Matthias Odsch, *Standard of Review in WTO Dispute Resolution*，Oxford University Press，2003，p. 219.

③ *European Communities-Customs Classification of Certain Computer Equipment*，WT/DS62/R，WT/DS67/R，WT/DS68/R，adopted 22 June 1998.

④ Panel Report, *European Communities - Measures Affecting the Importation of Certain Poultry Products*，WT/DS69/R，adopted 23 July 1998，para. 202.

的规定，我们有义务根据解释国际公法习惯规则来审查《油籽协议》
的相关条款。就像过去许多专家组和上诉机构说的那样，《VCLT》第
31 条（1）规定了这一习惯规则……因此，我们也打算按照这些规则来
分析《油籽协议》"①。接着根据《VCLT》的解释指南，专家组首先分
析了《油籽协议》相关条款的普通含义。专家组注意到"全球配额"
而非国民待遇才是本案的关键（mean something），但是，"全球年度配
额"这个关键性术语是一个"较宽松的、非法律术语"。因此，根据解
释规则，专家组需要采用上下文和目的解释的方法来确定这个术语的准
确含义。既然"全球年度配额"这一术语的上下文没有提供任何附加
指南，专家组只好按照《油籽协议》的目的和宗旨来进行审查。② 在进
行目的和宗旨解释时，巴西提供了一种有利于自己的解释③，专家组认
为这一解释"没有构成决定性的证据"来支持专家组采纳这一观点。
于是，专家组根据解释规则对《油籽协议》相关条款进行了全面而仔
细的审查，并根据自己的判断解释了相关条款，并没有以任何方式尊
重被申诉方意见。从本质上说，本案专家组采用了"重新审查"的
标准。

　　上诉机构也利用这个案件发表了自己的看法。他明确表示《油籽协
议》不是 DSU 第 1 条和第 2 条意义上的涵盖协议，也不在任何方式下
成为巴西和欧共体所接受的 WTO 协定下的多边义务。然而，上诉机构
肯定了专家组对《油籽协议》相关条款的观点。上诉机构指出："《油
籽协议》可以被当成是根据《VCLT》第 32 条解释 LXXX 减让表的辅助
方法，作为欧共体对有关冷冻火鸡肉谈判妥协的历史背景资料的一部
分。"④ 最后，上诉机构认可了专家组所采用的全面而毫不尊重的审查
进路。⑤

---

①　Panel Report, *European Communities – Measures Affecting the Importation of Certain Poultry Products*, WT/DS69/R, adopted 23 July 1998, para. 209.

②　Ibid., para. 211.

③　Ibid., para. 212.

④　Appellate Body Report, *European Communities – Measures Affecting the Importation of Certain Poultry Products*, WT/DS69/AB/R, adopted 23 July 1998, para. 83.

⑤　Ibid., para. 87–95.

（2）《商品名称及编码协调制度的国际公约》的审查标准

在《欧共体电脑设备案》中，专家组没有对《商品名称及编码协调制度的国际公约》（International Convention on the Harmonized Commodity Description and Coding System，ICHS）进行审查和解释。上诉机构对这一做法提出了批评，认为专家组没有适当地考虑 ICHS 以澄清争议的事项。上诉机构这样表达了自己的困惑，专家组在尽力解释 LXXX 减让表的时候，居然没有考虑"商品名称及编码协调制度"（Harmonized Commodity and Coding System，简称"协调制度"，HS）及其解释说明。上诉机构进一步指出，他们注意到在乌拉圭回合谈判期间，欧共体和美国都是"协调制度"的缔约方。所以在乌拉圭回合的关税谈判是基于《协调制度》的专门术语展开的，经过讨价还价，减让表也使用了《协调制度》中的专门术语。欧共体和美国都没有向专家组主张《协调制度》及其解释说明与 LXXX 减让表中的术语的解释相关。但是，上诉机构相信对 LXXX 减让表的适当解释应当包括对《协调制度》的审查。上诉机构继续指出，他们认为在解释 LXXX 减让表中的关税分类时，世界海关组织（World Customs Organization，WCO）的决定是有关联性的。因此，他们应当被专家组审查。[①] 此外，上诉机构还指出美国和第三方新加坡都在给专家组的提呈中提到过由 WCO 的协调制度委员会做出的有关某些局域网设备分类的几个决定。

虽然最后上诉机构并没有亲自审查"协调制度"，但是他的意见是可取的。它不仅证实了专家组应当受到其他法律渊源的指导，也指导专家组在其他国际条约自身的法律背景下解释其他国际条约。[②] 可见上诉机构仍然是在强调为完成客观审查的任务，WTO 裁判机构对于"其他国际公法"也应当进行全面审查。

[①] Appellate Body Report, *European Communities-Customs Classification of Certain Computer Equipment*, WT/DS62/AB/R, WT/DS67/AB/R, WT/DS68/AB/R, adopted 22 June 1998, para. 89-90.

[②] Matthias Odsch, *Standard of Review in WTO Dispute Resolution*, Oxford University Press, 2003, p. 221.

本章小结

基于上述分析，我们可以得出以下结论：

第一，WTO 裁判机构成功地确立了 DSU 第 11 条作为适用了除《反倾销协议》之外所有案件的审查标准。

第二，DSU 第 11 条总的要求是专家组应对提交给他的事项（matter）进行客观评估，以确定主管当局的措施是否与其承担 WTO 协议中的义务相符。DSU 第 11 条确立的一个综合性的审查标准，它要求对事项进行客观评估，既是对事实问题也是对法律问题的审查标准的概括。强调客观评估包括三个层次的要求，即案件事实、可适用性和与相符性。"客观评估"不要求专家组对所有提交的事项均做出审查，对于应当审查的事项专家组有自己的裁量权，但是该裁量权要受到客观评估义务的限制。"客观评估"的范围只能是属于"其审议的事项"，否则就是对"客观评估"的违反。错误地适用司法经济原则，未审查申诉方的主张使其丧失本可能得到的救济，构成未履行客观评估的职责。

第三，在事实问题的审查标准上。其基本框架既不是"重新审查"也不是"完全尊重"，而是要由专家组和上诉机构在个案裁决中，结合实际情况在这两个极端之间去找寻。事实问题的审查标准涉及两个阶段。第一阶段是事实确定，即依据原始证据确定客观事实，主要关注专家组应当如何审查相关事实证据的范围和适当性。这是事实问题审查标准在形式上的要求。审查所有相关事实是"客观评估"标准在事实确定阶段的首要原则。在事实确定层面专家组享有原始证据自由裁量权。专家组对证据的审查的自由裁量权的界限是客观评估。只要这种自由裁量权没有超出客观评估的范围，上诉机构就不会干涉这种自由裁量权。第二阶段是事实结论，即根据原始证据以及由此确定的客观事实得出事实结论，专家组则关注于主管当局基于原始证据所得出的事实结论的合理性。这是事实问题审查标准在实质上的要求，关注于主管当局基于原始证据所得出的事实结论的合理性，也是"充分合理解释"标准。

第四，对法律解释问题上的审查标准，WTO 裁判机构保持了一致的态度就是"重新审查"。他们坚持了"正确解释"理念，彻底"重新审查"的导向，上诉机构对专家组报告的法律解释都没有给予尊重性审查标准。"重新审查"的标准不仅体现在对 WTO 法的解释，也体现在对国际公法一般原则和习惯规则的解释，甚至在其他国际公法的解释也是一致的。专家组和上诉机构保持了与以往做法的一致性，仍然采取的是"重新审查"的模式，没有给予成员方的解释以任何程度的尊重。

第五，与 GATT 时期专家组的做法相同，WTO 裁判机构依然尽量避免确立一个普遍适用的审查标准，而是指出他们只能在具体案件中根据当事方的具体主张依据《VCLT》所确立的解释规则进行解释。

第九章　WTO 体制《反倾销协议》审查标准的实践

反倾销领域的争端所适用的审查标准一直是 WTO 争端解决过程中的焦点问题之一。众所周知，《反倾销协议》是唯一一个明确规定了审查标准的 WTO 法律文件。如前文所述，该协议中规定的审查标准有着不同的理解，本章以 WTO 反倾销领域的案例为线索来分析这个唯一明文规定的审查标准在实践中是如何发挥作用的。本章共分为三个部分：第一部分是对《反倾销协议》事实问题审查标准的分析，包括事实确定和事实结论审查标准；第二部分是对《反倾销协议》法律解释审查标准的分析；第三部分是本章小节。

第一节　对事实问题审查标准的实践

一　总的原则

和其他领域案件的审查标准一样，专家组和上诉机构的实践告诉人们，"排除重新审查和完全尊重标准的适用"是《反倾销协议》在事实问题上审查标准的总原则。

在大多数案例中，WTO 裁判机构明确地排除了重新审查这一方法的适用。这里我们可以举两个例子，在《泰国钢铁案》① 中，泰国指出专家组错误地解释了《反倾销协议》第 17 条第 6 款。泰国认为，"把

---

① Thailand-*Anti-Dumping Duties on Angles*, *Shapes and Sections of Iron or Non-Alloy Steel and H-Beams from Poland*, WT/DS122/AB/R, adopted 5 April 2001. 载于 WTO 官方网站：www.wto.org。

它的审查范围大大地进行了扩展，以致到包括对所有导致泰国裁定倾销存在、损害和因果关系的事实的评估"①。上诉机构虽然驳斥了泰国的主张，但是对事实问题的审查标准仍然强调"重新审查"不是合适的审查标准，这不符合第 17 条第 6 款第 1 项的目的。该条款非但没有要求专家组进行重新审查的意思，反而是要防止其任意"推测"主管当局的裁定。在《欧共体柔性铸铁管案》② 中，专家组指出，就审查标准而言，"我们的任务既不是重新审查反倾销调查记录中的资料和证据，也不是用我们的判断代替欧共体调查机构的判断，即使我们自行审查这些记录，可能会得出不同的结论"③。

　　"完全尊重"模式也没有为 WTO 实践所接受。在《美国内衣案》中，美国主张应适用"美国皮帽案"中适用的审查标准，④ 即对美国结论给予完全尊重。专家组反驳了美国的观点，声称对国家当局的裁定完全尊重的政策并不能确保 DSU 第 11 条预期的"客观评估"，并引用《新西兰对进口变压器征收反倾销税案》中专家组的报告来支持这一结论来支撑自己的观点。在《新西兰对进口变压器征收反倾销税案》中，专家组有力地反驳了完全尊重的审查标准，他指出如果缔约方全体不作出应有的审查，而对成员国政府的行为听之任之，会导致各方都无法承担的灾难性后果。⑤ 在《美国热轧铅铋炭钢产品案》中，上诉机构明确地指出了专家组在事实问题上的职责就是对主管当局所确定的事实进行

　　① Appellate Body, Thailand-*Anti-Dumping Duties on Angles*, *Shapes and Sections of Iron or Non-Alloy Steel and H-Beams from Poland*, WT/DS122/AB/R, adopted 5 April 2001, para. 131. 载于 WTO 官方网站：www.wto.org。

　　② European Communities-Anti-dumping Duties on Malleable Cast Iron Tube or Pipe Fittings from Brazil, WT/DS219/AB/R, report of panel, 7 March 2003 and the Appellate Body, 22 July 2003. 载于 WTO 官方网站：www.wto.org。

　　③ Panel, European Communities-Anti-dumping Duties on Malleable Cast Iron Tube or Pipe Fittings from Brazil, WT/DS219 /R, report of panel, 7 March 2003, para. 7. 6. 载于 WTO 官方网站：www.wto.org。

　　④ 参见韩立余《WTO 案例及评析》（下卷）（1995—1999），中国人民大学出版社 2001 年版，第 389 页。

　　⑤ 参见韩立余《GATT/WTO 案例及评析》（下卷）（1948—1995），中国人民大学出版社 2002 年版，第 21 页。

评判，这种评判对专家组而言是要求积极地审查而非消极地观望，① 从而更为清楚指出专家组不仅不能对主管当局的措施给予"完全尊重"，而且应当"积极审查相关事实"。可见"完全尊重"的审查标准也为WTO实践所排斥。

以上分析表明，在事实问题的审查标准的实践中WTO裁判机构排除了"完全尊重"的模式，也排除了"重新审查"的模式。这意味着WTO裁判机构应当在"完全尊重"和"重新审查"之间寻找一个合适的"度"来审查事实问题。

二　事实问题审查标准的具体分析

在前面我们已经指出，《反倾销协议》中事实的问题的审查标准有两个核心关键词或者两个核心标准："适当"标准和"客观无偏见"标准。从词源上来看，无论是"适当"，还是"无偏见"以及"客观"是模糊的不确定的概念。下面我们结合WTO案例具体分析事实问题的审查标准。

（一）事实确定的审查标准

在很多案件中，WTO裁判机构都强调就事实确定而言，"适当"标准是专家组对国内调查机关的事实调查行为进行评判的准据。在《危地马拉水泥案》中，危地马拉指出WTO成员方的主权和其符合《反倾销协议》的期望比争端解决机制的有效性更为重要，进而主张《反倾销协议》第17条第6款的主要目的是为了防止专家组对成员方的主权或者其符合《反倾销协议》的期望的损害。因此，危地马拉进一步主张尽管专家组可能会得出不同的结论，但是专家组还是必须尊重主管当局的事实评估。② 专家组在回顾了GATT1947时期的《美国软木案》③ 的

① Appellate Body, *Imposition of Countervailing Duties on Certain Hot-rolled Lead and Bismuth Carbon Steel Products Originating in the United Kingdom*, WT/DS138/AB/R, adopted 10 May 2000, para. 55. 载于WTO官方网站：www.wto.org。

② Panel Report, *Guatemala - Anti - dumping Investigation Regarding Portland Cement from Mexico*, WT/DS60/R, adopted 19 June 1998, para. 4.104. 载于WTO官方网站：www.wto.org。

③ United States-*Measures Affecting Imports of Softwood Lumber from Canada*, Report by the Panel adopted on 19 February 1993, SCM/162. 载于WTO官方网站：www.wto.org。

做法后，认为"软木案专家组采用的办法是明智的，并且与《反倾销协议》第 17 条第 6 款的要求是一致的"，进而驳斥了危地马拉的主张，明确指出就事实确定而言，"我们的角色不是对证据和信息的重新评估，而是审查调查当局依据的证据是否充分，而不是自己做出判断"①。在《泰国钢铁案》中，上诉机构对第 17 条第 6 款第 1 项所规定的"适当"标准进行了咬文嚼字式的分析，指出"确定"的基本含义是指"排除争议的"的一项行动；"弄清楚，例证，证明"；"适当的"其基本含义是"精确的"或"正确的"。② 进而分析道："根据这些词的基本意思，事实的适当确定看起来与事实是否在最终裁定做出前向反倾销调查相对方公开、或是否可由他们辨别出来之间没有逻辑上的联系。"③

在《美国热轧钢案》中，上诉机构再次强调了专家组应调查主管当局的"事实确立是否适当的"④，并进一步指出该条款规定了对相关事实专家组负有积极审查的义务。⑤

在《欧共体床上用品案》中，上诉机构指出，专家组作为事实评判者在受《反倾销协议》第 17 条第 6 款第 1 项管辖的案件中享有自由裁量权，除非诉方有充分理由说服上诉机构，否则他们不会轻易干涉专家组的该项自由裁量权。⑥

基于上述分析，我们可以得知，第一，在事实确定上的审查标准是不是重新审查，也不是完全尊重，而是要求专家组严格遵守"适当"标准

---

① Panel Report, Guatemala – Anti – dumping Investigation Regarding Portland Cement from Mexico, WT/DS60/R, adopted 19 June 1998, para. 7. 57. 载于 WTO 官方网站：www. wto. org。

② Appellate Body, Thailand – *Anti – Dumping Duties on Angles*, *Shapes and Sections of Iron or Non – Alloy Steel and H – Beams from Poland*, WT/DS122/AB/R, adopted 5 April 2001, para. 116. 载于 WTO 官方网站：www. wto. org；另参见冯军《WTO 案例集》（2001）（上、下册），上海人民出版社 2002 年版，第 77 页。

③ 同上。

④ Appellate Body, Anti – dumping Measures on Certain Hot – Rolled Steel Products from Japan, WT/DS184/AB/R, adopted 24 July 2001, para. 56. 载于 WTO 官方网站：www. wto. org。

⑤ Appellate Body, Anti – dumping Measures on Certain Hot – Rolled Steel Products from Japan, WT/DS184/AB/R, adopted 24 July 2001, para. 55. 载于 WTO 官方网站：www. wto. org。

⑥ Appellate Body, European Communities—Anti – Dumping Duties on Imports of Cotton – type Bed Linen from India, WT/DS141/AB/R, adopted 1 March 2001, para. 169 – 170. 载于 WTO 官方网站：www. wto. org。

对成员方国内调查机关的事实调查行为予以积极地审查。第二，作为事实评判者的专家组在事实确定上享有自由裁量权，除非有充分的理由否则上诉机构不会对这种自由裁量权进行干涉。

（二）在事实结论上的审查标准

对于事实结论上的审查标准，WTO 的实践做法是一致的，那就是要求专家组审查主管当局的结论是否"无偏见和客观"。

《泰国钢铁案》中上诉机构的论述就是一个典型的例子。在本案中，泰国对专家组在事实结论上的审查标准提起了上诉。泰国认为，专家组没有正确解释《反倾销协议》所确立的具体的审查标准下专家组的作用。泰国认为，专家组"把它的审查范围大大地进行了扩展，以至于到包括对所有导致泰国裁定倾销存在、损害和因果关系的事实的评估"。① 泰国还进一步指出："审查事实是否适当确定并非专家组自身的责任，而且也并不与专家组在裁决依据方面的确信（belief）相关。"② 波兰则认为，根据《反倾销协议》第 17 条第 6 款规定的审查标准，专家组对第 3 条第 1 款的审查是合适的。专家组进一步审查了机密和非机密文件，从而得出，如果已公开事实不确切的话，这种事实就不能"合理确定"的正确结论。在波兰看来，泰国关于专家组审查标准应当大大地缩小的观点应当被抛弃，因为这个建议要求尊重的程度是允许当事方去选择什么样的问题专家组可以问和允许当事方去选择什么样的事实可以被认为与第 17 条第 6 款第 1 项所规定的审查标准相关联。③

上诉机构针对泰国的主张指出，《反倾销协议》第 3 条第 1 款和第 17 条第 6 款第 1 项规定的义务是不同的。前者对成员方施加了一个以"肯定性证据"作为损害确定依据的义务。后者要求专家在评估事实时，遵循"适当"标准和"客观无偏见"标准。第 17 条第 6 款第 1 项，并未阻止专家组审查某一成员是否遵守了第 3 条 1 款下的义务。认

① Panel Report, *Thailand-Anti-Dumping Duties on Angles*, *Shapes and Sections of Iron or Non-Alloy Steel and H-Beams from Poland*, WT/DS122/R, adopted 5 April 2001, para. 211.

② Ibid. , para. 203.

③ Appellate Body Report, *Thailand-Anti-Dumping Duties on Angles*, *Shapes and Sections of Iron or Non-Alloy Steel and H-Beams from Poland*, WT/DS122/AB/R, adopted 5 April 2001, para. 42.

定成员是否遵守了这一义务时，专家组必须审查损害裁定是否以肯定性证据作为依据，损害裁定是否包含客观的评估。因此，在专家组为评价泰国的损害裁定是否符合第 3 条第 1 款时而审查的事实范围内，上诉机构认为，专家组的审查行为是符合《反倾销协定》第 17 条第 6 款第 1 项下应适用的审查标准的。

上诉机构还明确指出"无偏见的"和"客观的"的基本含义看起来与以下情形没有任何逻辑上的联系，这一情形就是事实是否在最终裁定做出时向反倾销调查的相对方公开或是否可由他们辨别出来。①

《美国热轧钢案》中专家组对于《反倾销协议》中的事实问题的审查标准有着相当精辟的论述，他认为就事实问题审查标准而言，DSU 第 11 条与《反倾销协议》中的审查标准并没有不同，在事实结论的审查标准上就是要审理成员方主管当局裁决是否符合"合理而且缜密的"解释要求，即审查裁决是否是"无偏见的"和"客观的"。在该案中专家组对美主管当局——USITC 是否未能进行客观而无偏见的事实评估进行了分析，并得出结论：

"我们面对的问题是，因为没有明确地把 1998 年该产业的产品、销售和财务绩效与 1996 年的情形进行对比，USITC 是否没有进行客观和无偏见的评估。我们在本案中没有发现这种情形。USITC 提供了一个合理而又缜密的解释（reasoned and reasonable explanation）为什么他比较了 1998 年和 1997 年的的数据。虽然 USITC 承认，如果把 1996 年和 1998 年，这两个年末的数据进行比较的话，这些数据就不会呈下降趋势。这种缺失并不足以得出调查主管当局没有客观而无偏见的评估所有相关事实的结论。我们注意到调查委员阿斯基（Askey）发现了损害威胁，在她的独立观点强调该产业在 1998 年仍然'获利甚至利润还超过了 1996 年的水平'。部分地依据这一观点，她裁决该产业没有被诉争进口产品造成现实的损害，她发现的是损害威胁。我们相信阿斯基的观点支持了对这些数据本可以以不同的方式进行衡量和评价。然而这是 USITC 要做

---

① Appellate Body, Thailand-*Anti-Dumping Duties on Angles*, *Shapes and Sections of Iron or Non-Alloy Steel and H-Beams from Poland*, WT/DS122/AB/R, adopted 5 April 2001, para. 116. 载于 WTO 官方网站：www.wto.org。

的事情，而是我们要做的事情。"①

这样精辟而有力的论述当然没有可能被提起上诉。但是，上诉机构在论述"反倾销协议第 17 条第 6 款与 DSU 第 11 条关系"的时候，还是忍不住对专家组的这一论述进行了阐释，上诉机构认为专家组的论断对事实结论的审查标准大有裨益。上诉机构这样说：

"有鉴于《反倾销协议》第 17 条第 6 款第 1 项的规定，其中包含有重要的思想，那就是专家组和成员方调查当局有着不同的角色。在《反倾销协议》下，调查当局因为他们全面裁定倾销和损害时做出的事实结论而被指控。因此，专家组的任务不是别的，就仅限于'确定'和'评估'有关事实。为了那个目的，第 17 条第 6 款第 1 项要求专家组作出'事实评估'。这一段的用语与 DSU 第 11 条中使用的'对事实进行客观评估'所施加给专家组的义务是非常接近的。在我们看来，这两个条款都要求专家组'评估'事实和对相关事实进行更积极的审查或检验。"②

从本案专家组和上诉机构的论述中至少可以确认两点：第一，《反倾销协议》第 17 条第 6 款第 1 项中对专家组的要求是对成员方调查机关的事实结论做出是否属于"客观的和无偏见的"的评判，而不是自己进行解释，更不是用自己的观点代替成员方主管当局的结论。第二，用"客观的""无偏见的""合理而缜密"等类似的词汇来裁决一项国内主管当局的决定是否基于"可接受"的评估或者对相关事实的解读。其实是专家组和上诉机构切合实际地使用同一言语在描述他们关于对主管当局事实结论进行审查的法理，两者之间没有实质上的区别。③ 本质上，说明了 DSU 第 11 条和第 17 条第 6 款第 1 项所规定的事实结论的审查标准是同一的。另外，作为事实裁判者专家组在审查主管当局的结论是否"无偏

---

① Panel Report, *United States－Anti－Dumping Measures on Certain Hot－Rolled Steel Products from Japan*, WT/DS184/R, adopted 23 August 2001, para. 7. 235.

② Appellate Body, Anti-dumping Measures on Certain Hot－Rolled Steel Products from Japan, WT/DS184/AB/R, adopted 24 July 2001, para. 55. 载于 WTO 官方网站：www. wto. org。

③ Matthias Odsch, *Standard of Review in WTO Dispute Resolution*, Oxford University Press, 2003, p. 145.

见和客观"时，也享有不会轻易为上诉机构干涉的自由裁量权。①

三　本节小结

对反倾销案件中事实问题的审查标准可以概括为四点：第一，专家组既不能重新审查，也不能完全尊重。第二，专家组的任务对国内主管当局的事实认定进行审查，并且这种审查是积极的，这种审查的核心是"适当"标准。第三，对事实结论而言，是要求专家组用"客观无偏见"标准去评判国内调查机关的结论。第四，作为事实裁判者专家组享有不会轻易为上诉机构干涉的自由裁量权。

第二节　对法律解释审查标准的实践
——可允许的解释

在 WTO 实践中，第 17 条第 6 款第 2 项很少被 WTO 裁判机构提及过，几乎没有对 WTO 裁判机构的审查产生过影响。② 这也与美国坚持要把这样的一个条款写入《反倾销协议》的初衷相去甚远。

在《欧共体床上用品案》③ 中，欧共体争辩道，专家组在法律解释审查标准问题上是错误的。④ 上诉机构首先指出，专家组是依据《VCLT》所规定的解释规则来解释《反倾销协议》并做出裁决的。⑤ 上

---

① Appellate Body, European Communities—Anti‐Dumping Duties on Imports of Cotton‐type Bed Linen from India, WT/DS141/AB/R, adopted 1 March 2001, para. 169–170. 载于 WTO 官方网站：www. wto. org。

② Daniel K. Tarullo, "The Hidden Costs of International Dispute Settlement: WTO Review of Domestic Anti‐dumping Decisions", *Law and Policy in International Business*, Vol. 34, No. 1, 2002, p. 118.

③ Appellate Body, European Communities—Anti‐Dumping Duties on Imports of Cotton‐type Bed Linen from India, WT/DS141/AB/R, adopted 1 March 2001. 载于 WTO 官方网站：www. wto. org。

④ Appellate Body, European Communities—Anti‐Dumping Duties on Imports of Cotton‐type Bed Linen from India, WT/DS141/AB/R, adopted 1 March 2001, para. 63. 载于 WTO 官方网站：www. wto. org。

⑤ Appellate Body, European Communities—Anti‐Dumping Duties on Imports of Cotton‐type Bed Linen from India, WT/DS141/AB/R, adopted 1 March 2001, para. 64. 载于 WTO 官方网站：www. wto. org。

诉机构进一步指出，专家组对《反倾销协议》第 2 条第 4 款第 2 项的解释是第 17 条第 6 款第 2 项所规定的"合理解释"。① 因此，专家组没有面临在多种"允许"的解释中，对欧共体所信赖的解释予以认可。相反地，专家组所面临的是欧共体所信赖的解释是"不允许的"。② 可见在关于什么是可允许的解释问题，WTO 裁判机构牢牢地抓住了发言权，丝毫没有给欧共体的解释以任何的尊重。

另一个说明这种情形的典型案件是《美国热轧钢案》。上诉机构抓住这个机会充分论证了《反倾销协议》所规定的审查标准是 DSU 第 11 条规定的审查标准的补充而非代替，两者没有"冲突"。③ 上诉机构还利用《VCLT》第 31 条和第 32 条的条约解释规则成功地将对第 2 项中是否存在多种可允许的解释的自由裁量权依然掌握在 WTO 裁判机构手中，而非 WTO 成员方。④ 上诉机构的这一做法使得第 17 条第 6 款第 2 项成为了补充性的分析步骤，与美国行政法上的"谢弗林原则"规定的标准相差很大。⑤

在《欧共体床上用品案》（据第 21 条第 5 款）⑥ 中，上诉机构再一次强调第 17 条第 6 款第 2 项第二句意义上的"可以做出一种以上允许的解释"必须是建立在第 17 条第 6 款第 2 项第一句要求的解释国际公法的习惯规则的基础上的，从而排除了第 17 条第 6 款第 2 项第二句的适用。⑦

当然上诉机构对这种自由裁量权也加了限制——我们不能审查《反

---

① Appellate Body, European Communities—Anti‑Dumping Duties on Imports of Cotton‑type Bed Linen from India, WT/DS141/AB/R, adopted 1 March 2001, para. 65. 载于 WTO 官方网站：www. wto. org。

② Ibid. .

③ Appellate Body, Anti‑dumping Measures on Certain Hot‑Rolled Steel Products from Japan, WT/DS184/AB/R, adopted 24 July 2001, para. 57. 载于 WTO 官方网站：www. wto. org。.

④ Appellate Body, Anti‑dumping Measures on Certain Hot‑Rolled Steel Products from Japan, WT/DS184/AB/R, adopted 24 July 2001, para. 60. 载于 WTO 官方网站：www. wto. org。

⑤ Daniel K. Tarullo, "The Hidden Costs of International Dispute Settlement: WTO Review of Domestic Anti‑dumping Decisions", *Law and Policy in International Business*, Vol. 34, No. 1, 2002, p. 120.

⑥ Appellate Body, European Communities—Anti‑Dumping Duties on Imports of Cotton‑type Bed Linen from India, WT/DS141/AB/RW, adopted 8 April 2003. 载于 WTO 官方网站：www. wto. org。

⑦ Appellate Body, European Communities—Anti‑Dumping Duties on Imports of Cotton‑type Bed Linen from India, WT/DS141/AB/RW, adopted 8 April 2003, para. 118. 载于 WTO 官方网站：www. wto. org。

倾销协议》的哪些条款包含一种以上"可允许的解释"。这些解释问题只能在特定争端中才能发生，并且有两个前提：首先，该争端的具体主张中涉及《反倾销协议》的具体条款，其次，要适用《VCLT》第 31条和第 32 条的条约解释规则进行解释。[①]

　　基于上述分析，我们认为在法律解释审查标准的实践中，WTO 裁判机构的态度一如既往，非常明确。那就是重新审查的标准，不给成员方的解释以任何的遵守。特别值得提出的是两点，第一，WTO 裁判机构始终坚持利用《VCLT》所确立的解释规则进行解释，牢牢掌握着存在一种以上可允许的解释的自由裁量权，成功地回避了第 17 条第 6 款第 2 项第二句话的适用，从而有效地解决了多种"可允许解释"的可能性，维护了 WTO 规则的稳定性和可预测性。这使得第 17 条第 6 款第 2项实际上成为一种摆设，几乎没有可适用的可能性。第二，WTO 裁判机构并不愿意就《反倾销协议》所有条款的解释确立一个普遍适用的审查标准，而是指出他们只能在具体案件中根据当事方的具体主张，依据《VCLT》所确立的解释规则进行解释。

本章小结

　　总而言之，从 WTO 的实践来看，《反倾销协议》第 17 条第 6 款所确立的审查标准沿袭了 GATT 时期的一些做法。第一，在事实问题的审查标准的实践中 WTO 裁判机构排除了"完全尊重"的模式，也排除了"重新审查"的模式。这意味着 WTO 裁判机构应当在"完全尊重"和"重新审查"之间寻找一个合适的"度"来审查事实问题。第二，在事实确定上的审查标准要求专家组严格遵守"适当"标准对成员方国内调查机关的事实调查行为予以积极地审查。而"这种遵从使得在大多数情况下从事实方面推翻调查当局的认定显得比较困难，因为从专家组的推理可以发现，证明调查当局认定不适当或者不公正的责任主要是在投

---

① Appellate Body, Anti-dumping Measures on Certain Hot-Rolled Steel Products from Japan, WT/DS184/AB/R, adopted 24 July 2001, para. 61. 载于 WTO 官方网站：www. wto. org。

诉方，而这种证明实际上困难很多"①。第三，作为事实评判者的专家组在事实确定上享有自由裁量权，除非有充分的理由，否则上诉机构不会对这种自由裁量权进行干涉。第四，就法律问题的审查标准来讲，WTO 裁判机构没有给国内主管当局以任何尊重，采取的是重新审查的方式。虽然第 17 条第 6 款第 2 项第 2 句话的规定来看，似乎对国内主管当局对于 WTO 法条款的解释确立了遵从性的审查标准。② 需要重申的是，上诉机构始终强调运用《VCLT》所规定的解释方法来进行解释，规避了第 17 条第 6 款第 2 项第 2 句话的适用。这不仅使其自身的解释权限没有受到制约而且还有效地维护了争端解决机制的稳定和有关成员的权利。

此外，WTO 裁判机构沿袭了以往的做法，没有给出审查标准的一般概念，而是强调就具体的案件涉及的具体条款，适用《VCLT》第 31 条和第 32 条的解释规则进行解释。③ 可见在 WTO 反倾销案件的实践中，我们依然找不到关于审查标准的一般概念。

---

① 纪文华、姜丽勇：《WTO 争端解决规则与中国的实践》，北京大学出版社 2005 年版，第 177 页。

② Holger Spamann, *Standard of review for WTO panels in trade remedy cases: a critical analysis*, at http://www.spamann.net/writings/ASSETS/Spamann‐standard_ of _ review.pdf, 24 October 2006, p. 9.

③ Appellate Body, Anti‐dumping Measures on Certain Hot‐Rolled Steel Products from Japan, WT/DS184/AB/R, adopted 24 July 2001, para. 61. 载于 WTO 官方网站：www.wto.org。

第十章　主要结论和问题

第一节　主要结论

针对本书绪论中提出的"拟研究的主要问题"概括出本书的主要结论如下。

一　审查标准的概念及其实质

审查标准问题是每个法律体系都无法回避的关键性法理问题。在任何一个法律体系中，包括 WTO 的体系中，审查标准都是保障权力分配的重要机制。在国际层面，当国际司法机构对主管当局的某些决定进行审查时，就不可避免地会侵入国家主权。然而，国际体制的有效性和稳定性往往取决于国际审查的程度。它代表了司法如何对政治决策或司法判决进行合法性审查。虽然审查标准问题如此重要，但是，到目前为止，我们在 GATT/WTO 的法律文件中，看不到审查标准的概念性定义。当一个成员方提出要求，WTO 裁决机构就不可避免地要对被诉方的立法或者主管当局的措施进行审查（review），而这种审查就存在一个强度和分寸问题，也就是所谓"审查标准"问题。实际上，审查标准就是用来确定当专家组对成员方的措施进行审查时，应在多大程度上尊重成员方的事实结论或者法律解释，即使专家组有着不同的结论。由于审查标准问题本身的复杂性和 WTO 在组织结构上缺乏国内法上的宪政结构等原因，要想确定一个普遍适用于所有适用协定的具体的审查标准是极为困难的。

审查标准是指在 WTO 争端解决过程中，某一成员方的诉争措施或者法律被专家组和上诉机构进行相符性审查时，所应受到的尊重程度，它决定着成员方自由裁量权的边界。通常可以分为事实问题和法律问题的审查两个方面,其实质是实现作为国际组织的 WTO 及其成员方之间的权力分配与平衡,其范围存在于"重新审查"和"完全尊重"之间,致力于在不破坏 WTO 谈判所达成的平衡以及不增加或减让成员方在 WTO 项下的权利和义务的基础上,积极解决争端,以维护 WTO 争端解决机制的统一性,为多边贸易体制提供可预测性和安全性的保障。同时,审查标准也是 WTO 法律具有宪法性特征的重要表现形式,还是 WTO 规则法律化的象征,它使得 WTO 法对国家主权的限制与一般的国际协议相比有了明显的不同,对其成员方实行了比一般国际协议更高的限制。它重新界定了在何种程度上 WTO 裁判者有权对主管当局所做的政治决定进行审查,它对于事实和法律这两方面的裁定具有决定性的影响。

二　审查标准的作用/功能问题

审查标准对于任何一个司法程序来说都是非常重要的,它对于确保司法过程的各个参与方的权力平衡是具有决定性的。在 WTO 体制的语境中,审查标准的作用或功能主要体现在两个层次的权力分配。

第一个层次是确定世界贸易组织与其成员方之间纵向权力分配关系。国家主权是尊重性审查标准的理性基础。专家组采用过于严格的审查标准有可能会不恰当侵害成员方的主权,并严重影响到多边贸易体系及其争端解决机制的稳定性。对于国内敏感性事务也许采用尊重性的审查标准是一个不错的选择。同时,同样重要的是,也应当准确把握专家组和上诉机构在提高 WTO 法的有效性以及它在国家贸易事务中的纪律性中所起到的主要角色作用。如果专家组在审查成员方主管当局的决定和措施时采用了不恰当地尊重性审查标准的话,也会使用多边贸易规则处于十分危险的地步。

第二个层次是确定 WTO 裁判机构与 WTO 内部其他组织之间的横向权力分配。除非在 WTO 体系内加强和改进立法机构和行政机构的作用,否则专家组和上诉机构在审查 WTO 体系特殊机构做出的裁决时可以不用给予尊重。

三　与审查标准相关的司法原理

司法克制理念是 WTO 裁判机构在解决争端过程中选择适当的审查标准的基本哲学方法。GATT/WTO 体制下，专家组和上诉机构秉持"司法克制"的理念对其适用的审查标准产生了极大的影响。具体而言，专家组和上诉机构主要是通过自我限制对规则的解释权的方式，来发展尊重性的审查标准。作为规则导向的 WTO 争端解决机制，遵循适度的"司法克制"是十分必要的，保持"司法克制"是有效解决争端的"重要缓冲"。WTO 争端解决机制下的司法能动主义是指专家组和上诉机构在审理具体案件的过程中，为了多边贸易体制的妥当性，超越自身的司法权限，超出 WTO 法律文本，对 WTO 条文进行扩张性解释的司法哲学。它既有着其必然性和现实性，也有着局限性，重要的问题是如何把握一个"度"的问题。当 WTO 裁判机构秉持司法能动主义的态度对成员方主管当局的决定和措施进行审查时，通常倾向于采用更为严格的审查标准，而把对于 WTO 协定的解释权牢牢地抓在 WTO 裁判机构手中。

条约解释和审查标准之间有着极为密切的关系。专家组所采用的解释 WTO 法的方法对审查标准有实质性的影响，甚至可以说专家组采用的解释方法在很大程度上决定了审查标准的方向。比例原则的理念为实现 WTO 和 WTO 成员方之间的利益平衡以及 WTO 裁判机构与 WTO 其他机构之间体系的平衡提供了可借鉴的方向。善意原则为专家组和上诉机构进行客观评估施加了善意的要求，既是对专家组和上诉机构的要求，也是对成员方履行义务的要求，为解决审查标准难题提供了新的思路。

四　世界贸易组织成立前审查标准问题的历史

GATT 争端解决机制完全是在实践中发展而来的，到 1979 年为《1979 争端解决谅解》所肯定成为 GATT 的习惯法。在 GATT 体制的法律文件中有两个条款与审查标准有关：《1979 争端解决谅解》第 16 条和《东京回合补贴守则》第 18 条第 1 款。但是，GATT 法律文件中没有关于审查标准的规定。在 GATT 的后期审查标准的观念得以发展。GATT 时期的审查标准问题主要是在反倾销和反补贴领域中有所体现。

专家组没有去阐述一个总的审查标准，而是根据争端产生的具体问题，去审查有关事实和法律事项。就事实确定而言，GATT时期的实践态度是连续性的，即不对主管当局提供的证据进行重新审查，也不用自己的判断来代替缔约方的判断而采用了尊重的审查标准，而是审查主管当局对事实证据的考虑是否适当，即合理性标准。对事实结论来说，要求主管当局既全面考虑和评估相关因素，而且对每一因素的考虑都应做出充分的说明。就法律问题的审查标准而言，GATT时期采取的是重新审查的标准，没有给缔约方关于GATT规则的解释以任何尊重。乌拉圭回合谈判中各方就审查标准问题展开了激烈地讨论。很多国家强烈反对美国提出的意在约束专家组和上诉机构权力的尊重性审查标准。最终，各方达成了妥协。虽然没有对普遍适用的一般审查标准达成一致，但是谈判者就反倾销领域达成了一项尊重性的审查标准。而且，部长们决定在三年讨论将这一审查标准扩大适用到其他领域的可能性，但是，到目前为止这项讨论仍没有开展。

五　WTO体制下审查标准的图谱问题

WTO法律文本中唯一明确规定了审查标准的是《反倾销协议》第17条第6款。对事实确定的审查标准是合适性，对事实结论的审查标准是"无偏见和客观"标准；对法律解释的审查标准表面上是尊重性的标准，实则是无用武之地，实践中适用了"重新审查"的标准。

上诉机构坚持认为DSU第11条极为简明而又非常清晰地规定了除《反倾销协议》以外的所有领域的适当的审查标准。首先，既不过分强调司法克制，也不过分否认司法能动。适合的客观评估的审查标准应当服务于争端解决机制的目标，在既不增加或减损成员方的权利和义务的基础上，在司法克制和司法能动之间找到有效地的平衡，以寻求迅速解决争端的可能。对事实问题的审查标准和法律问题的审查标准是不一致的。DSU第11条所规定的法律问题的审查标准是重新审查的标准，而对于事实问题的审查标准应当是在重新审查和完全尊重这两个极端之间，但是无论如何，都应当满足客观评估的需要。

DSU第3条第2款并不着眼于解释和适用WTO条款时的尊重性进路，而是强调WTO的结构性体系。它最重要的目标指向是强调一定要确保以规则为导向的 WTO 争端解决机制能够为人们理解和适用，并为 WTO 规则提供清晰、稳定和可预见性的保证，致力于维持 WTO 成员方权利与义务的平衡，不构成审查标准的一部分。两项部长决定和声明更大程度上是具有宣示作用，也不是 WTO 体制下的审查标准体系的一部分。

总之，《反倾销协议》的第 17 条第 6 款和 DSU 的第 11 条都是 WTO 法律文件中关于审查标准的规定，两者具有同一性，没有实质差别。在事实问题审查标准中，前者强调事实确定的适当性和事实评价的公正性和客观性，后者着眼于所提供事项的"客观评估"。两者之间并没有"冲突"，统一于对被提交事项的客观评估之中；而在法律审查方面，前者是后者的有益补充而非代替，都遵循了重新审查的标准，共同构成了现行多边贸易体制的审查标准。

六 DSU 第 11 条与《反倾销协议》第 17 条第 6 款规定的审查标准在 WTO 争端解决实践中的同一性问题

从 GATT/WTO 的实践来看，WTO 裁判机构对审查标准的态度是明确的，那就是采取更为务实的方法——不去阐明一个普遍适用的审查标准，只是根据 DSU 第 11 条和反倾销法第 17 条第 6 款，并结合案件涉及的具体条款适用了审查标准，有时甚至表现出积极和严格的审查标准。

在实践中，WTO 裁判机构成功地确立了 DSU 第 11 条作为适用了除《反倾销协议》之外所有案件的审查标准。DSU 第 11 条总的要求是专家组应对提交给他的事项（matter）进行客观评估，以确定主管当局的措施是否与其承担 WTO 协议中的义务相符。DSU 第 11 条确立的一个综合性的审查标准，它要求对事项进行客观评估，既是对事实问题也是对法律问题的审查标准的概括。强调客观评估包括三个层次的要求，即案件事实、可适用性和与相符性。"客观评估"不要求专家组对所有提交的事项均做出审查，对于应当审查的事项专家组有自己的裁量权，但是该裁量权要受到客观评估义务的限制。"客观评估"的范围只能是属于"其审议的事项"，否则就是对"客观评估"的违反。错误地适用司法经济原则，未审查申诉方的主张使其丧失本可能得到的救济，构成未履行客观评估的职责。在事实问题的审查标准上。其基本框架既不是"重新审查"也不是"完全尊重",而是要由专家组和上诉机构在个案裁决中,结合实际情况在这两个极端之间去找寻。事实问题的审查标准涉及两个阶段。第一阶段是事实确定,即依据原始证据确定客观事实,主要关注专家组应当如何审查相关事实证据的范围和适当性。这是事实问题审查标准在形式上的要求。第二阶段是事实结论,即根据原始证据以及由此确定的客观事实得出事实结论,专家组则关注于主管当局基于原始证据所得出的事实结论的合理性。这是事实问题审查标准在实质上的要求,关注于主管当局基于原始证据所得出的事实结论的合理性,也是"充分合理解释"标准。对法律解释问题上的审查标准,WTO 裁判机构保持了一致的态度就是"重新审查"。他们坚持了"正确解释"理念,彻底"重新审查"的导向,上诉机构对专家组报告的法律解释都没有给予尊重性审查标准。"重新审查"的标准不仅体现在对 WTO 法的解释,也体现在对国际公法一般原则和习惯规则的解释,甚至在其他国际公法的解释也是一致的。

《反倾销协议》第 17 条第 6 款所确立的审查标准沿袭了 GATT 时期的一些做法。就事实问题的审查标准来说,WTO 裁判机构对国内主管当局认定的事实不做"重新审查",也不用自己的判断代替国内主管当局的判断,而是强调专家组的任务"仅仅只是审查负责调查的主管当局对事实的'确定'的'评估'",并且这种审查是积极的,而作为事实裁判者专家组享有不会轻易为上诉机构干涉的自由裁量权。就法律问题的审查标准来讲,WTO 裁判机构没有给国内主管当局以任何尊重,采取的是重新审查的方式。此外,WTO 裁判机关、机构沿袭了以往的做法,没有给出审查标准的一般概念,而是强调就具体的案件涉及的具体条款,适用《VCLT》第 31 条和第 32 条的解释规则进行解释。

从实践的角度来看,DSU 第 11 条与《反倾销协定》第 17 条第 6 款也具有同一性,共同构成了世界贸易组织争端解决中的审查标准。

七　对未来的展望

总之,WTO 裁判机构在过去 20 年的争端解决实践中适用了较为严格的审查标准。就事实确定而言,GATT 时期要求审查主管当局是否全面审查了相关因素。WTO 体制的反倾销案件中要求"专家组审查主管当局的行为是否适当"。在 WTO 体制的其他领域中，要求"对案件事实做出客观评估"。虽然使用了不同的语言，但是表现出来的态度是较为一致的，那就是说，要求对主管当局提供的原始证据做出审查，以确定主管当局做法的合理性。但不是重新审查，也不要求用自己的判断去代替主管当局的判断，表现出一种尊重型的审查标准。

就事实结论而言，GATT 时期的做法在尊重和限制的标准上表现出一定的反复。WTO 体制的反倾销案件要求专家组审查主管当局的结论是否"无偏见和客观"。在 WTO 体制的其他领域中，要求"客观评估调查当局的解释是否合理和充分"。但是这两者之间并无实质差别，实践中 WTO 裁判机构结合案件涉及的具体条款在一条中间路线，有时甚至是用更加主动和积极的方式审查国内裁定。

就法律解释而言，GATT 时期和 WTO 时期的审查标准表现出较高一致性，那就是从头审查的标准，没有给主管当局的解释以任何程度的尊重。

值得一提的是，WTO 裁判机构通过《VCLT》规定的解释方法，巧妙地回避了《反倾销协议》第 17 条第 6 款第 2 项第 2 句的适用，有效地避免了多种"可允许解释"的出现，成功地使《反倾销协议》规定的审查标准与 DSU 第 11 条规定的审查标准得以统一，从而在不减损或抵消任何成员根据 WTO 适用协定所获得的权益的情况下，维护了多边贸易体制的稳定性和可预测性。因此，虽然 WTO 裁判机构并没有对什么是最适当的审查标准给出一般的定义，但是我们可以说，到目前为止，WTO 裁判机构有关审查标准的实践是成功的。

最后，需要指出的是，审查标准的实质反映了 WTO 成员与 WTO 争端解决机构之间在权力分配和平衡中的博弈，制约审查标准的因素也是多样的。各成员方的利益与多边贸易体制之间存在着的调和与冲突。一方面各成员方均享受着多边贸易体制带来的好处，另一方面出于自身利益的考虑，各成员方总是希望在履行 WTO 义务时为实现国内政策目标留下更多的自由裁量权。很显然，WTO 成员方的自由裁量权与通过 WTO 法的统一适用来保证多边贸易体制的"稳定和可预测性"之间存在的冲突。这实际上是成员方基于自身主权的利益与所有 WTO 成员的共同利益的冲突。对多边贸易体制而言，这两种利益都是重要的。乌拉圭回合谈判的最终法律文件，体现了这两种利益的平衡。而 WTO 争端解决机制作为确保"多边贸易体制可靠性和可预测性"的一个重要因素，其目的在于"确保争端得到积极的解决"，以提高 WTO 整套规则的有效性和可信度，确保这种经过谈判得到的精巧的平衡不被破坏。审查标准的本质就在于维护成员方为实现自身政策目标而保留的自由裁量权与 WTO 规则统一性之间的平衡，这种平衡是规定在乌拉圭回合谈判的最终法律文件中的，是各方妥协的结果。这正是本书要传递的主要信息。

WTO 的争端解决机制仍然是一个相对较新的体系，实践在不断发展，"时间和从具体案例中获得的经验将可能澄清合适的审查标准"。我们有理由相信很难也没有必要通过谈判去形成一种统一适用所有争端的审查标准，WTO 裁判机构已经并将继续找到 WTO 成员方与 WTO 之间的权力的平衡点，从而有效地维护多边贸易体制的稳定性和可预测性。

第二节　尚需进一步讨论的问题

（1）专家组和上诉机构在实践中的司法能动表现其正当性何在？世界贸易组织是成员驱动的多边贸易组织。由于乌拉圭回合谈判结果的妥协性和条约用语的模糊，使得世界贸易组织专家组和上诉机构为了解决个案的妥当性而在实践中充分发挥其司法能动，创造性地提出了一些概念，如裁量性立法和义务性立法等，发展了程序性规则，如确认了 DSU 第 11 条是除反倾销领域之外的所有案件中的审查标准，发展了一整套证据规则等。这些司法能动的行为其正当性何在？如何解决高效率的争端解决机制和低效率的决策机制之间的矛盾？未来还有很长的路要走。

（2）WTO 法律与国际法之间的关系有进一步深化研究的必要。虽然目前的研究告诉我们 WTO 裁判机构对国际法所采用的审查标准与对 WTO 法所采用的审查标准是同一的或者类似的，但是未来的发展会不会带来新的变化？WTO 裁判机构与国际法院等其他国际裁判机构之间如何面对可能遇到的审查标准问题的冲突？需要做进一步关注。

（3）有关 WTO 法的案例追踪还需要继续。这是一项艰巨而又十分有意义的工作。

（4）有关中国的对策研究还需要加强，这是本书的一大遗憾。至少有如下问题需要关注：中国政府如何应对 WTO 争端解决中的审查标准问题以及如何运用世界贸易组织的争端解决机制去维护自身的合法权益？世界贸易组织有关审查标准问题的实践对中国有什么启示？对完善我们贸易救济管制制度有何帮助？甚至对我国行政法有何借鉴意义？

附　　录

附录一　缩略语（Abbreviations）

缩略语表

缩略语	中英文全称
AB	上诉机构 Appellate Body
AD	反倾销协议 Anti-Dumping Agreement（Agreement on Implementation of Article Ⅵ of the GATT 1994）
AG	农业协议 Agreement on Agriculture
ATC	纺织品与服装协定 Agreement on Textiles and Clothing
CITA	美国纺织品协议执行委员会 United States Committee for the Implementation of Textiles Agreements
DSB	争端解决机构 Dispute Settlement Body
DSU	争端解决规则和程序的谅解 Understanding on Rules and Procedures Governing the Settlement of Disputes
GATS	服务贸易总协定 General Agreement on Trade in Services
GATT 1947	关税与贸易总协定 1947General Agreement on Tariffs and Trade 1947
GATT 1994	关税与贸易总协定 1994General Agreement on Tariffs and Trade 1994
ITO	国际贸易组织 Intenational Trade Organization
SCM	补贴与反补贴措施协定 Agreement on Subsidies and Countervailing Measures
SG	保障措施协定 Agreement on Safeguards
SPS	卫生与动植物检疫措施协定 Agreement on the Application of Sanitary and Phytosanitary Measures
TBT	技术贸易壁垒协定 Agreement on Technical Barriers to Trade
TRIPS	与贸易有关的知识产权协定 Agreement on Trade-Related Aspects of Intellectual Property Rights
USITC	美国国际贸易委员会 United States International Trade Commission
VCLT	维也纳条约法公约 Vienna Convention on the Law of Treaties（1969）

缩略语	中英文全称
WP	Working Procedures for Appellate Review
WTO	Marrakesh Agreement Establishing the World Trade Organization

附录二　本书引用的案例表

一　本书引用的 GATT1947 案例表①

简称	案件全称和案号
US-*Fur Hat* 美国皮帽案	*Report on the Withdrawal by the United States of a Tariff Concession under Article X IX of the General Agreement on Tariffs and Trade*, 27 March 1951, CP/106
Swedish-*Antidumping Duties* 瑞典尼龙袜反倾销税案	Swedish-*Antidumping Duties*, Report adopted on 26 February, L/328
New Zealand-*Transformers* 新西兰对进口变压器征收反倾销税案	New Zealand-*Imports of Electrical Transformers from Finland*, Report by the Panel adopted on 18 July 1985, L/5814-32S/55
Korea-*Antidumping Dutie* 韩国反倾销税案	Korea-*Antidumping Duties on Imports of Polyacetal Resins from the United States*, Report of the Panel, ADP/92
US-*Salmon from Norway*（AD）美国鲑鱼反倾销税案	United States-*Imposition of Anti-dumping duties on Imports of Fresh and Chilled Atlantic Salmon from Norway*, Report of the Panel adopted by the Committee on Anti-Dumping Practices on 27 April 1994（ADP/87）
US-*Salmon from Norway*（CD）美国鲑鱼反补贴税案	United States-*Imposition of Countervailing duties on Imports of Fresh and Chilled Atlantic Salmon from Norway*, Report of the Panel adopted by the Committee on Subsidies and Countervailing Measures on 28April 1994（SCM/153）
US-*Tobacco* 美国烟草案	United States-*Measures Affecting the Importation*, Internal Sale and Use of Tobacco-Report of the Panel, 12/08/1994. GATT Doc. DS44/R
US-*Section 337* 美国 1930 年关税法第 337 节案	United States-*Section 337 of the Tariff Act of 1930*-Report by the Panel, adopted on 7 November 1989

① 按文中引用次序排序。

续表

简称	案件全称和案号
US-*Softwood Lumber* 美国软木案	United States-*Measures Affecting Imports of Softwood Lumber from Canada*, Report by the Panel adopted on 19 February 1993, SCM/162
Korea-*Beef* 韩国牛肉案	Republic of Korea—*Restrictions on Imports of Beef* —complaint by Australia（BISD 36S/202）, GATT DOC. L/6504

二　本书引用的 WTO 案例表[①]

简称	案件全称和案号
美国精炼汽油案	United States-*Standards for Reformulated and Conventional Gasoline*, WT/DS2/AB/R, adopted 20 May 1996
欧共体荷尔蒙案	EC-*Measures Concerning Meat and Meat Products*（EC - Hormones）, WT/DS26/AB/R, WT/DS48/AB/R, adopted 13 February 1998
日本酒精饮料案 II	Japan-*Taxes on Alcoholic Beverages*, WT/DS8/AB/R, WT/DS10/AB/R, WT/DS11/AB/R, adopted 1 November 1996
美国海龟海虾案	United States-*Import Prohibition of Certain Shrimp and Shrimp Products*, WT/DS58/AB/R, adopted 6 November 1998
印度专利案（美国）	India-*Patent Protection for Pharmaceutical and Agricultural Chemical Products*, WT/DS50/AB/R, adopted 16 January 1998
加拿大飞机案	Canada-*Measures Affecting the Export of Civilian Aircraft*, WT/DS70/AB/R, adopted 20 August 1999
欧共体鸡块案	European Communities-*Customs Classification of Frozen Boneless Chicken Cuts*, WT/DS269/AB/R, WT/DS286/AB/R, adopted 27 September 2005
美国赌博案	United States-*Measures Affecting the Cross-Border Supply of Gambling and Betting Services*, WT/DS285/AB/R, adopted 20 April 2005
印度数量限制案	India-*Quantitative Restrictions on Imports of Agricultural, Textile and Industrial Products*, WT/DS90/AB/R, adopted 22 September 1999
加拿大奶制品案	Canada-*Measures Affecting the Importation of Milk and the Exportation of Dairy Products*, WT/DS103/AB/R, WT/DS113/AB/R, and Corr. 1, adopted 27 October 1999

---

① 按文中引用次序排序。

续表

简称	案件全称和案号
美国棉纱案	United States—Transitional Safeguard Measure on Combed Cotton Yarn from Pakistan，WT/DS192/AB/R，8 October 2001
韩国奶制品案	Korea-Definitive Safeguard Measure on Imports of Certain Dairy Products，WT/DS98/AB/R，adopted 12 January 2000
欧共体食糖出口补贴案	European Communities-Export Subsidies on Sugar，Complaint by Australia，WT/DS265/R，adopted 19 May 2005
美国伯德修正案	United States-Anti-Dumping Measures on Oil Country Tubular Goods（OCTG）from Mexico，WT/DS282/AB/R，adopted 28 November 2005
美国 1916 年反倾销法案	United States-Anti-dumping Act of 1916，WT/DS162/AB/R，adopted 28 August 2000
美国内衣案	United States-Restrictions on Imports of Cotton and Man-made Fibre Underwear，WT/DS24/R，adopted 25 February 1997
美国羊毛衫案	United States-Measure Affecting Imports of Woven Wool Shirts and Blouses from India，WT/DS33/AB/R，adopted 23 May 1997，and Corr. 1
阿根廷鞋类案	Argentina—Safeguard Measures on Imports of Footwear，WT/DS121/AB/R，adopted 12 January 2000
美国羊肉案	United States-Safeguard Measures on Imports of Fresh，Chilled or Frozen Lamb Meat from New Zealand and Australia，WT/DS177/AB/R，adopted 1 May，2001
美国铅铋钢Ⅱ反补贴税案	United States-Imposition of Countervailing Duties on Certain Hot-Rolled Lead and Bismuth Carbon Steel Products Originating in the United Kingdom，WT/DS138/AB/R，adopted 7 June 2000
美国热轧钢案	Anti-dumping Measures on Certain Hot-Rolled Steel Products from Japan，WT/DS184/AB/R，adopted 24 July 2001
危地马拉水泥案	Guatemala-Anti-Dumping Investigation Regarding Portland Cement from Mexico，WT/DS60/AB/R，adopted 25 November 1998
美国 DRAMS 反补贴税调查案	United States-Countervailing Duty Investigation on Dynamic Random Access Memory Semiconductors（DRAMS）from Korea，WT/DS296/AB/R，adopted 20 July 2005
美国针叶木材Ⅵ案	United States-Investigation of the International Trade Commission in Softwood Lumber from Canada-Recourse to Article 21.5 of the DSU by Canada，WT/DS277/AB/RW，adopted 9 May 2006，and Corr. 1
美国石油管状产品日落复审案	United States-Sunset Reviews of Anti-Dumping Measures on Oil Country Tubular Goods from Argentina，WT/DS268/AB/R，adopted 17 December 2004
美国不锈钢产品最终反倾销措施案（墨西哥）	United States-Final Anti-Dumping Measures on Stainless Steel from Mexico，WT/DS344/AB/R，adopted 20 May 2008

续表

简称	案件全称和案号
泰国香烟案	*Thailand - Customs and Fiscal Measures on Cigarettes from the Philippines*，WT/DS371/AB/R，adopted 15 July 2011
美国民用大型飞机案（第二次起诉）	*United States - Measures Affecting Trade in Large Civil Aircraft（Second Complaint）*，WT/DS353/AB/R，adopted 23 March 2012
中国取向电工案	*China - Countervailing and Anti - Dumping Duties on Grain Oriented Flat-Rolled Electrical Steel from the United States*，WT/DS414/AB/R，adopted 16 November 2012
智利农产品价格幅度机制案	Chile—Price Band System and Safeguard Measures Relating to Certain Agricultural Products，WT/DS207/AB/R，adopted 23 September 2002
欧共体大型民用飞机案	*European Communities and Certain Member States - Measures Affecting Trade in Large Civil Aircraft*，WT/DS316/AB/R，adopted 1 June 2011
欧共体家禽案	*European Communities—Measures Affecting Importation of Certain Poultry Products*，WT/DS69/AB/R，adopted 13 July 1998
韩国酒类税案	*Korea—Taxes on Alcoholic Beverages*，WT/DS75/AB/R，18 January 1999
欧共体沙丁鱼案	*European Communities - Trade Description of Sardines*，WT/DS231/AB/R，26 September 2002
美国碳钢案	*United States—Countervailing Duties on Certain Corrosion - Resistant Carbon Steel Flat Products from Germany*，WT/DS213/AB/R，28 November 2002
美国原产国标签要求案	*United States-Certain Country of Origin Labelling（COOL）Requirements*，WT/DS384/AB/R / WT/DS386/AB/R，adopted 23 July 2012
日本农产品措施案	*Japan—Measures Affecting Agricultural Products*，WT/DS76/AB/R，22 February 1999
欧共体床上用品案	*European Communities—Anti - Dumping Duties on Imports of Cotton - type Bed Linen from India*，WT/DS141/AB/RW，adopted 8 April 2003
日本影响苹果进口措施案	*Japan—Measures Affecting the Importation of Apples*，WT/DS245/AB/R，26 November 2003
澳大利亚鲑鱼案	*Australia—Measures Affecting Importation of Salmon*，WT/DS18/AB/R，20 October 1998
加拿大小麦出口与谷物进口案	*Canada-Measures Relating to Exports of Wheat and Treatment of Imported Grain*，WT/DS276/AB/R，adopted 27 September 2004
欧盟紧固件案	*European Communities - Definitive Anti - Dumping Measures on Certain Iron or Steel Fasteners from China*，WT/DS397/AB/R，adopted 28 July 2011

简称	案件全称和案号
美国金枪鱼 II 案	*United States - Measures Concerning the Importation, Marketing and Sale of Tuna and Tuna Products*, WT/DS381/AB/R, adopted 13 June 2012
欧共体石棉案	*European Communities - Measures Affecting Asbestos and Asbestos - Containing Products*, WT/DS135/AB/R, adopted 5 April 2001
美国小麦面筋案	*United States — Definitive Safeguard Measures on Imports of Wheat Gluten from the European Communities*, WT/DS166/R, 31 July 2000
日本 DRAMS 案	*Japan - Countervailing Duties on Dynamic Random Access Memories from Korea*, WT/DS336/AB/R and Corr. 1, adopted 17 December 2007
美国轮胎案（中国）	*United States - Measures Affecting Imports of Certain Passenger Vehicle and Light Truck Tyres from China*, WT/DS399/AB/R, adopted 5 October 2011
美国双反案（中国）	*United States - Definitive Anti - Dumping and Countervailing Duties on Certain Products from China*, WT/DS379/AB/R, adopted 25 March 2011
美国 301 条款案	*United Stated - Sections 301 - 310 of the Trade Act of 1974*, WT/DS152/R, report of the panel, 22 December 1999
美国《1998 年综合拨款法》第 211 节案	*United States - Section 211 Omnibus Appropriations Act of 1998*, WT/DS176/AB/R, adopted 1 February 2002
加拿大化学药品专利案	*Canada - Patent Protection of Pharmaceutical Products*, WT/DS114/R, adopted 7 April 2000
美国版权法 110 (5) 案	*United States - Section 110 (5) of the US Copyright Act*, WT/DS160/R, adopted 27 July 2000
欧共体香蕉案	*European Communities - Regime for the Importation, Sale and Distribution of Bananas*, WT/DS27/AB/R, adopted 25 September 1997
韩国政府采购案	*Korea - Measures Affecting Government Procurement*, WT/DS163/R, adopted 19 June 2000
美国外国公司销售案	*United States - Tax Treatment for "Foreign Sales Corporations"*, WT/DS108/AB/R, adopted 20 March 2000
欧共体电脑设备案	*European Communities - Customs Classification of Certain Computer Equipment*, WT/DS62/R, WT/DS67/R, WT/DS68/R, adopted 22 June 1998
泰国钢铁案	*Thailand - Anti - Dumping Duties on Angles, Shapes and Sections of Iron or Non - Alloy Steel and H - Beams from Poland*, WT/DS122/AB/R, adopted 5 April 2001
欧共体柔性铸铁管案	*European Communities - Anti - Dumping Duties on Malleable Cast Iron Tube or Pipe Fittings from Brazil*, WT/DS219/AB/R, adopted 18 August 2003

附录三　涉及审查标准问题的上诉机构报告列表①

涉及审查标准问题的上诉机构报告列表

案号	上诉机构报告名称	涉及条文
WT/DS26/AB/R, WT/DS48/AB/R	*EC Measures Concerning Meat and Meat Products (Hormones), WT/DS26/AB/R, WT/DS48/AB/R, adopted 13 February 1998*	DSU 第 11 条, AD 第 17.6 条
WT/DS121/AB/R	*Argentina – Safeguard Measures on Imports of Footwear, WT/DS121/AB/R, adopted 12 January 2000*	DSU 第 11 条
WT/DS138/AB/R	*United States–Imposition of Countervailing Duties on Certain Hot-Rolled Lead and Bismuth Carbon Steel Products Originating in the United Kingdom, WT/DS138/AB/R, adopted 7 June 2000*	DSU 第 11 条, AD 第 17.6 条
WT/DS184/AB/R	*United States – Anti – Dumping Measures on Certain Hot – Rolled Steel Products from Japan, WT/DS184/AB/R, adopted 23 August 2001*	DSU 第 11 条, AD 第 17.6 条
WT/DS192/AB/R	*United States – Transitional Safeguard Measure on Combed Cotton Yarn from Pakistan, WT/DS192/AB/R, adopted 5 November 2001*	DSU 第 11 条
WT/DS296/AB/R	*United States–Countervailing Duty Investigation on Dynamic Random Access Memory Semiconductors (DRAMS) from Korea, WT/DS296/AB/R, adopted 20 July 2005*	DSU 第 11 条
WT/DS277/AB/RW	*United States–Investigation of the International Trade Commission in Softwood Lumber from Canada–Recourse to Article 21.5 of the DSU by Canada, WT/DS277/AB/RW, adopted 9 May 2006, and Corr. 1*	DSU 第 11 条, AD 第 17.6 条
WT/DS268/AB/RW	*United States–Sunset Reviews of Anti-Dumping Measures on Oil Country Tubular Goods from Argentina – Recourse to Article 21.5 of the DSU by Argentina, WT/DS268/AB/RW, adopted 11 May 2007*	DSU 第 11 条
WT/DS344/AB/R	*United States – Final Anti – Dumping Measures on Stainless Steel from Mexico, WT/DS344/AB/R, adopted 20 May 2008*	DSU 第 11 条, AD 第 17.6 条
WT/DS371/AB/R	*Thailand–Customs and Fiscal Measures on Cigarettes from the Philippines, WT/DS371/AB/R, adopted 15 July 2011*	DSU 第 11 条

① 截止日期为 2012 年 12 月，根据世界贸易组织官方网站资料整理而成。资料来源：世界贸易官方网站，http://www.wto.org。

案号	上诉机构报告名称	涉及条文
WT/DS353/AB/R	*United States – Measures Affecting Trade in Large Civil Aircraft （Second Complaint）*, WT/DS353/AB/R, adopted 23 March 2012	DSU 第 11 条
WT/DS414/AB/R	*China–Countervailing and Anti–Dumping Duties on Grain Oriented Flat–Rolled Electrical Steel from the United States*, WT/DS414/AB/R, adopted 16 November 2012	DSU 第 11 条
WT/DS69/AB/R	*European Communities–Measures Affecting the Importation of Certain Poultry Products*, WT/DS69/AB/R, adopted 23 July 1998	DSU 第 11 条
WT/DS207/AB/R	*Chile–Price Band System and Safeguard Measures Relating to Certain Agricultural Products*, WT/DS207/AB/R, adopted 23 October 2002	DSU 第 11 条
WT/DS285/AB/R	*United States–Measures Affecting the Cross–Border Supply of Gambling and Betting Services*, WT/DS285/AB/R, adopted 20 April 2005, DSR 2005	DSU 第 11 条
WT/DS302/AB/R	*Dominican Republic–Measures Affecting the Importation and Internal Sale of Cigarettes*, WT/DS302/AB/R, adopted 19 May 2005	DSU 第 11 条
WT/DS308/AB/R	*Mexico–Tax Measures on Soft Drinks and Other Beverages*, WT/DS308/AB/R, adopted 24 March 2006	DSU 第 11 条
WT/DS294/AB/R	*United States–Laws, Regulations and Methodology for Calculating Dumping Margins （"Zeroing"）*, WT/DS294/AB/R, adopted 9 May 2006, and Corr. 1	DSU 第 11 条
WT/DS207/AB/RW	*Price Band System and Safeguard Measures Relating to Certain Agricultural Products – Recourse to Article 21.5 of the DSU by Argentina*, WT/DS207/AB/RW, adopted 22 May 2007	DSU 第 11 条
WT/DS336/AB/R	*Japan – Countervailing Duties on Dynamic Random Access Memories from Korea*, WT/DS336/AB/R and Corr. 1, adopted 17 December 2007	DSU 第 11 条
WT/DS320/AB/R WT/DS321/AB/R	*United States – Continued Suspension of Obligations in the EC– Hormones Dispute*, WT/DS320/AB/R, adopted 14 November 2008	DSU 第 11 条
WT/DS379/AB/R	*United States–Definitive Anti–Dumping and Countervailing Duties on Certain Products from China*, WT/DS379/AB/R, adopted 25 March 2011	DSU 第 11 条
WT/DS316/AB/R	*European Communities and Certain Member States–Measures Affecting Trade in Large Civil Aircraft*, WT/DS316/AB/R, adopted 1 June 2011	DSU 第 11 条
WT/DS397/AB/R	*European Communities – Definitive Anti–Dumping Measures on Certain Iron or Steel Fasteners from China*, WT/DS397/AB/R, adopted 28 July 2011	DSU 第 11 条

案号	上诉机构报告名称	涉及条文
WT/DS396/AB/R	*Philippines-Taxes on Distilled Spirits*, WT/DS396/AB/R / WT/DS403/AB/R, adopted 20 January 2012	DSU 第 11 条
WT/DS403/AB/R	*Philippines-Taxes on Distilled Spirits*, WT/DS396/AB/R / WT/DS403/AB/R, adopted 20 January 2012	DSU 第 11 条
WT/DS353/AB/R	*United States – Measures Affecting Trade in Large Civil Aircraft (Second Complaint)*, WT/DS353/AB/R, adopted 23 March 2012	DSU 第 11 条
WT/DS384/AB/R WT/DS386/AB/R	*United States-Certain Country of Origin Labelling (COOL) Requirements*, WT/DS384/AB/R / WT/DS386/AB/R, adopted 23 July 2012	DSU 第 11 条
WT/DS412/AB/R WT/DS426/AB/R	*Canada-Certain Measures Affecting the Renewable Energy Generation Sector / Canada-Measures Relating to the Feed-in Tariff Program*, WT/DS412/AB/R / WT/DS426/AB/R, adopted 24 May 2013	DSU 第 11 条
WT/DS276/AB/R	*Canada – Measures Relating to Exports of Wheat and Treatment of Imported Grain*, WT/DS276/AB/R, adopted 27 September 2004	DSU 第 11 条
WT/DS18/AB/R	*Australia-Measures Affecting Importation of Salmon*, WT/DS18/AB/R, adopted 6 November 1998	DSU 第 11 条
WT/DS/75AB/R WT/DS/84AB/R	*Korea – Taxes on Alcoholic Beverages*, WT/DS75/AB/R, WT/DS84/AB/R, adopted 17 February 1999	DSU 第 11 条
WT/DS76/AB/R	*Japan – Measures Affecting Agricultural Products*, WT/DS76/AB/R, adopted 19 March 1999	DSU 第 11 条
WT/DS90/AB/R	*India-Quantitative Restrictions on Imports of Agricultural, Textile and Industrial Products*, WT/DS90/AB/R, adopted 22 September 1999	DSU 第 11 条
WT/DS98/AB/R	*Korea-Definitive Safeguard Measure on Imports of Certain Dairy Products*, WT/DS98/AB/R, adopted 12 January 2000	DSU 第 11 条
WT/DS166/AB/R	*United States-Definitive Safeguard Measures on Imports of Wheat Gluten from the European Communities*, WT/DS166/AB/R, adopted 19 January 2001	DSU 第 11 条
WT/DS58/AB/RW	*United States – Import Prohibition of Certain Shrimp and Shrimp Products-Recourse to Article 21.5 of the DSU by Malaysia*, WT/DS58/AB/RW, adopted 21 November 2001	DSU 第 11 条
WT/DS135/AB/R	*European Communities-Measures Affecting Asbestos and Asbestos-Containing Products*, WT/DS135/AB/R, adopted 5 April 2001	DSU 第 11 条
WT/DS231/AB/R	*European Communities-Trade Description of Sardines*, WT/DS231/AB/R, adopted 23 October 2002	DSU 第 11 条

案号	上诉机构报告名称	涉及条文
WT/DS213/AB/R	*United States – Countervailing Duties on Certain Corrosion – Resistant Carbon Steel Flat Products from Germany*, WT/DS213/AB/R and Corr. 1, adopted 19 December 2002	DSU 第 11 条
WT/DS141/AB/R	*European Communities—Anti–Dumping Duties on Imports of Cotton–Type Bed Linen from India*, WT/DS141/AB/R, adopted 12 March 2001	DSU 第 11 条, AD 第 17.6 条
WT/DS245/AB/R	*Japan – Measures Affecting the Importation of Apples*, WT/DS245/AB/R, adopted 10 December 2003	DSU 第 11 条
WT/DS268/AB/R	*United States—Sunset Reviews of Anti–Dumping Measures on Oil Country Tubular Goods from Argentina*, WT/DS268/AB/R, adopted 17 December 2004	DSU 第 11 条
WT/DS267/AB/R	*United States – Subsidies on Upland Cotton*, WT/DS267/AB/R, adopted 21 March 2005	DSU 第 11 条
WT/DS295/AB/R	*Mexico – Definitive Anti – Dumping Measures on Beef and Rice, Complaint with Respect to Rice*, WT/DS295/AB/R, adopted 20 December 2005	DSU 第 11 条
WT/DS315/AB/R	*European Communities – Selected Customs Matters*, WT/DS315/AB/R, adopted 11 December 2006	DSU 第 11 条
WT/DS322/AB/R	*United States—Measures Relating to Zeroing and Sunset Reviews*, WT/DS322/AB/R, adopted 23 January 2007	DSU 第 11 条, AD 第 17.6 条
WT/DS332/AB/R	*Brazil—Measures Affecting Imports of Retreaded Tyres*, WT/DS332/AB/R, adopted 17 December 2007	DSU 第 11 条
WT/DS267/AB/RW	*United States – Subsidies on Upland Cotton*, WT/DS267/AB/R, adopted 21 March 2005	DSU 第 11 条
WT/DS350/AB/R	*United States – Continued Existence and Application of Zeroing Methodology*, WT/DS350/AB/R, adopted 19 February 2009	DSU 第 11 条, AD 第 17.6 条
WT/DS367/AB/R	*Australia—Measures Affecting the Importation of Apples from New Zealand*, WT/DS367/AB/R, adopted 17 December 2010	DSU 第 11 条
WT/DS399/AB/R	*United States – Measures Affecting Imports of Certain Passenger Vehicle and Light Truck Tyres from China*, WT/DS399/AB/R, adopted 5 October 2011	DSU 第 11 条
WT/DS394/AB/R WT/DS395/AB/R WT/DS398/AB/R	*China—Measures Related to the Exportation of Various Raw Materials*, WT/DS394/AB/R / WT/DS395/AB/R / WT/DS398/AB/R, adopted 22 February 2012	DSU 第 11 条
WT/DS406/AB/R	*United States—Measures Affecting the Production and Sale of Clove Cigarettes*, WT/DS406/AB/R, adopted 24 April 2012	DSU 第 11 条
WT/DS381/AB/R	*United States—Measures Concerning the Importation, Marketing and Sale of Tuna and Tuna Products*, WT/DS381/AB/R, adopted 13 June 2012	DSU 第 11 条

案号	上诉机构报告名称	涉及条文
WT/DS177/AB/R WT/DS178/AB/R	*United States – Safeguard Measures on Imports of Fresh, Chilled or Frozen Lamb Meat from New Zealand and Australia*, WT/DS177/AB/R, WT/DS178/AB/R, adopted 16 May 2001	DSU 第 11 条
WT/DS248/AB/R WT/DS249/AB/R WT/DS251/AB/R WT/DS252/AB/R WT/DS253/AB/R WT/DS254/AB/R WT/DS258/AB/R WT/DS259/AB/R	*United States – Definitive Safeguard Measures on Imports of Certain Steel Products*, WT/DS248/AB/R, WT/DS249/AB/R, WT/DS251/AB/R, WT/DS252/AB/R, WT/DS253/AB/R, WT/DS254/AB/R, WT/DS258/AB/R, WT/DS259/AB/R, adopted 10 December 2003	DSU 第 11 条
WT/DS122/AB/R	*Thailand – Anti-Dumping Duties on Angles, Shapes and Sections of Iron or Non-Alloy Steel and H-Beams from Poland*, WT/DS122/AB/R, adopted 5 April 2001	AD 第 17.6 条
WT/DS132/AB/RW	*Mexico-Anti-Dumping Investigation of High Fructose Corn Syrup (HFCS) from the United States-Recourse to Article 21.5 of the DSU by the United States*, WT/DS132/AB/RW, adopted 21 November 2001	AD 第 17.6 条
WT/DS/219/AB/R	*European Communities-Anti-Dumping Duties on Malleable Cast Iron Tube or Pipe Fittings from Brazil*, WT/DS219/AB/R, adopted 18 August 2003	AD 第 17.6 条
WT/DS264/AB/R	*United States – Final Dumping Determination on Softwood Lumber from Canada*, WT/DS264/AB/R, adopted 31 August 2004	AD 第 17.6 条
WT/DS264/AB/RW	*United States – Final Dumping Determination on Softwood Lumber from Canada-Recourse to Article 21.5 of the DSU by Canada*, WT/DS264/AB/RW, adopted 1 September 2006	AD 第 17.6 条

参考文献

一 中文类著作

安妮·O. 克格鲁:《作为国际组织的 WTO》,黄理平、彭利平、刘军等译,上海人民出版社 2002 年版。

本杰明·卡多佐:《司法过程的性质》,商务印书馆 2005 年版。

伯纳德·霍尔曼等:《世界贸易体制的政治经济学——从 GATT 到世界贸易组织》,刘平等译,法律出版社 1999 年版。

伯纳德·霍克曼、迈克尔·考斯泰基:《世界贸易体制的政治经济学——从关贸总协定到世界贸易组织》,刘平、洪晓东、许明德等译,法律出版社 2000 年版。

布瑞恩·麦克唐纳:《世界贸易体制——从乌拉圭回合谈起》,叶兴国译,上海人民出版社 2002 年版。

曹建明、贺小勇:《世界贸易组织》(第二版),法律出版社 2004 年版。

陈欣:《WTO 争端解决中的法律解释》,北京大学出版社 2010 年版。

程红星:《WTO 司法哲学的能动主义之维》,北京大学出版社 2006 年版。

戴维·赫尔德:《民主的模式》,中央编译出版社 2008 年版。

E. 博登海默:《法理学——法律哲学与法律方法》,邓正来译,中国政法大学出版社 2004 年版。

冯军:《WTO 案例集》(2001)(上、下册),上海人民出版社 2002 年版。

冯寿波:《〈WTO 协定〉与条约解释——理论与实践》,知识产权出版社 2015 年版。

龚柏华:《WTO 案例集》(2002),上海人民出版社 2003 年版。

龚柏华:《WTO 案例集》(2003),上海人民出版社 2004 年版。

龚柏华:《WTO 案例集》(2004),上海人民出版社 2005 年版。

龚柏华:《WTO 案例集》(2005),上海人民出版社 2006 年版。

龚柏华:《WTO 案例集》(2006),上海人民出版社 2007 年版。

龚柏华:《WTO 案例集》(2007),上海人民出版社 2008 年版。

龚柏华:《WTO 案例集》(2008),上海人民出版社 2009 年版。

韩立余:《GATT/WTO 案例及评析》(上卷)(1948—1995),中国人民大学出版社 2002 年版。

韩立余:《GATT/WTO 案例及评析》(下卷)(1948—1995),中国人民大学出版社 2002 年版。

韩立余:《WTO 案例及评析》(上卷)(1995—1999),中国人民大学出版社 2001 年版。

韩立余:《WTO 案例及评析》(下卷)(1995—1999),中国人民大学出版社 2001 年版。

韩立余:《WTO 案例及评析》(2000),中国人民大学出版社 2001 年版。

韩立余:《WTO 案例及评析》(2001),中国人民大学出版社 2002 年版。

韩立余:《既往不咎——WTO 争端解决机制研究》,北京大学出版社 2009 年版。

韩秀丽:《论 WTO 法中的比例原则》,厦门大学出版社 2007 年版。

贺小勇:《国际贸易争端解决与中国对策研究——以 WTO 为视角》,法律出版社 2006 年版。

黄东黎、杨国华:《世界贸易组织法:理论、条约、中国案例》,社会科学文献出版社 2013 年版。

纪文华、姜丽勇:《WTO 争端解决规则与中国的实践》,北京大学出版社 2005 年版。

蒋红珍:《论比例原则——政府规制工具选择的司法评价》,法律出版社 2010 年版。

克里斯托夫·沃尔夫：《司法能动主义——自由的保障还是安全的威胁》，黄金荣译，中国政法大学出版社 2004 年版。

李浩培：《条约法概论》，法律出版社 2003 年版。

李居迁：《WTO 争端解决机制》，中国财政经济出版社 2001 年版。

李双元：《世贸组织规则研究的理论与案例》，人民法院出版社 2003 年版。

李小年：《WTO 法律规则和争端解决机制》，上海财经大学出版社 2000 年版。

刘敬东：《WTO 法律制度中的善意原则》，社会科学文献出版社 2009 年版。

吕微平：《WTO 争端解决机制的正当程序研究——以专家组证据规则和审查标准为视角》，法律出版社 2014 年版。

罗豪才：《行政法学》，中国政法大学出版社 1999 年版。

［意］莫诺·卡佩莱蒂：《比较法视野中的司法程序》，徐昕、王奕译，清华大学出版社 2005 年版。

帕尔米特、马弗鲁第斯：《WTO 中的争端解决：实践与程序》（第 2 版），罗培新译，北京大学出版社 2005 年版。

彭溆：《论世界贸易组织争端解决中的司法造法》，北京大学出版社 2008 年版。

邵沙平：《国际法》（第二版），中国人民大学出版社 2010 年版。

沈桥林：《从世贸组织看国家主权》，法律出版社 2007 年版。

世界贸易组织秘书处：《贸易走向未来》，张江波、索必成译，法律出版社 1995 年版。

王铁崖：《国际法引论》，北京大学出版社 1998 年版。

徐国栋：《民法基本原则解释——成文法局限性之克服》，中国政法大学出版社 1992 年版。

徐昕、张磊：《WTO 争端解决机制的法理》，上海三联书店 2011 年版。

杨国华：《WTO 中国案例评析》，知识产权出版社 2015 年版。

杨国华等：《WTO 争端解决程序详解》，中国方正出版社 2004 年版。

余民才:《国际法专论》,中信出版社 2003 年版。

余敏友、左海聪:《WTO 争端解决机制概论》,上海人民出版社 2001 年版。

[澳] 约瑟夫·A. 凯米莱里、吉米·福尔克:《主权的终结?——日趋"缩小"和"碎片化的世界政治"》,李东燕译,浙江人民出版社 2001 年版。

[美] 约翰·H. 杰克逊:《GATT/WTO 法理与实践》,张玉卿、李成钢等译,新华出版社 2002 年版。

[美] 约翰·H. 杰克逊:《国家主权与 WTO——变化中的国际法基础》,赵龙跃、左海聪、盛建明译,社会科学文献出版社 2009 年版。

[美] 约翰·H. 杰克逊:《世界贸易体制——国际经济关系的法律与政策》,张乃根译,新华出版社 2002 年版。

曾华群:《国际经济新秩序与国际经济法新发展》,法律出版社 2009 年版。

曾令良:《21 世纪初的国际法与中国》,武汉大学出版社 2005 年版。

詹宁斯、瓦茨修订:《奥本海国际法》,王铁崖等译,中国大百科全书出版社 1995 年版。

张东平:《WTO 司法解释论》,厦门大学出版社 2005 年版。

赵维田:《WTO 的司法机制》,上海人民出版社 2004 年版。

赵维田:《美国——对某些虾及虾制品进口限制措施案》,上海人民出版社 2003 年版。

赵维田:《世贸组织 (WTO) 的法律制度》,吉林人民出版社 2000 年版。

朱榄叶:《世界贸易组织国际贸易纠纷案例评析》(1995—2002),法律出版社 2003 年版。

朱榄叶:《世界贸易组织国际贸易纠纷案例评析》(2003—2006),法律出版社 2008 年版。

朱榄叶:《世界贸易组织国际贸易纠纷案例评析》(2007—2009),法律出版社 2010 年版。

朱榄叶:《世界贸易组织国际贸易纠纷案例评析》(2010—2012),

法律出版社 2013 年版。

朱榄叶：《世界贸易组织国际贸易纠纷案例评析》（2013—2015），法律出版社 2016 年版。

朱榄叶：《世界贸易组织国际贸易纠纷案例评析》，法律出版社 2000 年版。

朱文奇：《国际条约法》，中国人民大学出版社 2008 年版。

二 中文类论文

边巴拉姆：《略论国际法原则下西藏的法律地位》，《西藏研究》2014 年第 2 期。

程红星：《WTO 争端解决中的司法能动主义》，《国际经济法学刊》2005 年第 2 期。

邓栗：《美国行政解释的司法审查标准——谢弗林案之后的发展》，《行政法学研究》2013 年第 1 期。

冯佳：《论 WTO 争端解决机制中的审查标准》，硕士学位论文，西南政法大学，2005 年。

高建学、刘茂勇：《世界贸易组织争端解决机制中专家组判案的审查标准》，载沈四宝主编《国际商法论丛》第 5 卷，法律出版社 2003 年版。

高秦伟：《政策形成与司法审查——美国谢弗林案之启示》，《浙江学刊》2006 年第 6 期。

韩立余：《善意原则在 WTO 争端解决中的适用》，《法学家》2005 年第 6 期。

贺艳：《WTO 反倾销法中的审查标准问题探究》，《国际经济法学刊》2005 年第 3 期。

黄萍：《经济全球化背景下国家主权原则研究》，博士学位论文，大连海事大学，2010 年。

纪文华：《WTO 争端解决中对政府决定的审查标准研究》，《国际经济法论丛》2002 年第 1 期。

刘勇：《尽力维护 WTO 争端解决程序的统一性——也谈 WTO 争端解决机构对〈反倾销协定〉第 17.6 条（ii）项的适用》，《世界贸易组织动态与研究》2006 年第 7 期。

罗文正：《世界贸易组织法律文本中的审查标准探析》，《法学杂志》2011 年第 11 期。

罗文正：《世界贸易组织审查标准制度源流考——以乌拉圭回合谈判为主要线索》，《衡阳师范学院学报》2015 年第 4 期。

罗文正、丁妍：《论世界贸易组织法律体制中的审查标准》，《衡阳师范学院学报》2013 年第 1 期。

缪剑文：《WTO 案例译评：1999 年美韩 DRAMs 反倾销税案》，载《国际经济法论丛》第 7 卷，法律出版社 2003 年版。

齐飞：《论 GATT1994 第 20 条的义务结构——一个基于善意原则与审查标准理论的分析》，《国际经济法学刊》2010 年第 3 期。

唐青阳：《WTO 规则的法解释学初探》，《现代法学》2003 年第 10 期。

王国龙：《论社会和谐与司法克制主义——以法律解释为视角》，《山东社会科学》2007 年第 10 期。

肖夏：《保障措施领域 DSB 的审查标准问题探析》，《武大国际法评论》2010 年第 S1 期。

杨国华：《为什么 WTO 模范国际法》，《国际商务研究》2016 年第 6 期。

杨泽伟：《国际秩序与国家主权关系探析》，《法律科学（西北政法学院学报）》2004 年第 6 期。

杨泽伟：《论全球化与国家主权的互动》，《淮阴师范学院学报》（哲学社会科学版）2004 年第 5 期。

叶波：《WTO 健康和安全争端中的审查标准》，《法学评论》2009 年第 2 期。

张榕：《司法克制下的司法能动》，《现代法学》2008 年第 2 期。

赵维田：《"审查标准"：WTO 司法体制中的一个难题》，《外国法译丛》1997 年第 3 期。

赵维田：《垂范与指导作用——WTO 体制中"事实上"的先例原则》，《国际贸易》2003 年第 9 期。

赵维田：《论 GATT/WTO 解决争端机制》，《法学研究》1997 年第三期。

朱广东：《WTO争端解决中的"司法克制"及其理性启示》，《国际经济法学刊》2005年第2期。

朱广东：《WTO争端解决中的司法克制及其对我国的启示》，《法律科学》2007年第1期。

三　中文类网络资料

《世界贸易组织法律文本——乌拉圭回合多边贸易谈判结果》（中英文），at http：//www.chinalawinfo.com，2003年1月5日。

朱榄叶：《论WTO争端解决报告的效力》，at http：//www.gjf.ecupl.edu.cn/display_ topic_ threads.asp？ ForumID＝32&TopicID＝360，2006年7月22日。

四　外文类著作

Appellate Body Secretariat，*WTO Appellate Body Repertory of Reports and Awards*（1995—2013），Cambridge University Press，2013.

Bernard Schwartz，*Administrative Law*，3rd edition，Little Brown and Company，1991.

Catherine Button，*The Power to Protect：Trade Health and Uncertainty in the WTO*，Hart Publishing，2004.

Chen Bing，*General Principles of Law as Applied by International Courts and Tribunals*，Cambridge：Grotius Publications Limited，1987.

Cottier，Thomas and Mavroidis，Petros C.，"Concluding Remarks"，in Cottier，Thomas and Mavroidis，Petros C.（eds.），*The Role of Judge in International Trade Regulation：Experience and Lessons for the WTO*，The University of Michigan Press，2003.

David Palmeter and Petros C.Mavroidis，*Dispute Settlement in the World Trade Organization：Practice and Procedure*，Cambridge University Press，2004.

E－U Petersmann，*the GATT/WTO Dispute Settlement System*，Kluwer Law International LTD，1997.

Federico Ortino and E-U Petersmann, *The WTO Dispute Settlement System*1995—2003, Kluwe law International, 2004.

Henry Campbell Black, *Black Law's Dictionary* (5th Edition), West Publishing Co., 1979.

Hudec Robert E., *Enforcing International Trade Law: The Evolution of the Modern GATT Legal System*, Butterworth Legal Publishers, 1993.

J.F. O'Connor, "*Good Faith in English Law*", Dartmouth Publishing Company Limited, 1990.

J.F.O'Connor, "*Good Faith in International Law*", Dartmouth Publishing Company Limited, 1991.

John Collier and Vaughan Lowe, *The Settlement of Dispute in Internation Law*, Oxford University Press, 2000.

John H.Jackson, *Sovereignty, the WTO and Changing Fundamentals of Intrernational Law*, Cambridge University Press, 2006.

John H.Jackson, *The Jurisprudence of GATT and the WTO: Insights on Treaty Law and Economic Relations*, Cambridge University Press, 2000.

John H.Jackson, *the World Trade Organization: Constitution and Jurisprudence*, London: Royal Institute of International Affair, 1998.

John H.Jackson, *The World Trade Organization: Constitution and Jurisprudence*, London: Royal Institute of International Affair, 1998.

John H.Jackson, *The World Trading System: Law and Policy of International Economic Relations*, 2nd edition, The MIT Press, 1997.

John H.Jackson, *World Trade and the Law of GATT*, the Bobbs-Merrill Company Inc., 1969.

John H.Jackson, "Sovereignty, Subsidiarity, and Separation of Powers: the High-Wire Balancing Act of Globalization", in Daniel L.M.Kennedy and James D. Southwick (eds.), *The Political Economy of International Trade Law*, Essays in Honor of Robert E. Hudec, Cambridge University Press, 2002.

Legal Affairs Division, World Trade Organization, *WTO Analytical Index—Guide to WTO Law and Practice*, Cambridge University Press, 2012.

Matthias Odsch, *Standard of Review in WTO Dispute Resolution*, Oxford University Press, 2003.

McGovern, Edmond, *International Trade Regulation* (loose - leaf), Issue 12, dated March 2002, Globefield Press, 2002.

Michael J. Trebilcock & Robert Howse eds, *The Regulation of International Trade* (3rd Edition), Lodon—New York: Routledge, 2005.

Mitsuo Matsushita, Thomas J. Dchoenbaum, Petros C. Mavroidis, *The World Trade Organization: Law, Practice, and Policy*, Oxford University Press 2003.

Pauwelyn Joost, *Conflic of Norms in Public International Law: The Example of the World Trade Organization: Internal Hierarchy and How WTO Law Relates to Other Rules of International Law*, Cambridge University Press, 2003.

Posner Reichard, *The Federal Courts: Challenge and Reform*, Harvard University Press, 1986.

Ross Becroft, *the Standard of Review in WTO Dispute Settlement: Critique and Development*, Edward Elgar Publishing Limited, 2012.

Rupert Cross, J.W.Harris, *Precedent in English Law*, 4th edition, Oxford: Clarendon Press, 1991.

Stewart Terence P.and Dwyer Amy S., *Handbook on WTO Trade Remedy Dispute: The First Six Years* (1995—2000), Transnational Publishers Inc., 2001.

Waincymer, Jeff, *WTO Litigation: Procedural Aspects of Formal Dispute Settlement*, London: Cameron May, 2002.

Wolfgang Friedman, *Law in a Changing Society*, Columbia University Press, 1972.

五 外文类论文

Akawam, "The Standard of review in the 1994 Anti - Dumping Code: Circumscribing the Role of GATT Panels in Reviewing National Anti—Dumping Determinations", *Minnesota Journal of Global Trade*, Vol.5, No.2, 1996, pp.277-310.

Andrew Stoler, "The WTO Dispute Settlement Process: Did the Negotiators get they wanted?", *World Trade Review* Vol. 3, No. 1, 2004 , pp. 99-118.

Andrew T.Guzman, "Determining the Appropriate Standard of Review in WTO Disputes", *Cornell International Law Journal*, Vol.42, No.1, Winter 2009, pp.45-76.

Angel Yankov, "Standard of Review in SPS after Continued Suspension: The Appellate Body's Application in Australia", *Legal Issues of Economic Integration*, Vol.38, No.3, August 2011, pp.277-286.

Bourgeois Jacques H.J., "GATT/WTO Dispute Settlement Practice in the Field of Antidumping Law", *Journal of International Economic Law*, Vol. 1, No.2, 1998, pp.259-276.

Cabe Shaw Varges, "Book Review: Good Faith in Internatinal Law by O'Connor", *The American Society of International Law*, Vol.86, 1992.

Caroline E.Foster, "International Adjudication-Standard of Review and Burden of Proof: Australia-Apples and Whaling in the Antarctic", *RECIEL*, Vol.21, No.2, 2012, pp.80-91.

Cass, Deborah Z., "The 'Constitutionalization' of International Trade Law: Judicial Norm-Generation as the Enging of constitutional Development in International Trade", *European Journal of International Law*, Vol. 12, No.1, 2001, pp.39-75.

Claus-Dieter Ehlermann, Nicolas Lockhart, "Standard of Review in WTO Law", *Journal of International Economic Law*, Vol.7, No.3, 2004, pp.491-518.

Claus-Dieter Ehlermann, "Six Years on the Bench of the 'World Trade Court' Some Personal Experiences as Member of the Appellate Body of the World Trade Organization", *Journal of World Trade*, Vol.36, No.4, 2002, pp.605-639.

Daniel K. Tarullo, "The Hidden Costs of International Dispute Settlement: WTO Review of Domestic Anti-dumping Decisions", *Law and*

Policy in International Business, Vol.34, No.1, 2002, pp.109-180.

E-U.Petersmann, "The Dispute Settlement System of the World Trade Organization and the Evolution of the GATT Dispute Settlement System since 1948", *Common Market Law Review*, Vol.31, 1994, pp.1157-1204.

Engel, "Judicial Review and Political Preview of Legislation in Post-War France", *International American Law Review*, Vol.6, No.1, 1965, pp.53-72.

G.Axel Desmedt, "Hormones: 'Objective Assessment' and (or as) Standard of Review", *J.Int'l Econ.L*, Vol.1, No.4, 1998, pp.695-698.

Gary N.Horlick and Peggy A.Clarke, "Standards for Panel Reviewing Anti-dumping Determinations under the GATT and WTO", in E-U Petersmann (ed.), *International Trade Law and GATT/WTO Dispute Settlement System*, Kluwer Law International, 1997, pp.317-321.

Henry P.Monaghan, "Constitutional Fact Review", *Columbia Law Review*, Vol.85, No.2, 1985, pp.229-276.

Isabelle Van Damme, "Treaty Interpretation by the WTO Appellate Body", *the European Journal of International Law*, Vol.21, No.3, 2010, pp.605-648.

Jacqueline Peel, "Of Apples and Oranges (and Hormones in Beef): Science and the Standard of Review in WTO Disputes under the SPS Agreement", *International and Comparative Law Quarterly*, Vol.61, No.2, April 2012, pp.427-458.

Jacqueline Peel, "Of Apples and Oranges (and Hormones in Beef): Science and the Standard of Review Win WTO Disputes Under the SPS Agreement", *International and Comparative Law Quarterly*, Vol.61, No.2, 2012, pp.427-458.

James P.Durling, "Deference, But only When Due: WTO Review of Anti-Dumping Measures", *Journal of International Economic Law*, Vol.6, No.1, March 2003, pp.125-145.

Joanna Gomula, "The Standard of Review of Article 17.6 of the Anti-Dumping Agreement and the Problem of its Extension to Other WTO Agreements", *Polish Yearbook of International Law*, Vol. 23, No. 2, 1997—1998, pp.231-253.

John H. Jackson, "Dispute Settlement and the WTO: Emerging Problems", *Journal of International Economic Law*, Vol. 1, No. 3, 1998, pp. 329-352.

John H. Jackson, "Remarks", in Proceedings of the 88th Annual Meeting of the American Society of International Law, 1994, pp.136-139.

John Ragosta, Navin Joneja, Mikhail Zeldovich, "WTO Dispute Settlement: The System is Flawed and Must be Fixed", *The International Lawyer*, Vol.37, No.3, 2003, pp.697-752.

Juscelino F.Colares, "A Theory of WTO Adjudication: From Empirical Analysis to Biased Rule Development", *Vanderbilt Journal of Transnational Law*, Vol.42, No.2, March 2009, pp.383-440.

Kanishka Jayasuriya, "Globalization, Law, and the Transformation of Sovereignty: the Emergence of Global Regulatory Governance", *Indiana Journal of Global Legal Studies*, Vol.6, No.2, 1999, pp.425-456.

Lee Yong-Shki, "Critical Issues in the Application of the WTO Rules on Safeguards: In the Light of the Recent Panel Reports and the Appellate Body Decisions", *Journal of World Trade*, Vol. 34, No. 2, 2000, pp. 27-46.

Lukasz Gruszczynski, "How Deep Should We Go-Searching for an Appropriate Standard of Review in the SPS Cases", *European Journal of Risk Regulation*, Vol.2, No.1, 2011, pp.111-114.

Lukasz Gruszczynski, "How Deep Should We Go? -Searching for an Appropriate Standard of Review in the SPS Cases", *EJRR* 1, 2011, pp. 111-114.

Matthias Oesch, "Standards of Review in WTO Dispute Resolution", *Journal of International Economic Law*, Vol.6, 2003, pp.635-659.

Mavroidis Petros C, "Amicus Curiae Briefs before the WTO: Much Ado about Nothing", in Armin von Bogdandy (eds.), *European Integration and Internationa Co-ordination*, The Hague/London/New York: Kluwer Law International, 2002, pp.317-329.

Meihard Hilf, "Power Rules and Principles: Which Orientation for WTO/GATT Law?", *Journal of International Economic Law*, Vol. 4 No. 1, 2001, pp.111-130.

Michael M Du, "Standard of Review under the SPS Agreement after EC-Hormones II", *International and Comparative Law Quarterly*, Vol.59, No. 2, April 2010, pp.44-459.

Paul C. Rosenthal & Robert T. C. Vermylen, "WTO Antidumping and Subsidies Agreements: Did the United States Achieve Its Objectives during the Uruguay Round", *Law & Pol'y Int'l Bus*, Vol. 31, No. 3, 2000, pp. 871-892.

Pescatore Pierre, "The GATT Dispute Settlement Mechanism: Its Present Situation and its Prospects", *Journal of World Trade*, Vol.27, No.1, 1993, pp.5-20.

Petros C. Mavroids, "Judicial Supermacy, Judicial Restraits, and the Issue of Consistency of Preferential Trade Agreement with the WTO: The Apple in the Picture", in Daniel L.M.Kennedy and James D.Southwick, *The Political Economy of International Trade Law*, Cambridge Univeristy Press, 2002.

Roessler Frieder, "The Institutional Between the Judical and the Political Organs of the WTO", in Marco Bronckers and Reinhard Quick (eds.), *New Directions in International Law*, Essays in Honour of John H.Jackson, Kluwer Law International, 2000.

Rosenthal Paul C., "Scope for National Regulation: Comments", *International Lawyer*, Vol.32, No.4, 1998, pp.679-683.

Simon N.Lester, "WTO Panel and Appellate Body Interpretation of the WTO Agreement in US Law", *Journal of World Trade*, Vol. 35, No. 1, 2001.

Spamann Holger, "Standard of Review for World Trade Organization Panels in Trade Remedy Cases: A Critical Analysis", *Journal of World Trade*, Vol.38, No.3, June 2004, pp.509-556.

Srikanth Hariharan, "Standard of Review and Burden of Proof in WTO

Jurisprudence", *Journal of World Investment & Trade*, Vol. 13, No. 5, 2012, pp.795-811.

Srikanth Hariharan, "Standard of Review and Burden of Proof in WTO Jurisprudence", *The Journal of World Investment & Trade*, Vol. 13, 2012, pp.795-811.

Stefan Zleptnig, "The Standard of Review in WTO Law: An Analysis of Law, Legitimacy and the Distribution of Legal and Political Authority", *European Business Law Review*, Vol.13, No.2, 2002, pp.427-457.

Steven P. Croley & John H. Jackson, "WTO Dispute Procedures, Standard of Review, and Deference to National Governments", *American Journal of International Law*, Vol.90, No.2, 1996, pp.193-213.

Steven P. Croley & John H. Jackson, "WTO Dispute Procedures, Standard of Review, and Deference to National Governments", in E-U Petersmann (ed.), *International Trade Law and GATT/WTO Dispute Settlement System*, Kluwer Law International, 1997.

Steven P. Croley & John H. Jackson, "WTO Dispute Settlement Panel Deference to National Government Decisions: The Misplaced Analogy to the U.S. Chevron Standard-Of-Review Doctrine", in Ernst-Ulrich Petersmann (ed.), *International Trade Law and the GATT/WTO Dispute Settlement System*, Kluwer Law International, 1997, pp.185-210.

Stuart, Andrew W. "'I Tell Ya I Don't Get No Respect!': The Policies Underlying Standards of Review in U.S. Courts as a Basis for Deference to Municipal Determination in GATT Panel Appeals", *Law & Policy in International Business*, Vol.23, No.3, spring, 1992, pp.749-790.

Thomas W. Merrill, "Judicial Deference to Executive Precedent", *Yale Law Journal*, Vol.101, No.5, 1992, pp.969-1042.

Tracey Epps, "Recent developments in WTO jurisprudence: Has the Appellate Body resolved the issue of an appropriate standard of review in SPS cases?", *University of Toronto Law Journal*, Vol.62, No.2, 2012, pp.201-227.

Tracey Epps, "Recent Developments in WTO Jurisprudence: Has the Appellate Body Resolved the Issue of an Appropriate Standard of Review in

SPS Cases", *University of Toronto Law Journal*, Vol. 62, No. 2, Spring 2012, pp.201-228.

Tsai fang Chen, "What Exactly is the Panel Reviewing: the First StEP IN THE Standard of Review Analysis in the WTO Dispute Resolutions", *Asian Journal of WTO & International Health Law & Policy*, Vol.4, No.2, 2009, pp.467-520

Valerie D. Dye, " 'Deference as respect' in WTO Standard of Review", *Journal of International Trade Law and Policy*, Vol. 12, No. 1, 2013, pp.23-41.

Valerie D.Dye, " 'Deference as respect' in WTO standard of review", *Journal of International Trade Law and Policy*, Vol. 12 No. 1, 2013, pp. 23-41.

Yankov Angel, "Standard of Review in SPS after Continued Suspension: The Appellate Body's Application in Australia-Apples", *Legal Issues of Economic Integration*, Vol.38, No.3, 2011, pp.277-286.

Yuka Fukunaga, "Standard of Review and 'Scientific Truths' in the WTO Dispute Settlement System and Investment Arbitration", *Journal of International Dispute Settlement*, Vol.3, No.3, 2012, pp.559-576.

"Japan's Chief Negotiator, in Interview, Discusses GATT Round Endgame", *Inside U.S.Trade*, 24 Dec, 1993.

六 外文网络资料

Holger Spamann, Standard of review for WTO panels in trade remedy cases: a critical analysis, at http://www.spamann.net/writings/ASSETS/Spamann-standard_ of_ review.pdf, 24 October 2006.

The Panel reports of WTO, and the Appellate Body reports of WTO, http://www.wto.org.

WTO Standard of Review and Impact of Trade Remedy Rulings, Report to the Ranking Minority Member, Committee on Finance, U.S.Senate, by United States General Accounting Office (GAO), at http://www.gao.gov/new.items/d03824.pdf, 20 August 2005, pp.1-37.

后　　记

　　本书是在我承担的国家社科基金项目《世界贸易组织争端解决中的审查标准研究》最终成果的基础上修订而成。自 2006 年起，我开始被世界贸易解决中的审查标准这一论题所吸引，并先后获得了湖南省社会科学基金和国家社会科学基金的资助，使得我能够围绕这一课题进行了长达十年的研究。十年来，书房的灯光伴我度过了许多不眠之夜，信心在一次次被摧毁后又得以重建，其中的苦乐"如人饮水，冷暖自知"。尽管仍然有着不少的缺憾和不足，但是毕竟书稿已经定稿，心里还是有着一份喜悦和感恩。由于本书所涉资料浩繁、内容庞杂，加上作者水平有限，疏漏与错讹在所难免，恳请学界专家、同仁赐教。

　　感谢我的博士导师、湖南师范大学法学院的欧福永教授的精心指导和宽容，使我在读博期间能够安心完成本书的写作。先生严谨治学的学风、宽以待人的品德使笔者受益良多。

　　感谢湖南师范大学法学院的李双元教授、蒋新苗教授、李先波教授、肖北庚教授、刘健教授以及其他给我讲授精彩课程的老师们。老师们的教诲使我开阔了眼界，提升了学识水平，终身难忘。

　　感谢浙江工商大学法学院的古祖雪教授带领我走上国际法的学术之路。感谢中国政法大学国际法学院李居迁教授为我提供了许多国外的研究资料，感谢中国人民大学法学院韩立余教授在全书结构、研究方向等方面提出的宝贵意见。

　　感谢国家留学基金委和美国得克萨斯大学大河谷分校（THE UNIVERSITY OF TEXAS-RIO GRANDE VALLEY，UTRGV）的周海燕教授，使笔者能够以访问学者身份赴美国进修，收集了本书所需要的许多资料。

　　还要感谢中国社会科学出版社的任明先生，对稿件从版面形式到内容都提出了适合当代读者要求的修改意见，正是由于任明先生的出色工作，本书才得以呈现于读者面前。

要特别感谢我的夫人聂磊磊女士、儿子罗意翔以及其他家人的理解与支持。

最后我要将本书献给我逝去的父母。

罗文正

2019 年 12 月